汽车工程手册 2

环境与安全篇

日本自动车技术会　编
中国汽车工程学会　组译

北京理工大学出版社
BEIJING INSTITUTE OF TECHNOLOGY PRESS

图书在版编目（CIP）数据

汽车工程手册. 2，环境与安全篇／日本自动车技术会编；中国汽车工程学会组译. —北京：北京理工大学出版社，2010. 12

ISBN 978-7-5640-2892-3

Ⅰ. ①汽…　Ⅱ. ①日…②中…　Ⅲ. ①汽车工程-技术手册②汽车-环境污染-污染控制-技术手册③汽车-安全技术-技术手册　Ⅳ. ①U46-62

中国版本图书馆 CIP 数据核字（2010）第 242860 号

出版发行／北京理工大学出版社
社　　址／北京市海淀区中关村南大街 5 号
邮　　编／100081
电　　话／(010)68914775(办公室)　68944990(批销中心)　68911084(读者服务部)
网　　址／http：//www. bitpress. com. cn
经　　销／全国各地新华书店
印　　刷／北京中科印刷有限公司
开　　本／889 毫米×1194 毫米　1/16
印　　张／11. 25
字　　数／275 千字
版　　次／2010 年 12 月第 1 版　2010 年 12 月第 1 次印刷
印　　数／1～5000 册
定　　价／100. 00 元

责任编辑／史　瑞
　　　　　周艳红
责任校对／陈玉梅
责任印制／边心超

汽车工程手册

译审委员会

主　　任　付于武
副主任　李　骏
委　　员　高　波　于秀敏　张晓艳　杨志坚　樊红亮

翻译委员会

主　　任　高　波
副主任　黄永和　谢　飞
委　　员　（按姓氏笔画排序）
王珍英　任世宏　刘璟慧　孙万臣　孙　丽　李云清
李兴虎　何士娟　郑　芬　赵　和　姚为民　殷　悦
彭大庆　程光明

审校委员会

主　　任　金东瀛
副主任　毛　明　孟嗣宗
委　　员　（按姓氏笔画排序）
王国力　冯　宇　冯慧华　吕建国　朱　平　朱问锋
刘　忠　安相璧　许　敏　李尔康　李　杰　李彦龙
李炳泉　李晓雷　李淑慧　杨　林　张方瑞　张立军
张建武　陈关龙　罗　勇　殷承良　黄　华　喻　凡
魏春源

汽车产业作为我国的支柱产业，在国民经济中发挥着越来越重要的作用。进入21世纪后，中国汽车产业进入了快速发展阶段，现已成为世界第一产销国。中国正在经历从世界汽车生产大国向汽车强国的转变。经过数十年的发展，我国汽车工业的综合技术水平有了很大的提高，但与国际先进水平相比，尚有一定差距。为满足我国汽车工业对国外先进科技信息的需求，缩短与发达国家的差距，中国汽车工程学会与北京理工大学出版社合作，在2008年引进了日本《汽车工程手册》的版权，并组织行业专家翻译出版。

《汽车工程手册》是由日本自动车技术会（JSAE）组织专家编写而成。该手册来自1957年出版的《自动车工学手册》和《自动车工学概览》，经过4次改版，并于1990年将两书整理修订并更名为《汽车工程手册》进行出版。为适应世界汽车技术的快速发展，在2006年再次重新整理编排，由4分册细分为9分册。同时在各分册中增加了“汽车诸多形势”和用作参考的“法规、标准”等章节，并将当前最新的汽车技术信息编入手册，使其成为日本汽车工程技术人员的必备工具书。

《汽车工程手册》涵盖了汽车制造的各方面，9个分册包括《基础理论篇》《环境与安全篇》《造型与车身设计篇》《动力传动系统设计篇》《底盘设计篇》《动力传动系统试验评价篇》《整车试验评价篇》《生产质量篇》《维修保养·再利用·生命周期评价篇》。中文版手册配有丰富的原版插图、表格及大量的图片资料，最大程度地保留了原版手册的编写风格。相信本套手册的出版对我国汽车工程技术人员了解世界汽车最新的发展将有极大的帮助，并为行业技术人员、科研人员提供了一套不可多得的工具书。

中国第一汽车集团公司技术中心、吉林大学、北京航空航天大学、中国汽车技术研究中心、中国北方车辆研究所、中国汽车工程研究院、北京理工大学、军事交通学院等单位为手册的出版给予了鼎力支持。

在此谨向以上单位和个人表示感谢，并向他们表示衷心的谢意！同时，感谢北京理工大学出版社对手册的出版给予的大力支持，特在本书出版之际向他们表示深深的谢意！

中国汽车工程学会
汽车工程图书出版专家委员会 付于武

2010年12月

译者序

增强自主创新能力，是提升中国汽车工业水平的关键。学习和吸收国外的先进技术经验无疑可以加快我们的自主研发进程。中国汽车工业虽然比国外落后，但后发优势明显，古人云：“吾尝终日而思矣，不如须臾之所学也”。只要我们认真地向汽车技术更先进的国家学习，一定能在学习中求进步，在进步中求提高，在提高中求创新，变“中国制造”为“中国创造”。

我们深知，科技进步靠的是合力，一万人前进一步的合力，远远大于一个人前进一万步的力量。引领并推动中国汽车工业科技进步，中国第一汽车集团公司有着义不容辞的责任。从知识分享的角度，中国第一汽车集团公司近两年向汽车行业推荐了几本有价值的资料，并受到行业图书出版专家委员会的普遍认可。中国第一汽车集团公司技术中心在组织人员对日文版全套《汽车工程手册》的章节标题及主要内容进行翻译后，发现该书内容翔实、图文并茂、深浅结合，并涵盖了最新技术，内容全面而系统，是一套对中国汽车工业有较强学习与借鉴作用的汽车工程和技术专著。因此我们向中国汽车工程学会推荐引进出版这套手册的中文版，让国内汽车行业的从业人员能够从中受益。

《汽车工程手册》是由日本自动车技术会（JSAE）组织出版。自 1957 年首次出版后，至 20 世纪 90 年代初，历经几次修订，由 1 册发展为 4 分册。伴随世界汽车技术的长足发展及环境的变化，2003 年开始，日本自动车技术会又对《汽车工程手册》进行了全新改版，历经 4 年时间完成了 9 个分册的出版。新版手册不仅囊括了混合动力汽车的产业化、燃料电池车的发展、控制技术的高端化、再利用技术的发展等最新技术信息，每一分册还增加了能够反映汽车发展趋势的法规、标准等相关章节。各分册均由活跃在日本汽车各专业领域研发一线的专家执笔，不仅质量高，而且非常系统。该书对于国内工作在一线的研究和技术人员，以及承担着未来汽车技术开发的年轻人和学生来说都无疑是一本非常好的参考资料。相信该书必然会成为了解和掌握日本汽车技术，以及审视未来技术发展所不可缺少的工具书。

2008 年，由中国汽车工程学会牵头，组织行业各单位和专家对《汽车工程手册》的 9 个分册进行翻译。其中，《造型与车身设计篇》《动力传动系统设计篇》《底盘设计篇》《动力传动系统试验评价篇》4 个分册由中国第一汽车集团公司技术中心翻译完成，《基础理论篇》由北京航空航天大学翻译完成，《维修保养·再利用·生命周期评价篇》由中国汽车技术研究中心翻译完成，《环境与安全篇》《整车试验评价篇》《生产质量篇》3 个分册由吉林大学和中国汽车工程研究院翻译完成。

本套手册由日本自动车技术会从 2004 年 9 月至 2006 年 11 月间陆续出版的《汽车工程手册》9 个分册的日文修订版直接译成，也是国内首次出版该书的中文版。本分册由孙万臣、谢飞、刘璟慧翻译，由冯慧华、安相璧、朱道伟、许翔、葛蕴珊审校。在此感谢北京理工大学出版社给予机会翻译这套工具书，更感谢付于武理事长对此书出版的大力支持。译、校者虽在译文、专业内容、名词术语等方面进行了反复斟酌，并向有关专业人员请教，但限于译、校者的水平与对新知识的理解程度，谬误和不当之处恳请读者批评、指正。

中国第一汽车集团公司技术中心主任　李骏

进入汽车高速发展的时代以来，众多汽车行业前辈凭自己的劳动和自己的努力，攻克了汽车的耐用性、可靠性、降低排放、安全性等许多难题，追赶并超越汽车先进国家，造就了日本的汽车工程技术。1990 年出版了第一版《汽车工程手册》。在泡沫经济与经济危机之际，国际性的大厂商进行了强强联合，这一时期确立了日本汽车产业在世界的领先地位。《汽车工程手册》在任何时候都以非常重要的基本原理与技术为基础，并涉及了汽车安全、环境、信息化、智能化和全球化等多个领域。

随着汽车技术的进一步发展，《汽车工程手册》搜集和整理了所有最新的汽车技术。日本汽车界专家和编写委员会委员抱着“技术是为人类解决难题”这种坚定的信念，在首次出版 14 年之后又对手册重新进行修订。这版《汽车工程手册》凝聚了众多先辈的劳动结晶，希望通过汽车研发人员和技术人员的学习和努力造就下一个汽车新时代。

如果本书能够为人们追求汽车生活的便利性，为人们实现梦想发挥一定作用的话，那将会不胜荣幸。

最后，对在百忙之中抽出宝贵时间给予本书的出版以大力帮助的各位执笔专家、编写委员会委员和事务局的各位表示深深地感谢和敬意。同时，也祝愿汽车行业更快更好地发展。

日本自动车技术会
会长　萩野道义

日本自动车技术会将汽车技术集大成为目标，编辑出版本套手册和文献。1957 年，经过反复修改首次出版了《汽车工学手册》。1990 年对其进行了大量的修改，出版了《汽车工程手册》。该手册由《基础理论篇》，《设计篇》，《试验和评价篇》，《生产、质量、维修和保养篇》4 个分册构成，总页数达到 1758 页。

以后的 14 年里，汽车技术不断发展，汽车工业发生了很大的变化。因此，必须出版一本符合时代要求的手册。2003 年，成立了手册编写委员会，对手册的编写内容和分册结构进行了分析和研究。根据分析研究结果，把手册划分为 9 个分册，成立了相关的编写委员会，并开始进行修订版的编写工作。

《汽车工程手册》的编写特点：① 涵盖了混合动力车辆的实用技术、燃料电池车的相关技术、高性能的控制技术、再生利用等最新技术；② 由活跃在汽车各个领域中从事开发、设计的一线专家执笔，系统而全面地介绍了多个领域的前沿技术；③ 在各个分册中增加了汽车相关的发展趋势和相关的法律、法规篇章；④ 增加了摩托车技术等内容。另外，考虑到读者的经济承受能力，细分为 9 个分册出版，可以按分册销售。

我们相信本套手册能使活跃在一线的研究、技术人员更加受益，使肩负着下一代汽车技术重任的年轻技术人员和汽车专业学生对目前的汽车技术有所了解。

最后，在本套手册出版之际，向给予本套手册大力协助的委员会诸位委员、各位执笔专家深表谢意！

《汽车工程手册》编委会
主任委员　小林敏雄

目　录

第 1 章

汽车相关的背景与发展趋势

1.1 概　　述

18 世纪后半期在英国开始的产业革命及其后的经济发展，给人类带来了丰富的物质生活。进入 20 世纪后半期，在发展越来越快的经济至上主义的倡导下，“如果就这样持续进行以工业为中心的发展，就会破坏自然生态系统”，则为人类敲响了警钟。1970 年由民间的有识之士组建的罗马俱乐部于 1972 年发表了《成长的界限》。

随着这一危机感的全球化，作为克服这一问题的理念，是由“世界环境与开发委员会（WCED）”于 1987 年提倡的，其已成为当今环境问题的主题词——“可持续开发”。这是“既能满足未来时代的需求，又能满足当代开发的需要”的理念，作为获得环境与开发共存的观念，揭示了基于环境保护考虑的适度开发的重要性。以此作为契机，1992 年 6 月在里约热内卢召开了国际环境会议（所谓的“地球最高级会议”），2002 年 8 月在约翰内斯堡召开的“可持续开发的世界首脑会议”都多次进行了跨世纪的全球规模的讨论，对于实现可持续开发的具体实施方案达成了共识。

在这里所涉及的环境是指自然环境，是包括生活环境在内的广义概念。对汽车来说，急需攻克的课题是以大气污染、地球暖化、废品再利用等为代表的环境问题和交通安全等问题。对于伴随着产业革命同时登场、世界保有量高达 8 亿辆、已经实现普及的汽车来说，在汽车生产、使用和废弃的各个阶段中都产生了与社会不和谐的音符。

即使在 21 世纪，为了把汽车作为持续的交通工具传承下去，克服“汽车环境问题”和“汽车安全问题”，构筑坚实的汽车社会是非常紧迫的需要。

1.2 汽车的环境问题

传统的汽车环境问题是指由尾气排放所造成的大气污染、噪声等在汽车使用阶段中产生的地域性问题，但是进入 20 世纪 90 年代，可以看到，尾气排放中的二氧化碳温室效应气体引起的地球变暖等，已发展为全球性的问题。

另外，传统的在汽车使用阶段产生的环境问题，不断扩展到制造或废弃阶段及汽车的整个生命周期。即在制造阶段，从工厂排放出来的气体和生产过程中产生的挥发性有机化合物（VOC）等引起的大气污染，在废弃阶段中，报废汽车的非法丢弃，污染物质的泄漏等。此外，即使只从 CO_2 排放问题来看，作为对其的控制对策，降低使用阶段尾气排放的直接排放量是必须的，同时也需要控制制造阶段，包括材料制造阶段的能源消费量等，需要进行全生命周期中的总能量消耗评价。

所谓“从摇篮到坟地”，是英国比喻社会保障制度的语言，但是对于目前的汽车产业也确实如此，从制造阶段，经使用阶段，到产品使用寿命终止的废弃阶段，如何降低生命周期中的环境负担问题正在受到人们的普遍关注。

最近，LCA（Life Cycle Assessmet，生命周期评价）研究即使在汽车领域也很盛行。为了抑制汽车生命周期内产生全部的环境问题，把从生产到废弃全部过程的资源消费和排放量定量化，试图将其作为控制指标。这方面的研究正处于加速发展的阶段，作为将多种因素的环境问题进行综合评价的方法，期待其进一步完善。

环境问题，虽然其潜在的影响不明显，但是一旦发生，破坏就会很大，作为控制对策，虽说汽车单体产生的影响较小，但是这种潜在的影响在不断增加。另外，比如汽车再利用问题就需要构建新的社会系统。

以下主要阐述汽车在使用阶段产生的具有代表性的环境问题，如“大气污染”“地球暖化”以及最近人们特别关注的“再利用问题”等的发展动向。

1.2.1　大气污染

汽车是通过汽油、柴油燃烧来获得能量的。汽车产生的环境问题就是由尾气排放造成的大气污染。1970 年以后，发动机研发的重点，都是围绕排放问题进行的。

近年来，不仅是已有的汽车技术、电子和化学等领域的技术都有了长足的进步，并且这些技术不断应用于汽车领域，世界范围内的研究明显加快。特别是以燃料喷射（EGI）为代表的电子技术的引入，使发动机的排放控制水平有了飞跃性的提高，与三效催化系统相配合，一氧化碳（CO）、碳氢化合物（HC）和氮氧化物（NO_x）等有害成分，与没有法规限制时的排放指标相比，已降低到原来的 1/100 以下的水平。

由于目前的大气污染问题主要是发生在交通流密集的城市，具有很大的地域性特征，因此各国实际的污染情况存在一定的差异。

比如，污染水平被认为最严重的美国加利福尼亚州，由于光化学烟雾的原因，当地投入了很大精力来推进 HC 和 NO_x 的降低，最近又制定了严格的法规，规定无公害车（ZEV）的销售必须达到一定比例，并于 2005 年实施（当初规定 1998 年实施，后延期到 2005 年实施）。

在日本，1990 年以后不断恶化的大气污染问题，主要是因为柴油车的 NO_x 和颗粒物质（PM）排放造成的。汽车保有量，在 1967 年突破了 1 000 万辆，目前已超过 7 500 万辆，其中以柴油车为主的商用车数量也在明显增多，在国内货物运输中占有的份额已达到目前的 54%。这主要是由于便利店以及快递公司等数量增加造成的，而这些社会系统的变化与汽车发展具有一致的趋势。

柴油车排放法规的强化，是根据《大气污染防止法》逐步推进的，2005 年开始实施的《平成十七年法规（新长期法规）》中，相对于法规规定前的指标，NO_x 降低到原来的 1/10，PM 降低到原来的 1/30。

但是对于大城市的大气环境，若想只通过《大气污染防止法》规定的新车法规，控制大气污染是很困难的。因此从平成十四年（2000 年）十月开始实行了以私家车为对象，进行按车型限制的汽车 NO_x 和 PM 法规。根据这个规定，一些指定的区域将限制柴油车的通行。更进一步，像东京这样汽车交通量超密集的地区，地方自治体将独自制定更加严格的条例，并且与国家同步通过进行车型限制等措施以改善大城市的大气环境。

如上所述，在大气污染应对技术的开发中，美国的《大气净化法》（简称马斯基法），日本的《大气污染防止法》等严格的法规，为技术人员提出了极具挑战性的目标，不可否认这些法规对于技术进步起到了积极的作用。进入 21 世纪，日本出现了与以往不同的现象，加快了技术开发的步伐。也就是说从以往只是被动地应对法规规定的义务，转变到汽车厂家根据企业自身的发展，自发地迎接汽车清洁化挑战的态势。

具体来看，在法规以外积极推进低排放车认定制度，“超低尾气排放认定车（比平成十七年排放基准值减少 75%），优秀尾气排放认定车（比平成十七年排放尾气基准值减少 50%）”，努力开展清洁化的工作，预期在平成十七年（2003 年）法规实施后的早期阶段，将出现低排放认定车占有多数市场份额的状况。另外在加快普及这些清洁汽车的过程中，应该注意到从2001年开始执行的在汽车税和消费税方面实行优惠政策的清洁化税收制度所作出的巨大贡献。

如前面所述，由于大气污染地域性特征很强，到目前为止各国都在采取积极的应对措施，但是其中针对不同应用领域的小型车和重型车的试验工况问题，联合国“协调汽车技术基准的世界论坛（WP29）”都在进行积极的倡导和讨论。

由于在很久以前汽车就被作为了全球性的商品，目前汽车的尾气排放等还将产生针对不同地域的全球规模的危害，因此在汽车开发投资方，应充分考虑全球规模的资源问题，日美欧三方已经对这点达成共识，并不断加速倡导这种观点。

1.2.2　地球暖化

一般认为，汽车燃料以及人们在生活和生产活动中使用的电、煤气等，这些消耗的能源大部分都产生CO_2温室气体并排放到大气中。通常将由于温室气体浓度上升，使地表和大气的温度上升的现象称为地球暖化。照目前的情况发展下去，将引起各种气候异常气象及海平面上升，有可能给人类的健康和农作物等带来严重影响。

产业革命以来，大幅度的能源消费铸就了人类物质文明的繁荣，同时应该注意到付出的代价是出现了地球暖化的危机形势。

进入20世纪90年代，这种危机感已成为全球的共识。1992年在里约热内卢的地球环境高峰会议上，采纳的“关于气候变动的国际联合框架条约”，已于1994年生效，呼吁世界各国应尽最大限度的努力来控制地球暖化现象。

在这种形势下，1997年在京都召开了“第三次气候变动框架条约缔约国会议（COP3）”，会议采纳了“京都议定书”的提案，规定了各国具体的温室效应气体削减目标。

在京都议定书中，规定了发达国家全部温室效应气体的排放量的削减目标，在2008—2012年这5年间平均要比1990年的水平降低5%。为实现此目标，规定了美国降低7%，欧盟降低8%，日本降低6%的削减目标。

日本政府为了实现这个目标，在1998年制定了“地球暖化对策执行纲要”，提出了产业、民生及运输各部门的节能策略。在日本全部的CO_2排放量中，运输部门所占的比例约为20%，其中汽车排放的比例约为运输部门排放量的90%。为了实现日本的削减目标，降低汽车的CO_2排放量将起到重要的作用。

降低汽车的CO_2排放量，也就是降低燃油消耗量，相对于将大气污染控制对策法规化的形式来说，基本上是根据汽车的商品性能的定位进行技术开发。较早实行燃油消耗法规的美国，1975年实行了企业平均燃油消耗量的规定（CAFE），1978年实行了燃料多消费车辆附加税（GGT）政策，可是没有严格到要求加速技术革新的程度。根据日本《有关能源利用合理化的法律》（节约能源法），2000年制定了汽油轿车燃油消耗标准，2003年制定了汽油货车燃油消耗标准，但是没有规定未达到标准的处罚措施，只是制定了敦促汽车制造厂家自主地实现燃油消耗标准的指导性指标。

为替代这些标准，1999年修订的节约能源法，制定了新的标准。作为执行地球暖化控制对策纲要的重要措施，其中规定了2010年汽油车燃油消耗量及2005年柴油车的燃油消耗量标准的目标值，这是当时被称为“领跑者”的最高级别的燃油消耗标准，其目标值是考虑了应用未来的新技术改善燃油消耗可能达到的最低限值，同时增加了对于未达标车辆的严厉处罚条例。

在排气净化技术当中，重点是通过有效利用电子控制技术实现以发动机燃料控制系统和三效催化系统的最佳化控制为主体的技术开发，但是降低燃油消耗要求采用轻量化、降低摩擦等技术，以2万~3万个构成车辆的零部件的为研究对象，是对于企业长期的综合实力的挑战。

进入21世纪，汽车制造厂商更加注重以降低燃油消耗量为重点，使直喷发动机、无级变速器（CVT）等新技术与车辆轻量化技术相配合，2005年度大部分的汽车制造厂商都达到了2010年度油耗量的目标水平。

另外，目前对于还没有规定燃油消耗目标的重型货车（车辆总重量超过2.5 t），相关部门也在积极探讨把其作为燃油消耗法规的控制对象制定燃油消耗标准。

虽然削减汽车单体 CO_2 排放量的努力在稳步而顺利地推进，但为实现运输部门整体的削减目标，对于削减分配比例较多的交通和物流方面实施必要的削减对策是不可缺少的，期待通过政府部门加强切实的管理。

另一方面，从海外来看，同日本一样，履行《京都议定书》的欧洲也严格地推进削减对策。欧盟（EU）设定了“相当于每千米 CO_2 排放量在 140 g 以下”的严格的自主目标，各国汽车产业基于该目标制定了各自的达标期限，欧盟为 2008 年，日本和韩国在 2009 年之前达到该目标。更进一步，关于欧盟当初建议的 120 g/km 以下的目标，仍在探讨能否在 2012 年实现。

日本汽车工业会通过各会员公司进行改善燃油消耗的认真努力，于 2003 年达到设定的中间目标（165 g/km ~ 175 g/km），并且在不断努力开展面向 2009 年最终目标的技术开发。

以上介绍的是作为传统内燃机的汽油车和柴油车的 CO_2 排放量的削减状况，但是也不能忽略日本具有国际领先水平的混合动力汽车以及下一代清洁能源汽车的有力配合。1997 年推出的混合动力汽车通过内燃机和电动机等的有效配合，大大改善了燃油消耗，目前该类汽车的销售量在不断提高。

另外，燃料电池车目前已经进入市场监测阶段，平成十六年（2002 年）将进行基准认证关系的准备，预计最近将有正式批量生产车问市。

在燃料电池车正式普及的过程中，燃料供给基础设施的配备非常重要，不仅限于燃料电池车，燃料对于汽车来说是极为亲密的伙伴。目前担忧的主要是化石燃料的枯竭问题，未来的能源来源从哪里寻求正在成为人们探索的重要课题。氢是被公认的作为 21 世纪的最终能源，但是氢的制造方法、汽车的搭载形态等还存在需要解决的问题，面向包括基础设施在内的新型氢能源社会系统的构筑，需要寻求政府强有力的领导决策以及汽车行业与能源行业间的紧密协作。

1.2.3　再循环问题

再循环问题之所以被迅速提到议事日程，主要是由于以丰岛为代表的工业废物处理厂的条件有限而导致的非法投弃现象的出现。在废弃物当中已经发现废车处理的破碎粉尘（ASR）的存在，需要重新考察 ELV（End-of-Life，报废车辆指令）的实际状态。ELV 随着汽车保有量的膨胀而持续增加，其规模每年约达到 500 万辆，但其中 100 万辆作为二手车出口到海外，剩余的约 400 万辆在国内处理。

各汽车制造厂为了努力减少 ASR，不断推进有利于再利用的设计，致力于 ASR 的分类、减容与固化、干馏气化等标志汽车行业水平的技术开发。但是到现在为止与再利用问题相关的如大气污染或地球暖化问题仍然很难解决，包含缓解不断紧迫的工业废弃物最终处理场的对策、ELV 处理状况的日常管理结构等，构筑新型的社会软环境是不可缺少的。

政府部门也意识到 ELV 问题是国家的社会问题，2002 年制定了《汽车再利用法》（报废汽车的资源再利用等相关法律），并于 2005 年开始实施，各项工作都在稳步而顺利地进行。

据此，回收再利用的费用变成由用户负担，需要构建新的资金管理法人、信息管理中心等组织，并与收购业主、解体业主及破碎业主等联合，对于 ELV 最终作为 ASR 转移到工业废弃物最后处理场的各中间环节进行跟踪。此外，各系统实行的关键是 ASR 的最终转移应由汽车制造厂承担。

这个汽车回收法，从汽车的销售到 ASR 的处理是回收再利用后半部分的对应措施，但是为实现有限资源的可持续开发，在制造阶段资源的有效利用也是十分重要的。

通过所谓的 Reduce（减少：抑制废弃物的产生）、Reuse（再使用）、Recycle（回收利用：再资源化）的 3R 政策，构筑循环型的社会系统是非常紧迫的。

1.3　汽车交通安全问题

伴随着环境问题，交通安全问题是汽车普及化发展带来的另一个问题。而且交通安全问题会对人们产生直接的、瞬间的危害，比环境问题更具悲剧性。每年，日欧美约有 10 万人被交通事故夺去宝贵的生命，根据世界卫生组织（WHO）等机构的研究表明，照这样发展下去，到 2020 年之前交通事故将成为继心脏病、杀害等死亡原因之后排序第三位的危害人类生命的“杀手”，这种危险为人类敲响了警钟（1990 年是第 9 位）。

另外，由于交通事故产生的社会费用（由死亡和伤害造成的经济损失）也在持续增加，根据内阁府的统计数字，1999 年达到 4 兆2 850亿日元（约占 GDP 的0.8%），产生严重的经济损失。下面对日本交通事故的现状进行总结。

1.3.1　交通事故的现状

日本每年因交通事故造成的死亡人数，随着汽车保有量的增加而持续增加，1970 年达到 16 765 人，被称为“第一次交通战争”。

对此，政府推行了第一次交通安全基本规划（1971—1975 年），通过以道路环境为首的基础设施配备，交通事故死亡人数一度削减到以前的一半，但是 20 世纪 80 年代后半期再次超过 1 万人，出现了“第二次交通战争”。

1989 年政府发布了“交通事故紧急状态宣言”，开展了官民共同应对的措施。首先对于交通事故的主要原因“人、车、道路环境”进行综合性调查研究，为达到有效防止和减少交通事故的目的，于 1992 年设立了“（财）交通事故综合分析中心（ITARDA）”。之后通过采取多方面的措施，死亡人数逐渐减少，1996 年再次低于 1 万人，至目前为止仍在继续下降。作为代表性的对策，对于“人”，强化道路交通法（强化对于醉酒驾驶、超速行驶等的处罚条例）；对于“车”，加强完善安全气囊、防抱死制动装置（ABS）等安全设施的装备；对于“道路环境”，主要是针对事故多发地点实施减少交通事故的对策。

关于日本交通事故死亡人数的现状，每 10 万人中有 7.9 人死亡，从世界水平来看（国际道路交通事故数据库 2001 年版），比美国的 14.8 人、法国的 13.8 人、德国的 8.5 人等都少，但是与主要发达国家中死亡人数最少的英国（6.1 人）相比，仍是英国的 1.3 倍。

1.3.2　通用安全技术

安全技术大致可分为减少事故发生频率的主动安全技术（预防安全对策）和事故发生时以保护乘员为目的的被动安全技术（碰撞安全对策）。以 1994 年普通车和小型车正面碰撞试验为开端，也开展了侧面碰撞试验、偏置正面碰撞试验等，并对碰撞安全性实行了法规化管理。由此，“安全气囊”“双安全气囊”“侧门电子束”“未佩戴安全带警报”等与被动安全技术相关的安全装备得以完善。

由此，交通事故造成的死亡人数虽然降低了，但是交通事故发生数量及伤害人数依然持续增多。通过实行包含关于“人、车、道路环境”综合性对策防止未然事故发生的主动安全技术受到普遍关注。为应对这种形势，提高车辆的可辨认性，在“高山制动灯”“摩托车前照灯的自动开启装置”以及紧急制动时候的车辆安全技术防抱死制动装置“ABS”普及率达到 80% 以上的同时，“分配光可变型前照灯（AFS）”“夜间前方行人等信息提供装置（夜视）”和“碰撞控制系统”等新技术也已实用化。

最近作为主动安全技术和被动安全技术中间领域的安全应急技术受到关注，该技术的主要作用是为减轻不可避免的碰撞造成的伤害程度。作为在碰撞发生时立即起作用的安全技术“应急安全带”“安全气囊”等已经商品化。

1.3.3　先进安全技术

同排气控制对策一样，对于安全性技术的开发也应该实行法规化，促进技术革新，预计今后将制定“行人保护法”“人车互容性”等新的法规。期待未来出现新的、先进的安全技术。

另一方面，在与安全相关的先进技术开发方面，20 世纪 90 年代初通过产官学合作，应用电子技术的先进的安全汽车 ASV（Advanced Safety Vehicle）项目开始运行，“AFS”“减轻追尾制动系统（CMS）”等研究成果进入了实用化阶段。这些研究主要包括进行高度的信息收集处理，通过信息提供、报警及车辆控制等辅助驾驶员工作，以提高汽车的安全性。

作为更尖端的技术，智能交通系统（Intelligent Transport System，ITS）的有效利用受到全世界的普遍关注。譬如在日本，为获取在道路两侧车辆不能独立获得的信息，减少在交叉路口等地点事故的发生，道路车辆间协调系统及未来的卫星定位系统都已处于实践阶段，未来将灵活地运用这些技术，进一步应用高精度测位系统等安全技术。

在欧洲，为达到交通事故死亡人数降低 50% 的目标，正积极推进汽车安全技术升级项目的开展。

1.3.4　今后的对策

可以说，经过政府和群众的共同努力，在减少交通事故方面取得了很好的效果，但 2003 年交通事故死亡人数仍达到 7 702 人，需要进一步加以改善。对于平成十一年（1997 年）运输技术审议会设定的降低目标“通过采取车辆安全对策，平成 22 年之前使死亡人数降低 1 200 人”，小泉首相在平成十六年 1 月的施政方针演说中明确表示“未来 10 年（平成二十四年即 2010 年之前）使交通事故死亡人数控制在 5 000 人以下”，大大提高了控制目标。

可是这个所谓“5 000 人以下”的目标是很难实现的，为实现这一目标，汽车技术、道路、交通管制、信息、教育及急救体制等多个不同领域的广泛合作是不可缺少的。

另外，政府制定的安全对策主要针对的是老年人的安全，预计老年人占总人口的比例到 2025 年将超过 25%，这个形势是非常严峻的。为了保证老年人的出行安全，应加强弥补其身体机能降低的实践性训练和技能教育，包含信号、标识在内的交叉路口结构的改善等；在汽车方面，应加强针对老年人运动机能降低，听觉、视觉能力和反射神经功能的降低等方面的技术开发。

日本自动车技术会在“平成十一年（1997 年）汽车产业领域产业技术竞争力的调查研究报告”中建议，到 2025 年开发出“高智能化汽车”的计划。根据这个建议，高智能化汽车应配备辅助驾驶者的知觉、认识、判断和操作的高性能传感器、执行器和计算机，从驾驶员操纵与汽车相关的机械的关系，转变为驾驶员可以与作为操纵对象的汽车进行智能对话，或是作为玩具一样的关系。

在追求汽车安全性的同时，期待未来汽车达到极高的水平，使每个驾驶者都能随心所欲地驾驶汽车。为了创造“可持续发展的汽车社会”，我们还将不断地接受尖端技术的挑战。

1.4　汽车社会可持续发展的途径

纵观汽车发展的各阶段，从过去到现在，“汽车环境问题”“汽车交通安全问题”一直是汽车发展的主要问题，最后就该领域的未来发展趋势进行预测。

关于这个题目有一个相关的报告，就是 2004 年 WBCSD（实现可持续发展的世界经济人会议）旗下与汽车密切相关的 12 家公司发表的“Mobility 2030：可持续发展社会对于汽车的挑战”的报告。报告中预测，对于人和物品的运输方法，如果仍按现在的发展趋势进行的话，是不可能持续发展的，作为结论，为克服这种现象，在 2030 年之前需实现以下 7 个目标。

① 削减与运输相关的传统型排放物，世界范围内即使在农村地区也不存在对公共健康的严重威胁。

② 削减与运输相关的温室气体（GHG）排放量，将它控制到可能的水平。

③ 大幅度削减世界范围内的与运输相关的死亡、重伤人数。

④ 降低与运输相关的噪声。

⑤ 缓解交通阻塞。

⑥ 缩小各国家内部以及贫穷国家和富裕国家之间的“汽车差价”。

⑦ 提高发达国家及发展中国家普通市民购买汽车的能力。

汽车是人类发展不可缺少的交通工具，但也不可能是永久持续的状态。汽车带来了不可估量的优越性，但是潜在的负面效应就是对环境的影响，今后等到发展中国家汽车普及的时候，汽车的功能及对于社会的作用将会发生改变，这是一个非常深刻的社会问题。

以上对于汽车未来发展的预测绝对不是乐观的，但是在21世纪刚刚到来之际，试图超越这种对立关系的贤明人士，就确定了若干应对问题的明确方针，这是向彻底解决汽车与环境问题迈出的具有深远意义的第一步。

为实现可持续发展的汽车社会，相关报告中提出的七项目标向人们发出了明确的信息，支撑汽车社会的人们应共同领会这些话语的深刻含义，在各自的领域致力于相关课题的研究，为实现永久持续的汽车社会而努力，报告中所说的“需要对世界范围内的整个社会作出贡献”，值得人们深入研究和思考。

第2章

环境和能源

2.1 概　　述

与汽车相关的环境问题，主要包括地球暖化和臭氧层破坏等环境问题，大气污染、噪声、废弃物等城市环境问题，能源及使用材料的资源枯竭等多方面的问题。可以说汽车产品，从制造到报废的整个生命周期内，与地球环境、人们的日常生活和经济活动密切相关，它由此而担负着极大的社会责任。

汽车与环境相关的课题及对策如图2－1所示。可见，多数的课题与各种各样的对策相互关联。作为解决某课题的对策，不应使其他课题恶化，采取这种双赢的对策是不可缺少的。

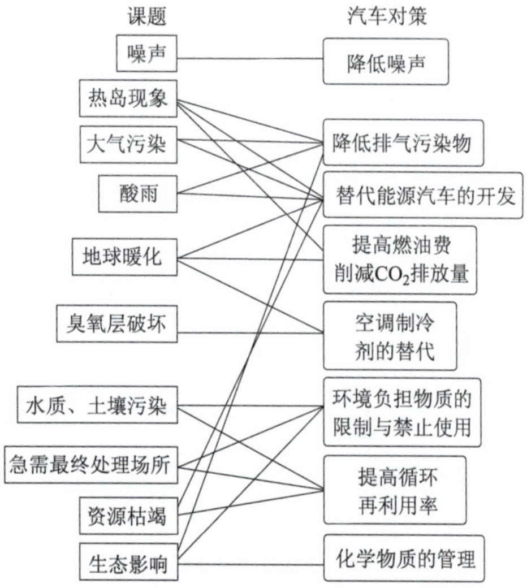

图2－1　汽车与环境相关的课题及对策

日本以20世纪60年代的大气污染事件为契机，开展了各种各样课题的研究工作。现在已进入21世纪，环境问题是制约汽车能否可持续发展的重要课题之一。这些问题应包括经济和社会两个方面，不能仅依靠技术来解决。然而，技术担负着极为重要的作用，对于解决环境问题具有极大的现实意义。

以下，对于各课题的现状和未来，以及汽车的对策加以阐述。

2.2 城市环境问题

2.2.1 大气污染

（1）城市的大气污染

在人口集中的大城市，人们的生产、生活活动比较集中，因此有很多污染物质被释放到大气中。这些排放的气体主要由移动发生源（汽车、工程机械等）、固定发生源（工厂、炼油厂、发电站等）和小规模发生源（建筑材料、干洗店的溶剂等）产生。特别是汽车，随着人口的增加，人的移动和物资的运输不断增加，使得汽车保有量不断增加，汽车行驶距离增加，道路密度呈现极高的状态，因此汽车的尾气排放，将恶化道路周边的大气环境。为应对大气污染，保护环境，日美欧国家很早就实施了不仅包括汽车尾气排放在内的主要排放源的排放气体限制法规。在发展中国家，由于人口的增加和GDP的增长，汽车利用率的急剧增加，再加上人口大多集中于城市地区，并且实施汽车排放气体限制法规相对较晚，城市的大气环境出现了显著恶化的状况。

（2）大气环境标准

为使大气环境达到有利于人类生活的最好水平，各国、各地区都规定了特定的大气污染物质，制定了大气环境标准（表2－1）。

表2－1　各国及主要国际机构有关有害大气污染物控制对策的摘要

项目			日本	美国	欧盟（EU）	WHO欧洲地区事务局
特征、基本方针			防止影响健康的未然事故	环境标准规定的污染物质控制对策的影响 有害大气污染物质对策，采取相关技术控制排放污染物质之后，制定基于风险考虑的排放标准	推进欧盟全体成员的大气环境保护 随着环境污染物质的增加，推进综合的排放污染物控制	判断各国政府管理上的风险，特别是为制定环境大气质量标准收集情报信息以及制作普及宣传的手册
环境大气质量标准	环境标准规定物质数		8	6	7	19（讨论物质23）（室内大气质量除外）
	环境标准值的种类和性质		环境标准：在保护人类健康、保全生活环境方面希望维持的标准	一次标准：使包括敏感人群在内的普通人的健康具有适当的安全率所应遵守的数值 二次标准：考虑污染物质产生的污染对于生活、能见度、植被、物质等的影响而制定的标准	限值：为保护人类健康在一定时期内必须达到的数值 方针值：以长期预防对人类健康和环境产生影响为目的而规定的数值	
	环境标准控制物质的对策			新规定的发生源性能标准 防止严重恶化的法规及各州的实施计划等	欧盟各成员国必须承担为遵守限值而采取对策的义务	
一氧化碳		15 min				100 mg/m^3
		30 min				60 mg/m^3
		1 h		35×10^{-6}（40 mg/m^3）		30 mg/m^3
		8 h	20×10^{-6}	9×10^{-6}（10 mg/m^3）	10 mg/m^3	10 mg/m^3
		24 h	10×10^{-6}			
浮游粒子状物质	PM_{10}（D_{100}）	1 h	0.2 mg/m^3		第一阶段（到2005年1月）50 $\mu g/m^3$	由于阈值不可预测，为制定标准值，制定提供暴露—影响关系的情报
		24 h	0.1 mg/m^3		40 $\mu g/m^3$	
	PM_{10}（D_{50}）	24 h		0.15 mg/m^3（98%值）	第二阶段（到2010年1月）50 $\mu g/m^3$	
		1年		0.05 mg/m^3	20 $\mu g/m^3$	
	$PM_{2.5}$（D_{50}）	24 h				
		1年		0.015 mg/m^3		

续表

项目		日本	美国	欧盟（EU）	WHO 欧洲地区事务局
二氧化氮（欧洲包括 NO 和 NO_2）	1 h			200 μg/m^3	0.2 mg/m^3
	24 h	$0.04 \sim 0.06 \times 10^{-6}$			
	1 年		0.053×10^{-6} （0.1 mg/m^3）	40 μg/m^3（健康） 30 μg/m^3（生态保护）	0.04 mg/m^3 0.03 mg/m^3 （生态保护临界水平）
光化学物质（欧美指臭氧）	1 h	0.06×10^{-6}	0.12×10^{-6} （235 μg/m^3）	180 μg/m^3（通知） 240 μg/m^3（警报）	
	8 h		0.08×10^{-6}	120 μg/m^3（健康）	120 μg/m^3
	5 日～6 个月				$0.2 \sim 10 \times 10^{-6}$ h （超过 40×10^{-6} 1 h 的总和，生态保护临界水平）

（a）日本

在日本，《大气污染防止法》规定的大气污染物质是指“在持续摄取的情况下对人类健康具有损害的危险，引起大气污染的物质（排烟以外的烟尘及特定的粉尘）”。此外，环境大臣确定的必须采取紧急对策加以控制的物质作为指定污染物质在附则中给予了规定。目前选定了 234 种物质作为“具有成为有害大气污染物质可能性的物质”，其中选定 22 种物质为健康风险程度较高的有害大气的污染物质（优先控制物质），有 4 种物质被指定为污染物质。

另一方面，所谓环境标准，是指与大气污染相关的环境条件，作为“在保护人类健康以及保全生活环境方面，有望维持最佳状态的基准”，是由政府制定的标准。日本的环境标准，基于生物和医学的观点不仅包含了疾病及其预防的内容，更进一步制定了健康状况保护的内容。

（b）美国

在美国，试图通过《大气清洁法》（Clean Air Act，CAA）来保护大气环境。1967 年，美国政府以保护国民健康和福利为目的，制定了《大气清洁法》，法规规定的污染物质，主要适用于环境保护厅确定的大气污染物质中，预计了与死亡率增加或重大不可逆疾病增加有直接影响的污染物质，之后设定了对于不存在阈值的致癌性物质具有充分安全率的基准。

目前登记的有害大气污染物质有 188 种，其中 EPA 将汽车排放较多的 21 种物质作为特定的汽车排放大气污染物质（Mobile Source Air Toxics，MSTS）。

美国的国家环境大气质量标准（National Ambient Air Quality Standards，NAAQS），包括以保护健康为目的的一次标准和以福利保护为目的的二次标准。一次标准是基于寻求使普通人的健康具有适当安全率需遵守的数值而设定的，在实际的标准设定中，应根据使包括敏感人群在内的普通人的健康具有适当的安全率来设定基准值。二次标准主要是根据污染物质产生的污秽对生活的干扰、能见度、植被、物质等的影响而设定的。

（c）欧洲

在欧洲，没有有害大气污染物质的名单，而是在环境大气质量标准和排放标准等法规中规定了大气污染物质。环境大气质量标准中规定了 13 种污染物质的环境标准，现行的大气质量环境目标规定了 5 种物质的基准。欧洲的环境大气质量标准，包括界限值和标准值两种，界限值是为了保护人类健康而不可超过的数值，标准值是以长期预防对人类健康和环境产生影响为目的而设定的目标值。欧盟成员国在制定标准过程中，承担着为遵守界限值而采取相关对策的义务。

WHO 欧洲地区事务局公开发表了大气质量方针，旨在为各国政府制定环境标准提供必要的背景信息和指导。

（3）大气质量状况

设定了大气环境标准的各国及各地区，时刻都在监视大气环境的达标情况。

在日本，环境省每年都分布大气环境达标状况的报告。一方面，一氧化碳在全国都能达到标准要求，但强氧化性物质达标率非常低，这种状况已持续很久。另一方面，氮氧化物及浮游颗粒状物质的达标状况根据每年的气象因素而有所变化。作为整体的达标情况，相对于普通环境大气测量局（普通局），汽车尾气排放测量局（自排局）的达标率要低（图 2－2）。

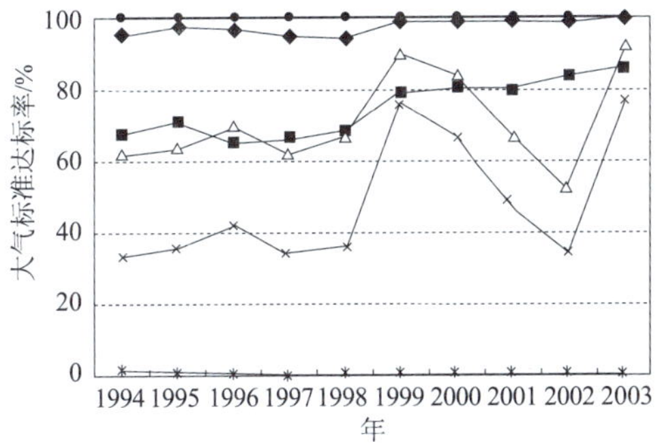

图 2－2 日本大气标准的达标率

—◆— NO_x（普通局） —×— SPM（汽车排放局）
—■— NO_x（汽车排放局） —*— 强氧化性物质
—△— SPM（普通局） —●— CO

在美国，EPA（Enviromental Protection Agency，美国环境保护局）总结了关于 6 种物质（二氧化氮、臭氧、二氧化硫、颗粒物质、一氧化碳、铅）每年的达标状况。对于 1990 年确定的 230 处大气质量未达标的地区，到 2002 年依然存在 146 个地区未达到标准。因此有 14 600 万人居住在超出 NAAQS 标准的地区。特别是臭氧及颗粒物未达到标准的地区更多。

在欧洲，环境厅和欧盟各国联合构筑环境监视及环境数据共享机制，为环境改善的决策机关提供相关信息。根据这些结果，他们开始关注主要城市区域的臭氧和微小粒子问题。

发展中国家的大气污染状况存在恶化的倾向。特别是发展中国家的工业城市，重油和煤燃烧产生的硫化物以及煤烟粉尘的污染日益严重。由于交通网设施落后，在一些大城市中由汽车产生的浮游颗粒物质和一氧化碳等造成的污染也非常严重。

作为释放到大气中的污染物质的排放源，主要包括自然排放源（植被、土壤、河塘等）、移动排放源（汽车、工程机械等）、固定排放源（工厂、炼油厂、发电站等）以及小规模排放源（建筑材料、干洗溶剂等）等，在不同地域各种排放源的排放量比例有所不同。作为代表性的事例，关于日本东京（首都圈）和美国加利福尼亚州的排放量比例，如图 2－3 和图 2－4 所示。

在汽车排放所占的比例当中，东京和加利福尼亚州两地，对于氮氧化物（NO_x）排放，汽车排放量大体上占了一半，对于碳氢化合物（THC/TOG），汽车排放量约占 20%。对于颗粒物质，东京的汽车排放量约占 40%，相比之下，在加利福尼亚州汽车排放比例几乎为 0，考虑主要原因是由于加利福尼亚州柴油车的比例比东京的少得多。

（4）汽车尾气排放

汽车在使用的过程中向大气排放的气体，主要包括燃料燃烧产生的尾气排放、汽车燃料箱以及汽车材料的熔剂等产生的蒸发气体排放、汽车行驶过程中轮胎扬起的粉尘等（图 2－5）。

（a）燃烧尾气排放

燃烧尾气是燃料燃烧后产生的尾气，主要包括一氧化碳（CO）、碳氢化合物（HC）、氮氧化物（NO_x）及微小粒子（PM）。

① 一氧化碳是由于燃料中的碳燃烧不充分而产生的。基本上可以应用氧化型催化转换器再氧化，而生成 CO_2 排出，但在催化剂活化之前，仍然作为 CO 排出。一氧化碳易于与血液中的血红蛋白结合，阻碍人体内氧的运输功能，此外还增加大气中的温室气体甲烷的寿命。

② 碳氢化合物是碳和氢结合的有机物的总称。对于汽车来说，主要是由于燃料不完全燃烧产生的 HC 成分以及未燃烧燃料的排放造成的。HC 可以应用氧化型催化转换器氧化，但在催化剂活化前仍作为 HC 排出。碳氢化合物除自身对

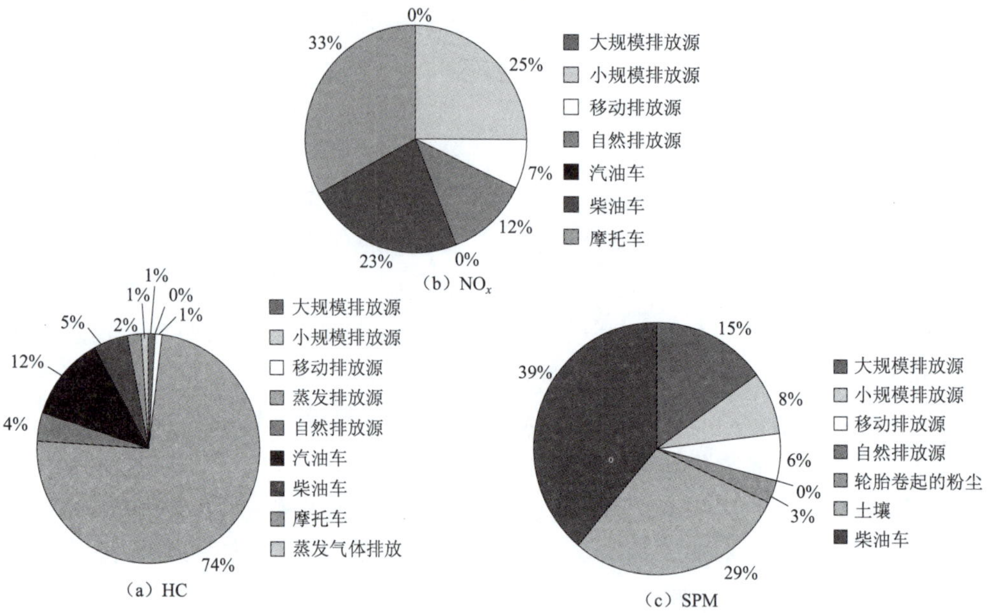

图 2-3 日本不同排放源排放量比例（HC、NO_x、SPM）

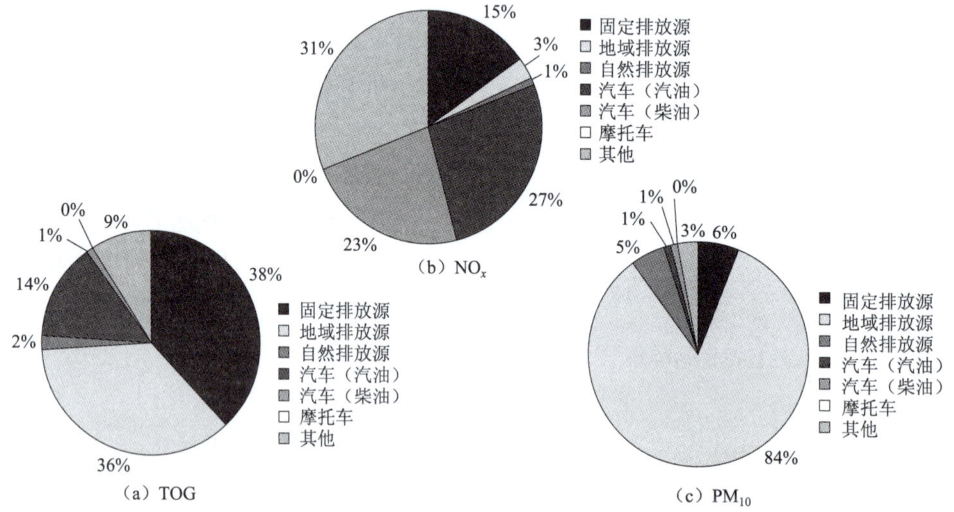

图 2-4 美国加利福尼亚州不同排放源排放量比例（HC、NO_x、PM_{10}）

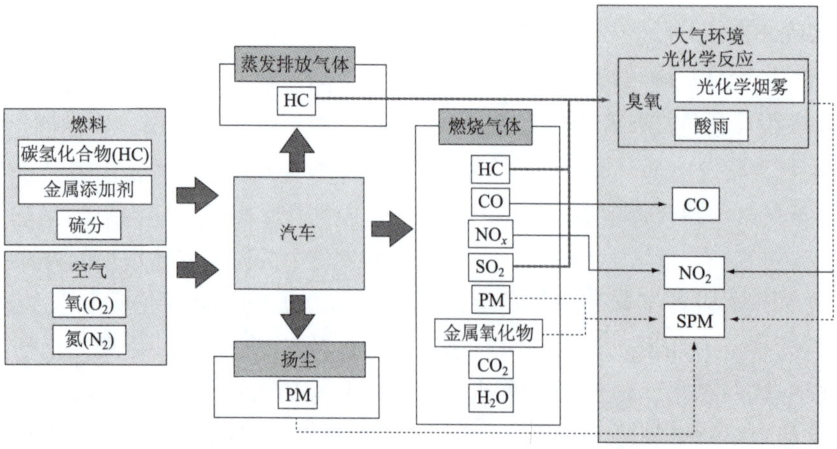

图 2-5 汽车排放的气体与大气环境的关系

环境的影响之外，还与空气中的 NO_x 和 SO_x 发生光化学反应，对产生酸雨及光化学氧化剂有很大的影响。

③ 氮氧化物是由物质在燃烧和化学反应时产生的氮和氧的化合物，主要是以一氧化氮（NO）和二氧化氮（NO_2）的形式在大气中存在。这些氮氧化物可以应用催化转换器净化。

二氧化氮除在高浓度下对呼吸器官产生影响以外，通常认为是与产生酸雨及光化学氧化剂有关的物质。

④ PM 主要是柴油机中由于不完全燃烧而生成的。一般认为 PM 在大气中能够长时间滞留，高浓度情况下能够沉积于肺和气管等部位，对人体呼吸器官带来损害。

(b) 蒸发排放

蒸发排放主要包括加油及燃料置换过程中产生的燃油蒸气，以及从汽车的燃料箱和燃油管渗透产生的蒸发物，内饰材料以及轮胎等使用的熔剂或可塑剂不断释放的气体。这些基本上属于 HC 类物质。

(c) 扬起的粉尘

主要是由汽车行驶时轮胎的磨耗和道路表面扬起的粉尘组成。粉尘主要作为 SPM 对大气环境产生影响。

(5) 汽车排放法规

大气污染的主要原因与汽车尾气排放有关的提法，最初是由加利福尼亚工科大学的 A. J. Haagen Schmitte 博士提出的。基于这种考虑，1963 年制定了《大气污染防止法》，1965 年制定了《汽车尾气排放标准》。1967 年 Edmand Muskie 提倡的《马斯基法》，在 1970 年被确立。

日本汽车排放法规，是由最初在 1966 年设定的 CO 和汽车废气法规（4 工况）开始，此后的汽车排放法规不断地发展和强化（图 2－6）。

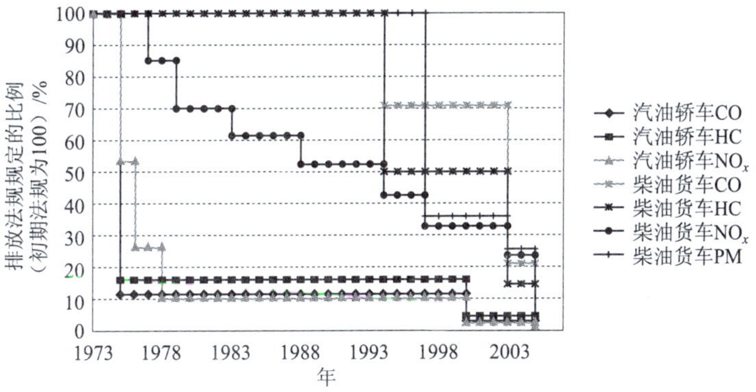

图 2－6 日本汽车排放法规的变迁

1970 年由欧洲经济委员会（ECE）制定了汽油车的排放法规（ECE15：70/220/EEC），此后该法规不断完善和强化。与此同时，其他各国，都逐步引入了日美欧的某一个法规体系。

(6) 降低环境负荷的对策

对于降低大气环境负荷的对策，大体上可分为降低汽车单体排放量的技术对策和改善道路环境、降低交通量的非技术对策两种策略。

(a) 技术方面的对策

一般来说，对于装有催化转换器的汽油车，主要采用将发动机的排气通过后处理装置进行净化。发动机的 NO_x 排放，主要通过控制燃烧来降低，控制发动机供给的空燃比和点火定时以及采用排气再循环（EGR）系统是主要的手段。另外，对于 HC 和 CO 的排放，燃烧室形状和空燃比的影响很大，通常采用燃烧室形状和空燃比的最优化设计来加以控制。

采用催化转换器的净化方法，催化转换器的快速起燃及净化效率的提高是重要的研究课题。目前使用的主流催化剂主要包括三效催化转换器、氧化型催化转换器、NO_x 催化转换器、HC 吸附催化转换器等。

由于汽油的挥发性高，蒸发排放物也存在很大问题。为了防止燃料蒸气释放到大气中，通常采用活性炭吸附的方式加以控制。这种方法是将从燃料系中产生的燃油蒸汽临时吸附到活性炭中，在发动机运行过程中吸附的燃油蒸汽从活性炭中脱离，进入发动机再燃烧的系统。

柴油车的尾气排放成分包括气体排放物（HC、CO、NO_x）和微粒（PM）。通常的净化方法是燃烧的改善以及催化净化技术，但是对于PM，通常采用微粒过滤器（DPF）过滤的方法进行净化。另外，为降低NO_x的排放量，通常采用后处理装置利用催化净化的方法以及在排气中添加尿素等还原剂，进行NO_x的选择性还原（SCR）的净化方法。

燃料特性对于汽车的排放性能有很大的影响。因此，在制定汽车排放法规的同时，需要同步实行对应的燃料标准。

燃料特性对于排气性能的影响，对于汽油来说主要包括铅、硫、锰、铁和硅的含量以及燃料的挥发性的影响。轻柴油，十六烷值、芳香烃含量、蒸馏特性及硫含量对于排放有很大的影响。

（b）非技术的对策

非技术的对策是作为改善汽车对大气质量影响的一种有效的方法。作为具体的应用，发达国家主要采取的措施有改善道路环境（提高交通容量，设置公共交通专用通道）、降低公共交通机构的运费价格、增加商用车的最大可载重量、道路收费（包括停车收费）、新车替换（限制旧车流入城市、旧型车的报废补助）。对于发展中国家，应主要采取完善车辆装备、改善燃料质量（禁止使用低劣燃料）等措施。

2.2.2 噪声

（1）噪声问题和对策

（a）日本

虽然环境省每年都发布汽车交通噪声环境标准达标情况，但仍有20%～25%（宏观评价）的地区超过环境标准的要求，仍然面临着严峻的形势。为了降低汽车交通噪声，主要有控制噪声发生源的对策、道路结构对策、道路沿途对策、建筑物对策以及交通流量对策等，可以说各个领域的技术开发都是非常重要的，不只限于某一个领域的噪声降低问题，需要推行整体的综合性治理对策。

作为噪声源的汽车单体的噪声能量，在30年间约降低了1/10（约降低10 dB），需要进一步降低噪声的技术开发。作为道路结构对策，主要有低噪声铺装（称为排水性路面或高性能铺装，具有抑制轮胎噪声和吸收车辆噪声的效果）施工量的增加、隔声墙的设置、环境设施隔离带的设置。作为道路沿途对策，主要有缓冲空间的设置、缓冲建筑物的配置、沿途住宅的防噪声等如图2－7所示，为了实施这些对策，推进为实现土地合理利用的城市规划是非常必要的。作为交通流量对策，主要有环形道路和旁路设施的配备（为控制大型车通过市区以及分散交通流量）、交通管制（如环状7号线和环状8号线的一部分，从星期六的夜晚到星期日的早晨禁止重型车辆通行）、物流点的配备等。

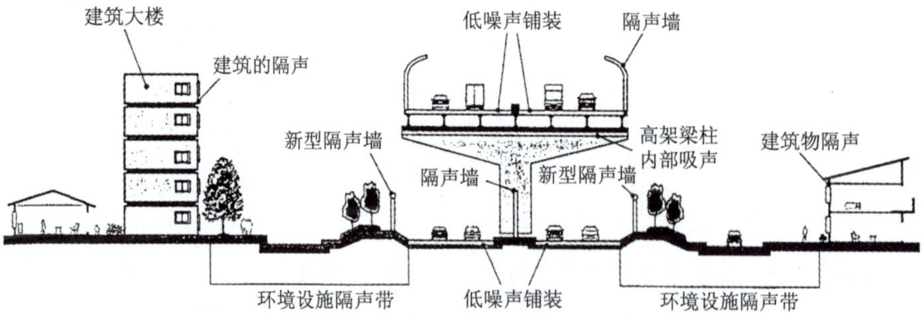

图2－7 道路沿途对策的示意图

1995年，由日本中央环境审议会提出了“关于今后汽车噪声对策的一些方法”中，规定了汽车单体噪声的目标（从1998年法规强化开始）以及作为汽车以外的对策，提出了财政性的引导等综合性的对策方法。主要包括：

① 集构造、交通流量、沿途为一体的对策；

② 抑制道路交通噪声的沿途空间的形成；

③ 规定提高建筑物的防噪声性能。

并且在当年，接受了关于国道 43 号和阪神高速公路的最高裁判决定，由相关省厅设置了“道路交通公害对策相关省厅联络会议”，提出了低噪声铺装、隔声墙等设施的推进以及物流合理化等措施。

(b) 欧洲

一方面，即使欧洲的城市也存在着严重的汽车交通噪声问题。欧盟作为对消除噪声的长期展望，于 1996 年发表了噪声状况绿皮书（Noise Policy）；2002 年，为控制 EU 全体成员国的噪声问题，制定了欧盟的共同标准，采纳了 2002/49/EC 指令。各城市以该环境噪声指令为基础，进行环境噪声的评价和管理，为了使环境噪声指令获得实施，逐步开展了作为基础数据的能够把握城市整体噪声暴露状况的地图（噪声地图）、评价指标的确定、统一化的噪声模拟技术的确立等一些问题。作为环境噪声指令的实施目标，第 1 阶段，以人口达到 25 万人以上的城市及交通量达到 600 万辆/年的道路作为对象，在 2007 年之前完成噪声地图的制作，2008 年各自治体制定出降低噪声的行动计划。第 2 阶段，以全部城市为对象，在 2012 年或 2013 年之前完成各自噪声地图的制作、制定出降低噪声的行动计划。此外，这些实施结果，作为噪声危害的现状向欧洲委员会报告的同时，也用于为居民提供相关信息。

(2) 不良改造问题

作为在用汽车的所产生的噪声问题，由于排气消声器的不正当改造，已成为主要的噪声问题和社会问题。日本已于 2003 年 4 月修改了道路运输车辆法规，强化了限制装备不正当改造的命令。通过街头检查等方式，若发现不符合环保安全标准的改造，将发布整改命令，15 日以内到运输支局接受检验，对于不接受检验的将处以 50 万日元以下的罚款并责令停止使用。对违反停止使用命令继续行驶的车辆拥有者进行严厉的处罚，处以 6 个月以下的徒刑和 30 万日元以下的罚款。目前的街头检查，是基于环保安全标准第 30 条的第 1 项，进行近距离排气噪声测试，取消了在道路上的噪声测量，但是对于车辆行驶中的对应问题（现行的近距离排气噪声测试方法，由于是停车空吹，不能评价加速过程中发动机负荷状态对于噪声的影响），环境省和国家交通省，设置了“汽车排气噪声对策讨论会”，探讨包括重新修改相关法规在内的不正当改造防治策略。

2.2.3 热岛现象

所谓热岛现象，是指城市中心部的气温与郊外的气温相比呈岛状升高的现象。对于日本，考虑到地球暖化引起的气温上升，100 年间约上升了 1 ℃（平均气温），而东京的平均气温将大约上升了 3 ℃（图 2－8）。

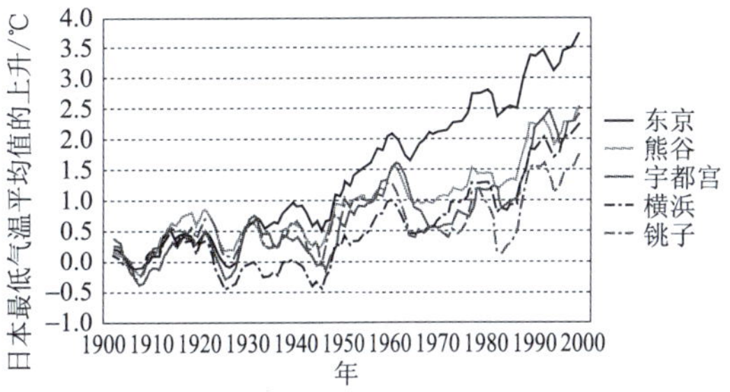

注：1900—1909年的10年间平均值为基准表示上升的程度

图 2－8 东京及周边地区日最低气温的年平均值的变化（5 年平均）

发生这种现象的主要原因有：由于空调系统、电器设备、燃烧器、汽车等人类活动而排出的人工余热的增加；由于绿地、水面的减少以及建筑物和铺装面积的增加，使地表面的人工覆盖面增加。汽车的排气热量以及作为基础设施的道路铺装也是一个主要原因，这也是与汽车相关的城市环境问题之一（图 2－9）。

地球暖化和大气污染恶化带来的影响令人担忧。例如，夏季的空调使用量增加，CO_2 排放量的增加速度加快。此外，也有人提出了热岛现象将影响到冬季 NO_x 浓度上升和夏季光化学氧化剂排放的观点。

作为控制对策，主要有改善地表面的覆盖率、降低人工余热的排放、改善城市形态等。在与热岛现象对策相关的府省关系会议上形成了“热岛现象纲要”，作为汽车方面的对策，主要有改善燃油消耗以及推行清洁能源汽车，通过实施

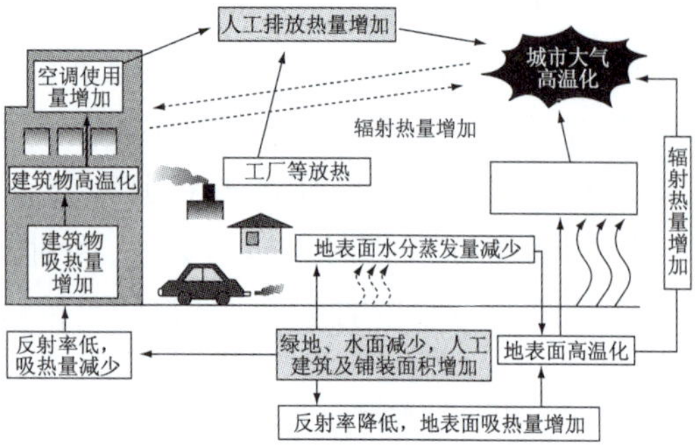

图 2－9　热岛现象的原因

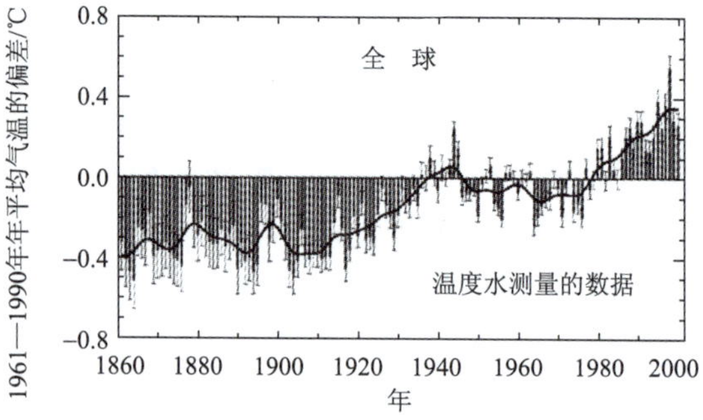

图 2－10　地球总体平均温度的变化

怠速停机等措施减少汽车的排气热量。

2.3　地球环境问题

地球环境问题，受危害和影响的不仅仅是污染产生的国家，而是跨越国界，扩展到全球规模的环境问题。为了解决环境问题，需要国际间的合作。作为与汽车相关的地球环境问题，主要列举了地球暖化、臭氧层破坏及酸雨等。

2.3.1　地球暖化

（1）原因

地球暖化，是由于温室气体排放量增加，地球的温室效应过度所导致的。温室气体，是指大气中能够吸收红外线并且再辐射的气体，如水蒸气、CO_2 和甲烷等。大气在不含温室气体的情况下，地球的平均温度约低于 33 ℃，由于人们日常生活中人为地过度排放温室气体将导致地球暖化。

地球暖化对地球环境的影响，目前还没有科学的证明。但是 CO_2 浓度由产业革命以前的 280×10^{-6} 逐渐增加，目前已达到 370×10^{-6}，地球的平均气温在过去的 100 年内上升了 0.6 ℃（图 2－10 和图 2－11）。在联合国政府间气候变化专门委员会（IPPC）2001 年发表的第三次报告中指出，特别是在过去 50 年当中地球暖化几乎是由人类活动自身造成的。

（a）排放量现状

《京都议定书》规定，温室气体主要包括 6 种 CO_2、CH_4、氧化二氮（N_2O）、氢氟烃类（HFC）、全氟化碳类（PFC）、六氟化硫（SF_6）。由于各种温室气体在大气中的滞留时间及性质不同，对温室效应影响的程度也有所差异（表 2－2）。

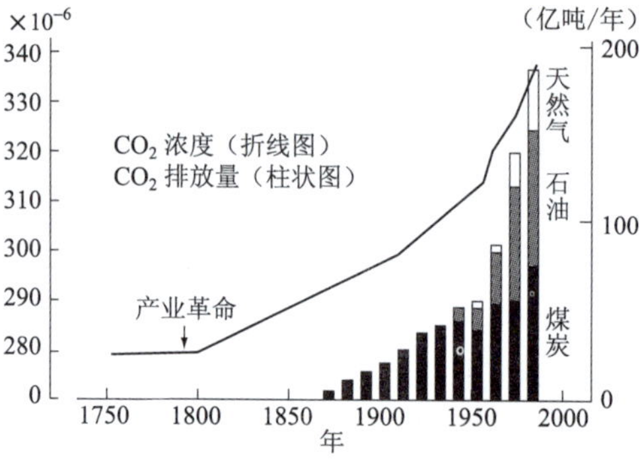

图 2－11　温室气体浓度和排放量的变化

表 2－2　温室气体和地球暖化系数

	CO_2	CH_4	N_2O	HFC 134a	PFC 14	SF_6
滞留时间/年	5～200	12	114	13.8	5 000	3 200
暖化系数（计算时间 100 年）	1	23	296	1 300	5 700	22 200
注：以 HFC、PFC 为例计算 HFC 134a 和 PFC14						

除 CO_2 以外的温室气体当量气体的温室效应比 CO_2 还高，但是 CO_2 的排放量大量增加，结果在产业革命后各种气体导致的温室效应中 CO_2 占 60%（图 2－12）。

统计各国 CO_2 排放的比例，CO_2 排放量最多的 15 个国家约占总排放量的 72%，其中几乎都是发达国家（图 2－13）。

根据 CO_2 排放量的内部统计资料，日本 2002 年 CO_2 排放总量为 12 亿 4 800 万吨，其中约有 20% 为以汽车为主的运输部门排放的（图 2－14）。

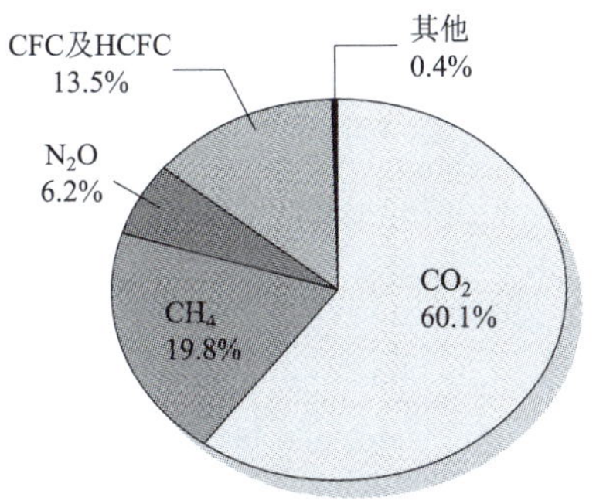

图 2－12 产业革命后被认为温室气体的排放对地球暖化的影响程度（1998 年）

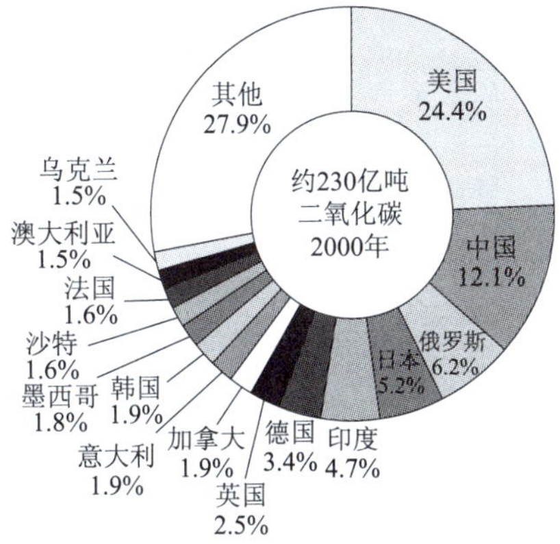

图 2－13 世界各国 CO_2 排放比例（2000 年）

这个比例在不同地区有所差异，美国约占 30%，欧洲约占 20%。

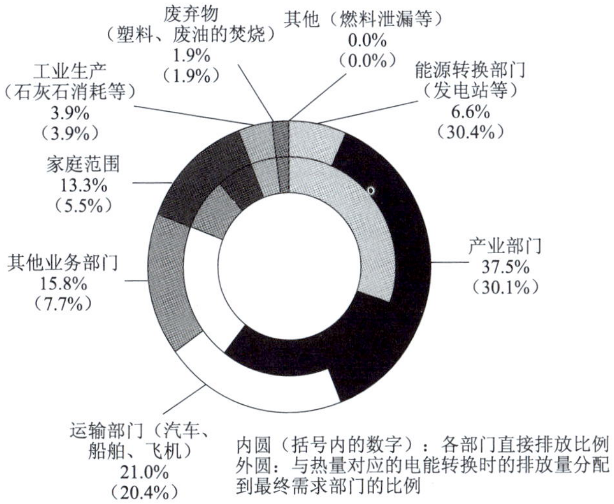

图 2－14 日本各行业 CO_2 排放比例（2002 年）

（b）未来预测

CO_2 的排放量由于人口增加、经济发展、能源消耗量和技术的进步存在很大的差异。IPCC 在第三次报告中，根据几种类型，预测了今后的 CO_2 排放量。其中兼顾经济发展、环境和经济的协调配合，以全球和地域主义化为中心，划分为“高速发展型（A1）”“多元化型”“持续发展型（B1）”以及“地域共存型（B2）”，其中将 A1 型根据对石化燃料的依存度进一步分为 3 种，共计 7 种类型，预测了各种类型国家的 CO_2 排放量。不管哪种类型的国家，预计到 2100 年，气温将上升 1.4 ℃ ~5.8 ℃，海平面将上升 9 cm ~88 cm（图 2－15）。

关于汽车排放的 CO_2，WBSCSD（World Business Council for Sustainable Development，世界可持续发展工商理事会）预测了持续发展的汽车到 2050 年的排放量（图 2－16）。按照目前的发展趋势，到 2050 年，预计达到 2000 年的 2.3 倍，特别是发展中国家增长更快。

（2）政策

（a）国际机构

地球暖化的影响虽然没有科学的证明，但是从 1980 年开始一些国际机构已开始讨论。与此同时，世界气象机构（WMO）和联合国环境计划组织（UNEP）都提出了关于环境变化最新的科学见解。为各国制定政策提供科学的基础，设立了 IPCC 组织，1990 年发表了第一次评价报告。1992 年，“关于气候变动的国际联合框架公约（UNFCCC）”被联合国采纳，在联合国环境开发会议（里约热内卢的西方七国首脑会议）中，有 155 个国家签字。UNFCCC 敦促各国尽最大努力，使温室气体浓度达到能够消除地球暖化影响带来危险的稳定水平。各缔约国定期举办会议（COP），其中第三次会议（COP3）采纳了《京都议定书》（表 2－3 及图 2－17）。

当时由于美国、澳洲没有批准而《京都议定书》未通过，但由于俄罗斯于 2004 年 9 月批准了该方针，2005 年初正式生效。但是，《京都议定书》只不过是实现极限的 CO_2 浓度稳定水平的过渡。IPCC 的第四次报告书制定了 2007 年完成的目标，不久关于《京都议定书》在 2013 年以后的作用将进行国际讨论，为实现 CO_2 浓度稳定化的目标，期待全球的共同努力。

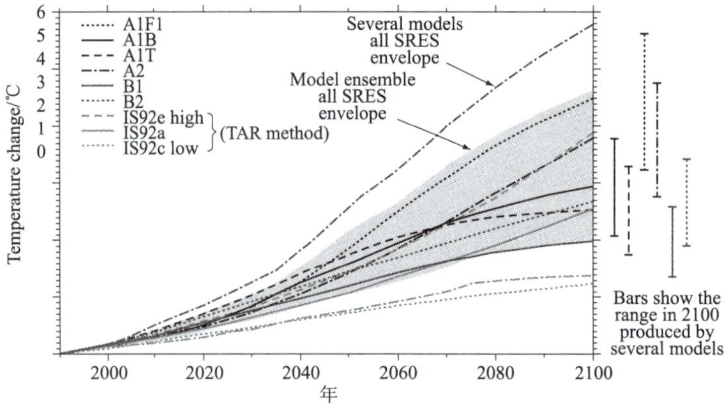

图 2－15　气温上升趋势预测

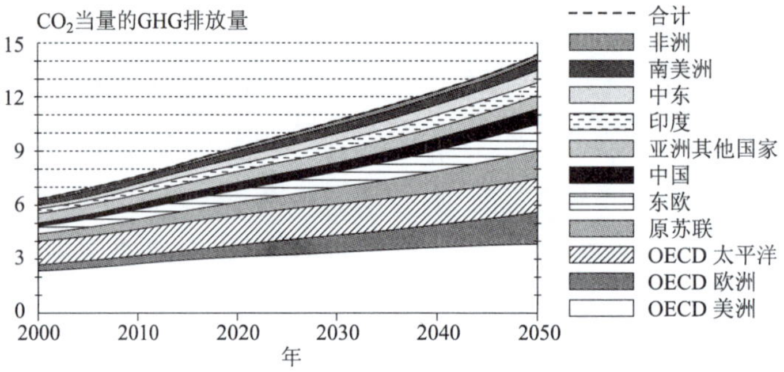

图 2－16　运输部门 CO_2 排放量预测

表 2－3　《京都议定书》概要

项　目		内　容
数值目标	对象气体	CO_2、甲烷、N_2O、HFC、PFC、SF_6
	基准年	1990 年（HFC、PFC、SF_6：1995 年）
	目标期间	2008—2012 年（平均）
	削减目标	发达国家的全部温室气体人为排放量在控制目标期间与基准年相比至少降低 5% 不同国家控制目标：日本——6%，美国——7%，欧洲——8%
京都机制		排放量交易，共同实施，通过 CDM（Clean Development Mechanism）降低排放量
森林吸收		1990 年以后通过新植森林、再造林吸收 CO_2

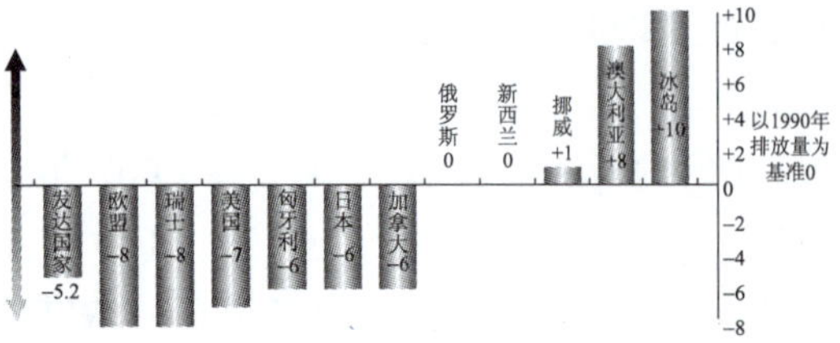

图 2－17　《京都议定书》规定的各国削减目标

（b）日本

1998 年日本根据《京都议定书》，为达到削减 6% 的目标，制定了“地球暖化对策实施大纲”。之后在 2002 年对大纲进行了修订，制定了新的实施大纲（新大纲）。

运输部门也出台了各项目的削减对策，主要包括汽车单体对策（汽车厂家实施燃油基准、普及低公害车等）、交通流量对策（通过推进 ITS 消除交通堵塞等）、物流对策（提高物流效率等），日本运输部门 CO_2 排放量和削减目标，如图 2－18所示。

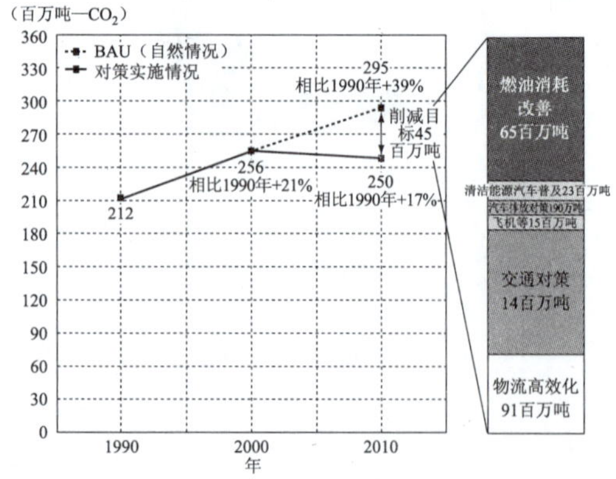

图 2－18　日本运输部门 CO_2 排放量和削减目标

关于汽车燃油消耗，1998 年制定了针对当时的最高燃油消耗标准及未来采用新技术的改善目标，即领先的 2010 年燃油消耗标准（以 1995 年为基准，燃油消耗改善 23%）。

(c) 欧洲

欧洲在 2000 年就提出了欧洲气候变动研究计划(ECCP)。ECCP 明确了实现削减目标的对策，进行了效果的评价，作为成本效果比较高的对策，2005 年 1 月确定了实现排放权交易制度的相关措施。

关于汽车的燃油消耗，从 1998—1999 年欧洲各国政府与汽车厂家达成了 CO_2 自主削减目标的合作意向。目标值根据欧洲汽车工业协会（ACEA）、日本汽车工业协会（JAMA）、韩国汽车工业协会(KAMA）的各种轿车新车的平均燃油消耗量定为 140 g/km。实施日期确定为 ACEA 为 2008 年，JAMA 和 KAMA 为 2009 年。

(d) 美国

2001 年 3 月，布什总统表明不同意《京都议定书》的提案，作为代替方案提出与 GDP 相当的 GHG 排放量在 2012 年之前削减 18% 的目标，确立了气候变动的科学见解，不规定统一框架而是自主选择通过技术革新达到降低 CO_2 排放的目的。

关于汽车燃油消耗，美国以石油危机为契机，从 1978 开始就规定了公司的平均燃油消耗量（CAFE）。1990 年以后，规定值基本没有提高只是不断扩大实行范围，但是从 2005—2007 年载货车的 CAFE 提高了约 7%。另一方面除联邦政府之外，州政府在削减 CO_2 排放的法制化方面不断加强。加利福尼亚州 2004 年 9 月制定的新标准规定，新车的 CO_2 排放量到 2016 年相对 2002 年的标准降低 30%。虽然有人质疑州政府是否具有制定通过限制车辆燃油消耗削减 CO_2 排放法规的权限，但预计未来其他州也将效仿这种作法。

(3) 削减对策

(a) CO_2

汽车的 CO_2 排放量是通过车辆的燃料消耗率(FE)，以及根据燃料中的 C 含量和车辆行驶距离计算得到的排放系数计算出来的。

CO_2 排放量 = FE(L/km) × C(g/L) × VMT (km/辆)

为了削减汽车总的 CO_2 排放量，根据其产生原因提出了多种对策，如图 2-19 所示为其中的典型措施。

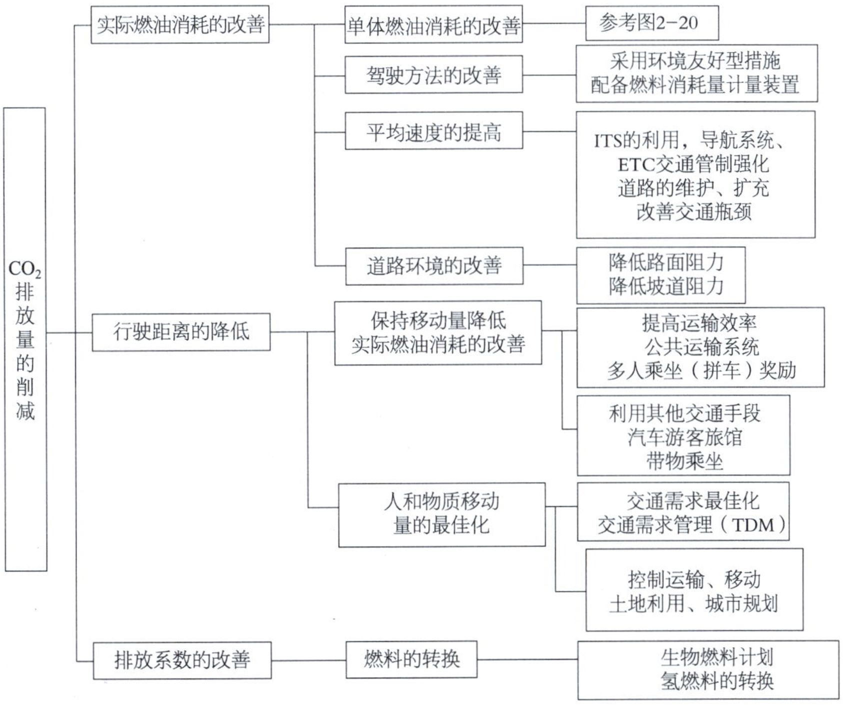

图 2-19　降低汽车总排放量的对策

① 降低燃油消耗。为了改善车辆的燃油消耗，需要同时改善用于评价燃油消耗指标的特定运行工况下的工况油耗以及实际运行过程中的实际油耗两方面的油耗量。作为主要对策，汽车技术、道路行驶条件及驾驶者三方面的有效协调是不可缺少的。

工况油耗主要通过提高能量效率、降低行驶阻力、车辆的轻量化等汽车技术手段来改善（图2－20）。影响实际油耗的主要因素有驾驶方法、行驶速度和道路环境等。

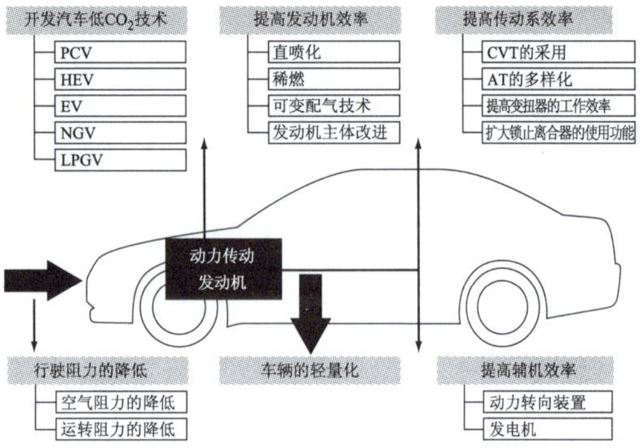

图2－20　汽车采取的对策

推荐采用考虑燃油消耗的运转方式，所谓的环境友好型，即追求低的社会成本和高效率，与此相反一些不确定的问题也很多。从技术方面讲，需要安装燃油消耗计量装置和档位指示器等表征运行经济性的辅助装置。

为保证交通顺畅，需要消除会引起交通堵塞的瓶颈，加强道路保养，改善基础设施。期待导航系统和被称做ETC的ITS（智能驾驶系统）技术能够起到很好的效果。

作为改善基础设施的手段，降低路面和坡路的阻力以及道路环境的维护对于降低实际燃油消耗非常有效。

日本的实际燃油消耗，在1990年以后呈现下降的趋势，但1998年以后反而上升，2002年比前一年上升1.4%（图2－21）。主要是新车的工况燃油消耗率增加造成的。

② 降低车辆的行驶距离。为了降低行驶距离，需制定人和物质移动的最佳措施，已经提出过了维持必要的移动量来降低行车量的对策。

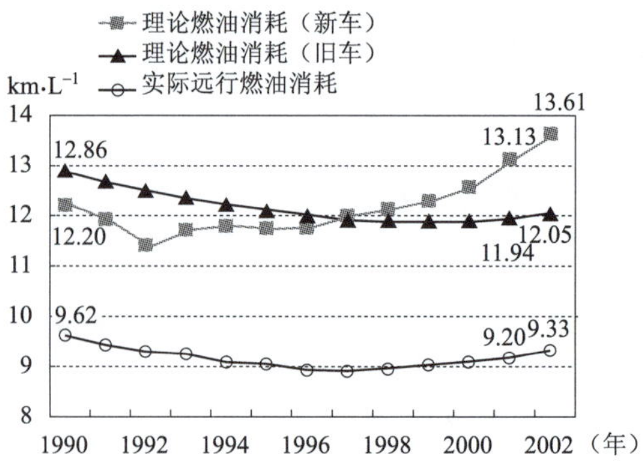

图2－21　日本家用汽车燃油消耗的变化

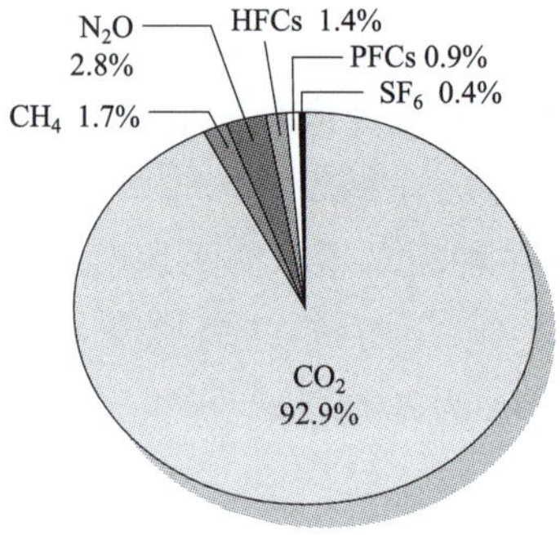

注：CFC，HCFC除外

图2－22　日本各种温室气体与地球暖化的直接关联度

作为移动量最佳化的实例，比如通过土地利用和城市规划来降低移动量，充分利用电传SOHO代替移动，这些减少运输和移动次数的对策，需要借助于实施交通需求经营管理（TDM）等能使交通需求最佳化的措施。

作为降低行车量的措施，主要有通过公共运输系统和多人乘坐奖励措施等来提高运输效率，通过带物乘坐、汽车游客旅馆和交换车辆换乘情报等来促进向公共运输的转换，有效地利用各种交通手段。

这些措施可有效解决交通滞留问题。此外也提出了如道路收费等税收措施，但是强制地限制移动的对策可能会妨碍经济增长，在实施过程中需要充分讨论其在社会上实施的可行性。

③ 排放系数的改善。使用燃料中的碳含量随燃料不同而有很大差异，其对汽车的CO_2排放量起着决定作用（表2－4）。

另外，作为评价车辆排放量的指标，通常采用基于WTW（从油井到车轮）的分析结果。

CO_2 排放指标不光包括车辆行驶过程中的 CO_2 排放量（TTW），也包含从燃料开采、精制和运输阶段的 CO_2 排放量。这对于评价代替汽油和柴油的氢、生物燃料、天然气等更为重要。

表 2-4 各种燃料的含碳量

	汽油	柴油	CNG	LPG	乙醇	氢	电
CO_2/（$kg \cdot L^{-1}$）（以汽油为基准换算）	2.416	2.582	1.727	2.083	2.484	0	0

表 2-5 臭氧层破坏物质及臭氧破坏系数

	CFC-12	哈龙-1301	四氯化碳	1-1-1-三氯乙烷	HCFC-22	甲基溴（CH_3Br）
臭氧破坏系数	1	10	1.1	1.1	0.055	0.6
暖化系数	10 600	6 900	1 800	140	1 700	—

注：以 CFC、哈龙、HCFC 为代表；
臭氧层破坏系数是以 CFC-12 的破坏效果为 1 的相对值；
暖化系数是以 CO_2 的暖化效果为 1 的相对值，累积时间为 100 年；
蒙特利尔议定书规定的物质是除京都议定书规定以外的物质

(b) CO_2 以外的温室气体

在日本，温室气体排放中，即使考虑地球暖化系数，CO_2 也要占 90%（图 2-22）。以下主要介绍除 CO_2 以外的与汽车相关的温室气体 HFC、CH_4 和 N_2O。

汽车经常使用 HFC 134a 作为空调的制冷介质。1990 年以来，HFC 134a 被用来取代臭氧层破坏物质 CFC-12。目前正在广泛研究作为替代 HFC 134a 的各种 CO_2 制冷介质和烃类物质。只是 CO_2 存在对于现有系统的能量效率较低、烃类物质具有可燃性而存在安全性的问题，其作为实用化技术，还需要相当长的时间。

配合制冷介质的更换，目前采用 HFC 134a 的重要对策是保证其不向大气中释放，主要包括降低使用过程中的泄漏，提高气密性，通过提高效率减少介质的填充量，提高制造和使用过程中的能量效率等。不仅如此，在车辆配备和废弃时有效回收和处理制冷介质等措施也是很重要的。

作为法规，欧洲各国规定了从 2011 年开始使用暖化系数在 150 以下的制冷介质替代品。日本在 2002 年实施了“氟氯化碳回收处理法”，促进了对使用完的氟氯化碳类物质（CFC-12、HFC 134a）的回收和处理。

(c) CH_4、N_2O

甲烷（CH_4）、一氧化二氮（N_2O）是汽车尾气中的微量物质。CH_4 是燃料未完全燃烧而排出的 HC 成分，CH_4 排放量大体上与 HC 排放成一定比例。N_2O 是汽车催化反应的副产物，主要是作为汽车尾气中 NO_x 还原反应的中间产物而形成的。与 CH_4 相同，N_2O 的排放量一般随着 NO_x 排放的降低而减少。以U-LEV为代表的低排放车随着法规规定的排放物 HC 和 NO_x 的大幅度降低，CH_4 和 N_2O 也显著减少。未来随着排放法规的不断强化将进一步降低。

作为法规，美国加利福尼亚州在 2004 年 9 月实施的温室气体削减法规中，规定包括 CO_2 在内，CH_4 和 N_2O 排放总量需要满足一定的限值。

2.3.2 臭氧层破坏

所谓臭氧层是指距地面 15 km ~ 50 km 上空，成层圈附近的臭氧（O_3）较多的薄层，将臭氧层被破坏的问题称为臭氧层破坏。臭氧层中进行着臭氧的分解和生成，由此可防止有害的紫外线对地球生物的损害。一方面，氟氯化碳类难于分解的物质在大气中长时间停留，其中一部分到达臭氧集中的成层圈，到达成层圈的氟氯化碳由于紫外线作用被分解，生成盐酸，这种盐酸将导致臭氧分解，破坏臭氧层。

臭氧层被破坏后臭氧浓度极薄的区域称为臭氧带，每年 9 ~ 10 月在南极上空可见到这种现象。特别是在臭氧带扩大的南半球的新西兰和澳大利亚等地区紫外线问题非常严重。

若臭氧层被破坏，到达地面的紫外线量便增加，紫外线不仅对动植物发育等生态系统产生影响，对人体患皮肤癌、白内障疾病以及免疫力下降等也将产生影响。

作为控制臭氧层破坏的国际条约，1987 年制定了《蒙特利尔议定书》。《蒙特利尔议定书》将表 2－5 所列的物质确定为破坏臭氧层的物质，分阶段禁止其排放。

日本于 1988 年制定了臭氧层保护法，根据议定书的要求分阶段控制其生产量和消费量，1995 年末全部废除 CFC 等主要的臭氧层破坏物质。

根据世界气象组织（WMO）/联合国环境计划署（UNEP）的报告，在对流圈，破坏臭氧层物质的总量，1992—1994 年达到峰值以来，在缓慢减少（图 2－23）。由于《蒙特利尔议定书》的作用，预计议定书中规定物质对臭氧层的破坏情况在未来 10 年内将有所改善。

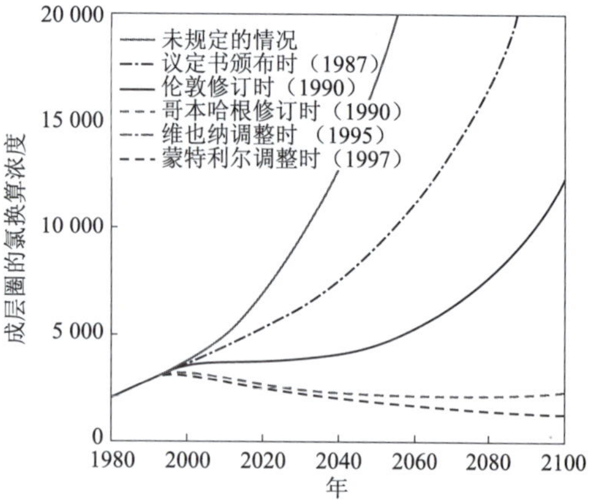

图 2－23　成层圈的盐酸换算浓度的变化及预测

作为汽车空调制冷介质使用的 CFC12，从 1990 年开始在新车配备的空调中已逐渐被 HFC 134a 所取代，日本在 1994 年全部替换完毕。

2.3.3　酸雨

酸雨定义为氢离子浓度（pH）在 5.6 以下的雨。酸雨含有硫酸盐、氮氧化物（NO_x）等酸性污染物质，与空气中的水蒸气反应，生成硝酸和硫酸等以酸雨的形式降落。

$$NO_x + H_2O \rightarrow HNO_3 + 其他物质$$

$$SO_x + H_2O \rightarrow H_2SO_4 + 其他物质$$

形成酸雨的原因是 SO_x，主要是火力发电厂、石油加工企业燃烧的石化燃料所排放的。形成 NO_x 的主要原因是汽车的尾气排放。随着排放法规的不断强化，其排放量大幅度降低。

作为防治酸雨的对策，需要注意其排放污染物质具有跨国界移动的特点。国际联合治理是不可缺少的，欧洲于 1979 年制定了长距离越境大气污染缔结条约，随着酸雨公害监视的进行，SO_x 和 NO_x 等酸雨形成物质得到有效的控制。另外，未来特别是东亚地区，随着经济的发展，酸雨形成物质的排放不断增加，酸雨的影响具有加剧的可能。

2.4　资源与废弃物问题

2.4.1　汽车再利用对策

（1）汽车再利用问题的现状

目前日本每年产生约 400 万台（包括二手车，约 500 万辆）的报废汽车（ELV）。这些报废汽车，从最终用户经过销售公司、旧车企业、零部件企业等，几乎所有的程序都由拆解企业来处理（图 2－24）。拆解企业取出燃料和润滑油等液体成分，将发动机和变速器等作为二手货物销售给需要者。之后交给废品处理企业进行拆解破碎，将铁和铝等回收再利用。通过这种处理，按质量计算每台车约有 80% 可再利用，最后剩余的以 ASR 为主的部分，由约 80 万吨规模的管理型埋藏处理场进行埋藏处理。近年来由于埋藏处理场的紧缺、处理费用的增加以及铁价格的波动，原来的回收再利用系统功能处于不健全的状

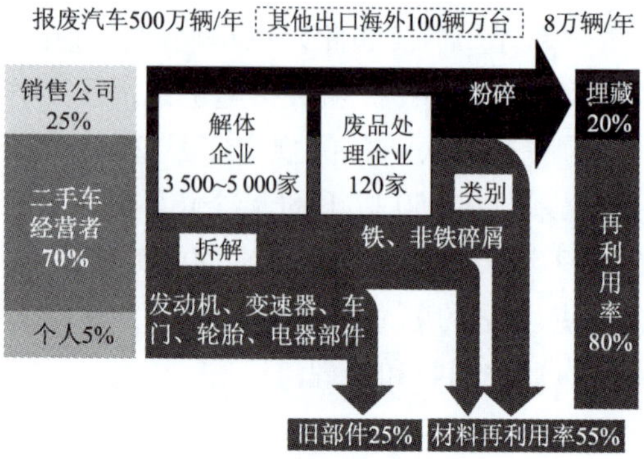

图 2－24　汽车再利用的现状

态。结果出现了如1990年1月发生的丰岛事件，存在再利用处理后废弃物的非法丢弃和不规范处理蔓延的危险，因此需要重视汽车高度再利用问题。

根据目前的情况，需要进一步加强解决环境负担物质的消除和完全回收、空调回收等，进行比原来更彻底的事先拆除、玻璃和塑料等物质的回收处理。废品处理的实用化研究和开发、处理基础设施的建立等都在不断进行，正在开发多样化的拆解技术。值得思考的是未来汽车回收再利用技术的发展与汽车开发的发展方向具有很大的相关性。

（2）汽车再利用相关的对策和法规发展趋势

汽车报废问题在欧洲已成为社会化问题，在此背景下开始探讨汽车再利用的相关法规，EU于2000年10月21日制定了EU汽车报废指令（2000/53/EC），主要包括：汽车厂家具有承担报废车拆解和回收费用的义务；2003年7月1日以后，汽车零部件原则上禁止使用重金属（铅、汞、镉、六价铬）；每辆车的报废再利用率目标（平均重量）规定，2006年之前达到85%，2015年之前达到95%。

报废汽车问题不光在欧洲，在日本也已成为社会问题。因此1997年5月当时的通产省公开发表了“报废汽车再利用倡议”，谋求削减废弃物品、提高再利用率、削减环境负担物质。2001年4月修订了《再生资源利用促进法》，在原有的法规中增加了新的废弃物减少和再利用的3R法，规定汽车厂家在设计阶段就应承担利3R（减少、再利用、循环利用）进行事先评价的义务。更进一步，规定以汽车制造企业为中心的相关责任者承担适当的分担义务，为确保报废汽车的合理再利用，2002年7月制定了“报废汽车资源再利用相关法律”（汽车再利用法），并于2005年1月1日开始执行。这部汽车再利用法基于考虑扩大再生产者的责任，对于在报废汽车处理过程中发生的氟氯化碳类、空调类以及废弃物，汽车厂家及经销商具有召回及再利用（氟氯化碳类物质的无害化处理）的义务（图2－25）。

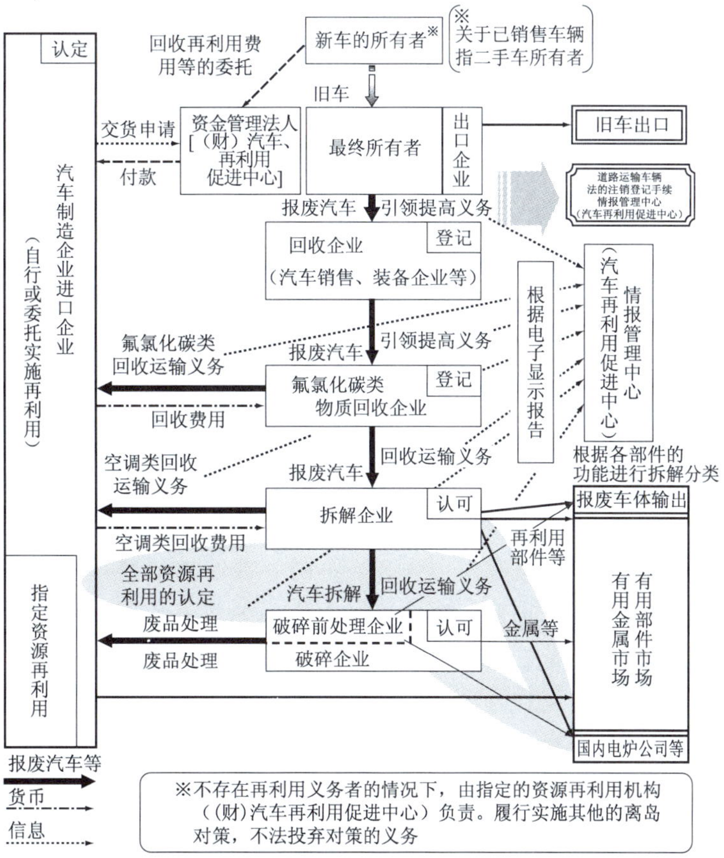

图2－25　循环再利用的流程示意图

(3) 考虑再利用和适当处理的汽车制造

目前，作为回收再利用对象的汽车是10年以前制造的，今后为了更好地推进通过再利用和资源的有效利用，减少埋藏处理量，提高资源利用效率，对于新开发的汽车，需要考虑各种各样的设计方案。汽车厂家为了适应ELV处理问题，从20世纪90年代后半期开始在汽车设计过程中增加了回收再利用问题的考虑。

再利用设计与未来再利用技术的提高和ASR的资源再利用有着密切的关系，主要有4种功能要求。再利用设计的具体事例如下：

① 处理的方便性：机油、LLC、氟氯化碳等液体和气体类物质的易回收性，电池的可拆解性，空调和皮带轮张紧器的安全无害化处理（同步处理等）。

② 扩展再利用范围：改善零部件的易拆解性。

③ 材料再利用的扩大：改善零部件的易拆解性，通过采用单一材质和材料，改善分类回收性。

④ 加强ASR等难以处理物质的事先解体：改善包含环境负担物质的零部件的易解体性（拆除性）。

为了有效地开展废车处理，实现部件和材料的再利用，因此部件的易解体性是非常重要的。比如对于保险杠和仪表板等大型部件，以及空调等拆卸方法的简单化、通用化，减少固定位置，使用通用工具的拆装方法，设计中保证必要的工具操作空间等，这些便于拆装的方法在设计过程中正在逐渐被研究和应用。以下介绍几种比较典型的易于拆解的零部件设计实例。

① 保险杠的改进实例。如图2－26所示为保险杠的改进实例。由于通过减少部件的构成点数，以及与车体紧固方法的改进，从而减少紧固点而方便拆装，可节约40%解体时间。

② 改善解体性的标记。如图2－27所示，为了方便解体操作，在大型树脂部件的分离位置上为拆装而设置的开孔位置等，添加解体作业所需要的特殊标记。

③ 易于再利用的材料组合。为提高再利用

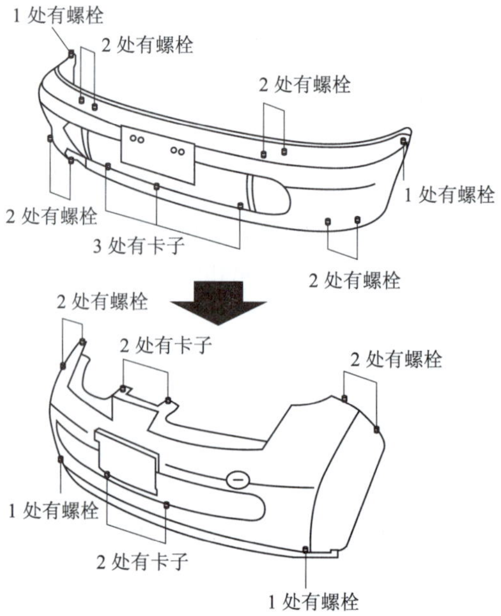

图2－26　保险杠的改进实例

图2－27　方便解体的标记

性能而减少材料的种类是有效的措施。例如对于塑料材料，减少聚丙烯（PP）和ABS等通用塑料的级别种类，统一采用耐热塑性树脂材料。为满足不同零部件的要求，依次开发了特殊级别的塑料材料，使得已应用的聚丙烯（PP）材料达到数十种之多，但是未来为方便保险杠和仪表板等大型塑料部件的再利用，需要将针对不同零部件性能要求的塑料材料的种类进行统一化（图2－28）。

汽车内使用的树脂材料部件，其基材、形材及表皮材料常使用聚丙烯、氨基甲酸乙酯和氯乙烯等不同复合材料，通过将所有的复合材料改变成同系列的烯烃类耐热可塑性树脂等，这样在解体时不必进行分离和选择，可有效提高回收再利用效率。

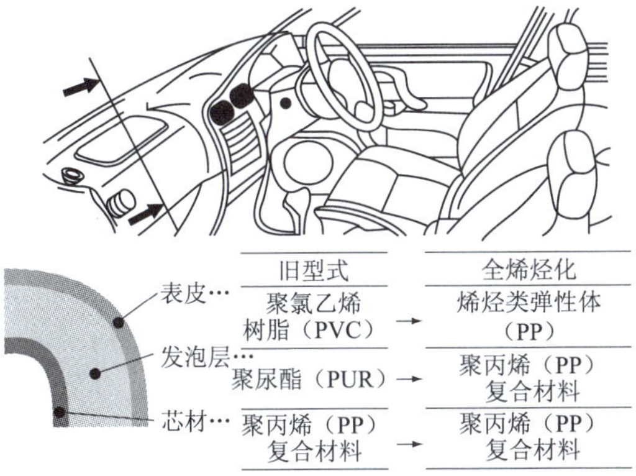

图 2－28　仪表板采用易于再循环的材料实例

④ 来源于植物的材料。作为减少环境负担物质的新型材料，已经开始研发来源于植物的材料。该材料的主要原料是甘蔗和玉米等，由于这些原料是通过植物吸收 CO_2 而获得的，与原来的塑料材料相比，不仅能够节约石油资源，而且在生命周期内能够保证 CO_2 的良性循环，利于实现碳平衡的材料位置(图 2－29)。

图 2－29　来源于植物的材料实例

⑤ 材料识别标志。不同种类的树脂和橡胶混合将降低再利用材料的品质，难以进行再利用，因此需对树脂材料的零部件增加材料标识（材料识别记号），使其具有方便循环再利用的作用(图 2－30)。

图 2－30　表示材料标识的实例

（4）汽车再利用的未来

汽车从生产到报废通常需经过约 10 年以上的时间，因此基于再利用考虑的设计手段，需要能够适应十几年以后的再利用系统、再利用技术和再利用工程等多种技术的发展。

面向可持续发展的社会，必须增强环境和社会意识，做到 2015 年的利用效率将达到 95%，预计未来将达到 100% 的再利用效率。为适应这种要求，不仅要求采用易于再利用的设计，加强建设报废车处理的基础设施，同时也需要在汽车的生命周期内整体考虑再利用问题。

2.4.2　降低环境负担物质的对策

作为降低汽车对环境影响的事例，以下列举了减少环境负担物质的问题。含有的铅等重金属的 ASR 等废弃物流入环境，将引起环境污染，若直接或通过食物链等间接进入人体，将损害人体的健康。因此欧洲的 EU LEV 指令，从 2003 年 7 月起对铅、汞、镉、六价铬的使用进行了限制，除一些特殊规定（Annex Ⅱ 规定项）以外，原则上禁止使用这些物质。在日本，关于这 4 种重金属的使用，在汽车行业自主法规中也规定了削减的对策。

汽车行业自主法规确定的削减目标（日本）：关于削减环境负担物质，为适应汽车再利用法规的制定，与欧洲 EU ELV 指令整合，汽车工业会（JAMA）设定了自主指标（表 2－6）。

表 2－6　JAMA 自主指标

削减物质	四轮车的目标
铅	2006 年 1 月以后：降低到 1/10 以下（与 1996 年比） 其中，大型商用车（包含公交车）降低到 1/4 以下
汞	除以下情况，完全禁止使用 （交通安全必需的部件可微量使用除外） 导航系统等液晶显示屏 综合仪表 前照灯 室内荧光灯
镉	2008 年 1 月以后停止使用
六价铬	2007 年 1 月以后停止使用

(a) 铅的削减现状

日本汽车工业会于1998年2月公开发表了“循环再利用自主行动计划”，制定了减少铅使用量的目标值（新型车、电池除外）。与1996年相比，2000年之前降低到1/2以下，2005年之前降低到1/3以下，这个目标从世界范围来看也是比较领先的。2002年修订了新的目标值，到2006年1月之前降低到1/10以下(图2-31)。

(b) 汞的削减现状

汽车企业在不断推进脱汞技术的研发与应用，目前的使用量已经很少。在汽车中汞只限于应用在对安全性起重要作用的提高照明指示的荧光管部件。与体温计、义齿等采用的汞合金相比，汽车的年使用量不超过总使用量的1/100。

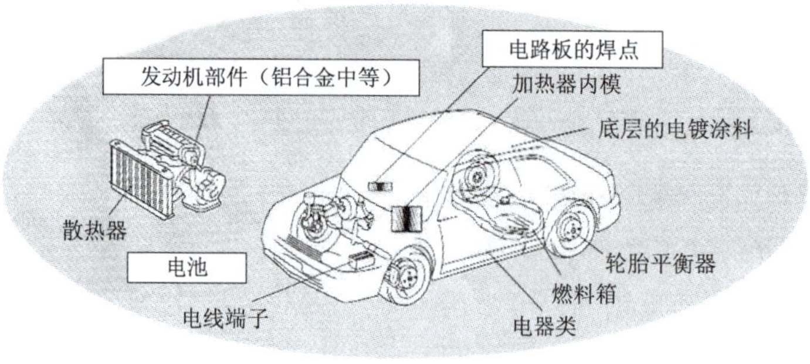

图2-31　铅的使用现状

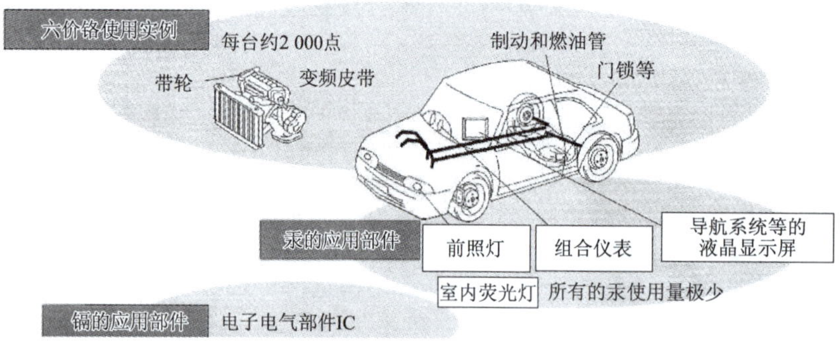

图2-32　汞、镉和六价铬的使用现状

(c) 镉的削减现状

汽车行业同样重视减少镉的使用量，目前只限于在电器和电子部件中少量的应用。

(d) 六价铬的削减现状

六价铬只限于应用在为保证部件的长期使用做防锈处理的情况。目前对于六价铬还没有明确的测试方法，其测试技术的研究是重要的课题，正在积极开展六价铬替代技术的开发，一些关于三价铬的防锈技术也已开始应用。今后为全面禁止六价铬的应用，将加快进行相关的技术开发。

今后不光上述对环境有影响的物质，目前法规规定的污染物也将增加，汽车厂家应通过独自的标准，制定削减环境污染物的对策。预计未来汽车厂家将对一些化学物质通过制定标准来加以管理。在汽车生产过程中，汞、镉和六价铬的使用状况，如图2-32所示。

2.5　能源问题

2.5.1　汽车能源

汽车能源问题，几乎都是由于石油资源消耗所带来的问题，日本能源消耗的详细情况见表2-7所示。2002年全部能源消耗的27%用于运输行业，其中轿车、公交车和货车等汽车的消耗量占90%，具体情况为汽油占59%，柴油占39%，LPG占2%，石油燃料几乎占100%。

表 2-7 日本能源消耗量及分类

PJ（用途）	燃料油	LPG	天然气等	原油等	其他	电力	合计	比率/%
产业	1 170	281	443	1 404	1 919	1 396	5 560	40.1
民用	1 554	430	639	0	33	1 937	4 616	32.7
运输	3 689	74	0	0	0	67	3 830	27.2
合计	6 413	785	1 082	1 404	1 952	3 400	14 106	—
乘用车	1 853	0	217	0	74	0	2 144	
公共汽车	0	0	69	0	0	0	69	89.5
卡车等	344	0	1 164	0	0	0	1 508	
铁路	0	0	10	0	0	67	77	1.9
船舶	0	0	9	188	0	0	197	4.7
航空	0	162	0	0	0	0	162	3.9

注：由于存在累计误差，运输类合计不一致

世界能源消耗的情况与日本基本相同，2002年运输用能源占总能源消耗的 25%，其中约 80% 为汽车消耗的能源。IEA（国际能源组织）发表了世界能源需求的变化历程及对未来的预测，运输用能源到 2030 年以前仍然以石油系燃料为主，预计运输用能源占石油需求的比例今后将有所增加。这主要是由于发电、工业及民用能源中不断采用石油的替代能源，但是作为运输特别是汽车用燃料，石油系燃料的方便性和经济性是难以替代的。

使用以石油为主的石化燃料，存在的主要问题就是随着能源消耗的增加，将对大气产生污染；存在石油资源枯竭和能源危机的担忧；同时将对地球暖化产生影响，这些问题同时也是汽车能源所面临的问题。

2.5.2 能源需求的增加

如图 2-33 所示为全球一次能源的变化历程及未来预测。到目前为止，随着经济的发展，一次能源的需求不断增加，特别是石油资源，由于中东政治局势的不稳定，出现了多次石油危机。通过 1973 年的第一次石油危机和 1979 年由伊朗战争引起的第二次石油危机，基于能源安全的考虑，特别是发达国家都在不断发展原子能和天然气等替代能源。

未来 OECD 各国的需求增加量将有所减少，但由于发展中国家经济的发展，需求增长量有所增加，从世界总体来看，一次能源的需求量将大大增加。根据 IEA 的预测，全球的一次能源需求每年增长 1.7%，到 2030 年相对于 2002 年的 10.3 千兆吨石油当量将增加 60%，达到 16.5 千兆吨石油当量，其中增加量的 85% 是石油、天然气、煤炭等石化燃料增加造成的。原子能的比例将由 7% 降低到 5%。从经济学观点来看，水力、风能和太阳能等能源不会成为最主要的能源，预计所占比例可达到 14%。

石化燃料中的石油，即使到 2030 年需求仍然很大，其需求量每年将增加 1.6%，2030 年将由 2002 年的 3.7 千兆吨增加到 5.8 千兆吨。作为运输用途的石油资源所占比例也将增加，2030 年将达到 54%。随着亚洲发展中国家经济的增长，预计汽车的普及率将大幅度增加。如图 2-34 所示，亚洲的石油消耗量也将大幅度增加。特别是中国，汽车保有量到 2020 年将达到 1 亿 2 000 万台，人均保有率将达到 8%，由于之后汽车普及仍具有发展的潜力，因此汽车在中国的普及将对石油市场

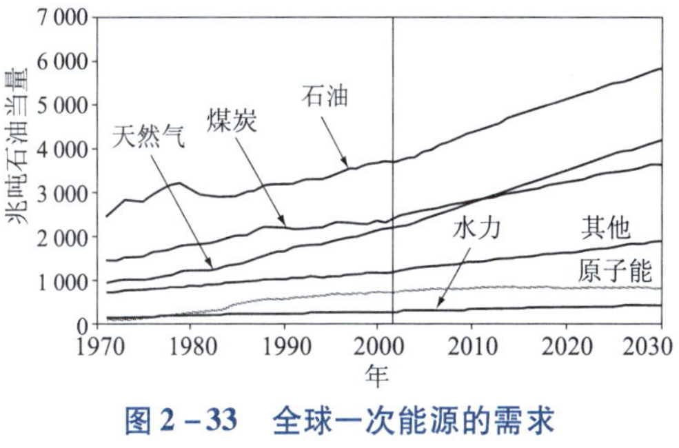

图 2-33 全球一次能源的需求

产生极大的冲击。

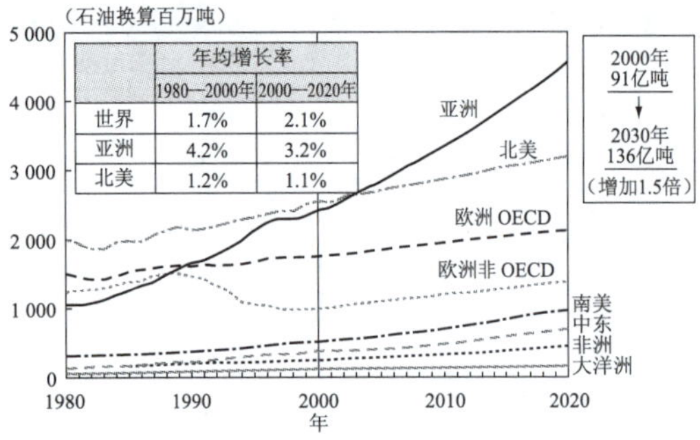

图 2－34 亚洲石油需求的增长

2.5.3 原油价格的波动

图 2－35 所示为到目前为止原油价格的变化趋势。如前所述由于受中东地区政治形势的影响，原油价格波动很大。从 1970—1980 年由于石油危机，原油价格迅速攀升，之后由于沙特阿拉伯原油产量增加等原因，价格有所回落。但是由于 1990 年的海湾战争，2000 年以后 OPEC 市场管理政策的制定、发展中国家原油需求量的增加以及伊拉克战后的混乱等原因，原油价格仍处于较高的水平。预计由于中东不稳定的政治局势、对石油资源枯竭的担忧以及石油经销商的投机操作等原因，原油价格仍将处于不稳定阶段。对于今后的原油价格，根据美国 DOE/EIA（能源省/能源情报局）预测，短期内将超过 50 美元/桶，但到 2006 年价格将有所缓和，从长期来看每年将以 0.7% 的幅度增加，到 2025 年将达到 27 美元/桶，最高可达到 35 美元/桶。价格上升的主要原因是亚洲发展中国家的石油需求量急剧增加而造成的。对于石油供给，中东地区在未来也将发挥重要作用，里海周边，以拉丁美洲和西部非洲为中心，由于 OPEC 与非 OPEC 供给源竞争的激化，预计由 OPEC 控制的原油价格单方上涨将变得困难。

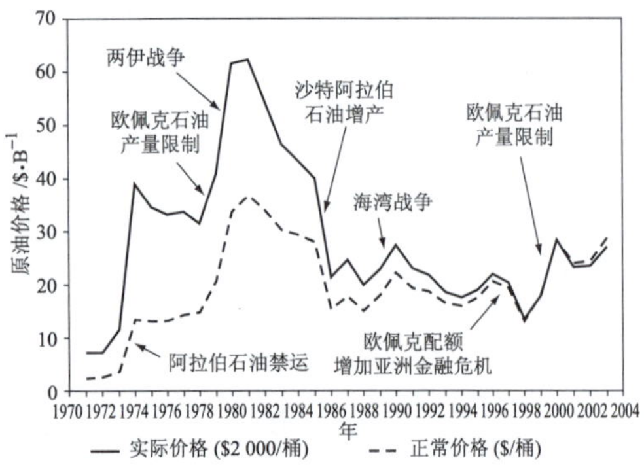

图 2－35 原油价格的变化

未来世界各地政治经济的不稳定极有可能影响原油价格，即使资源丰富，价格方面的不稳定因素也非常高。此外，预计亚洲的发展中国家和日本经济政策的不确定性，中国的经济改革以及社会主义各国经济的复苏等，将直接影响石油市场的发展趋势和价格。

2.5.4 石油资源枯竭的担忧

尽管对于石油的供给及价格波动存在很多悬念，但是对石油资源枯竭的担忧还是持肯定态度的。第一次石油危机之后预计的石油储量只能使用 30 年，但是作为石油确认埋藏量与年开采量之比的可开采年数，已从 30 年上升到了最近的 40 年左右，如图 2－36 所示。由于石油开采技术的显著进步，比如三维物理探查技术、水平采掘及大倾斜采掘技术、在水深 1 000 米以上的深海底采掘技术等，油田的回收率已从 30% 左右增加到目前的 40% ~ 50%。另外发展中国家及社会主义各国通过引入国际石油公司等外资机构，石油资源开发得到快速发展。由于新油田的不断发现以及现有资源的有效利用，生产量有所回升，探明的埋藏量也再增加，因此石油资源可开采年数也在不断增加。

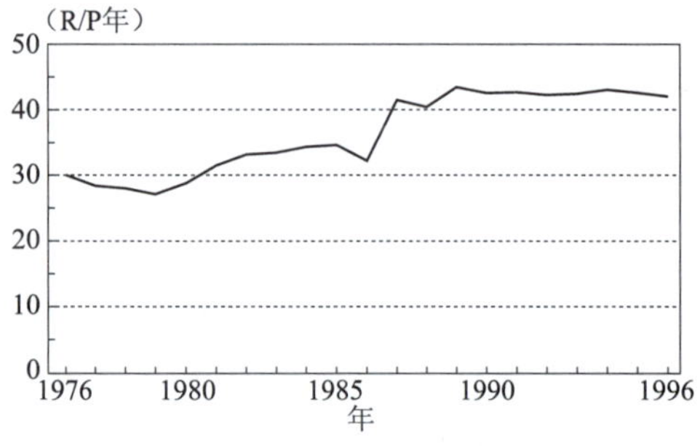

图 2－36 世界原油可开采年数的变化

更重要的是，作为石油以外的石化燃料，由油页岩、奥里诺科重油、油砂提炼的石油制品引起人们的关注。油页岩的最大可开采埋藏量比石油的确认埋藏量 1 兆 500 亿桶还多约 20%，可达 1 兆 2 700 亿桶，在委内瑞拉和奥里诺科河附近存在的奥里诺科重油有 9 500亿桶，油砂有 3 兆 5 000

亿桶。加拿大油页岩生产石油制品已达到先进水平，对于奥里诺科重油和油砂实用化的开发也在积极进行。由于开采技术和石油制品精制技术的高度发展，有利于避免价格的过度增长，目前多数人认为对于石油资源枯竭的恐慌有所减弱。

但是关于石油资源的预测，仍然存在一些过去不曾发生的难以预测的情况，尽管多数人持乐观的态度，但同时对石油枯竭的担忧还是不可忽视的。分析过去的石油生产量和预计埋藏量的数据，预计到 2010 年之前世界石油生产量将迎来高峰，随后将逐渐减少。

2.5.5 CO_2 排放对地球暖化的影响

石油等化石燃料消耗引起的 CO_2 排放量约占人类活动产生的 CO_2 总排放量的 80% 。CO_2 与其他的温室气体如甲烷、N_2O 和氟氯化碳等相比，温室效应系数较小，但是由于其在大气中的浓度较高，因此对温室效应的影响最大。近年来由于大气中 CO_2 含量增加而导致的地球暖化及异常现象所造成自然灾害急剧增加，因此人们开始探讨 CO_2 对于气候变动的影响（图2－37）。预计未来由于异常现象造成的损害将持续增加，世界范围内由于异常现象造成的损害数额从 2004—2013 年的 10 年时间里，将达到 1 500 亿美元。

虽然 CO_2 增加与异常现象增加的因果关系目前还不十分明确，但是为防止地球暖化，人们对于降低 CO_2 排放量这一与能源相关的重要问题已达成共识。

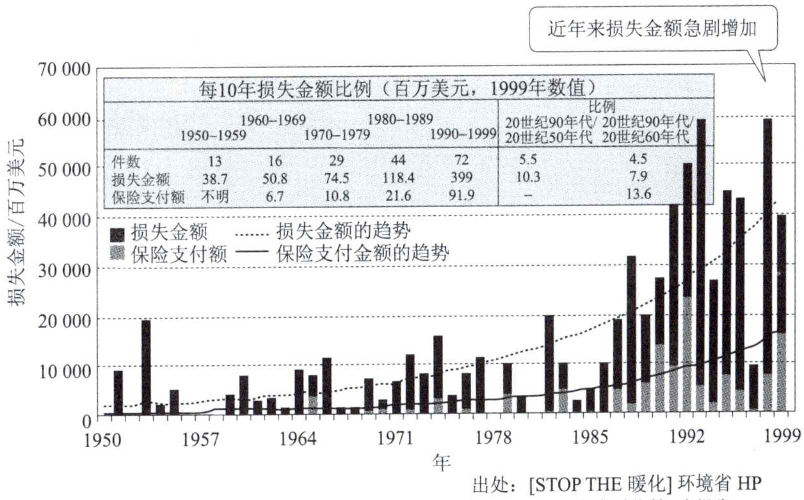

出处：[STOP THE 暖化] 环境省 HP
原点：IPCC地球暖化第3次报告

图 2－37 由于世界异常现象导致受害的数额变化

根据世界能源消耗状况，CO_2 排放量从 2002 年的 236 亿吨每年增长 1.9%，预计 2030 年将增加到 382 亿吨。OECD 各国的增长率已控制到每年增加 1% 以下，但是《京都议定书》中规定的作为排放控制对象以外的发展中国家的排放增长量很大，亚洲、南美洲和非洲的 CO_2 排放年增长率达 3% 以上。预计降低 CO_2 排放，将对经济发展特别是对化石燃料依存度很高的发展中国家的经济发展将产生制约作用。目前来看世界的 CO_2 排放增加的趋势是不可避免的。

在发达国家，石油消耗产生的 CO_2 只占总排放量的 50%，主要是作为运输用途消耗的。预计今后到 2030 年仍将保持相同的比例。在发展中国家，中国和印度作为发电燃料和工业用燃料的煤炭产生的 CO_2 排放很多。

为了降低 CO_2 排放量，正在积极开发风能、太阳能及生物燃料等新型能源，但是目前占全部能源消耗的比例很小，预计即使到 2020 年也只能达到 10% 以下。使用量扩大的最大障碍是与化石燃料相比供应成本高，并且由于依赖于自然条件，所以供应不稳定。但是很多发达国家的政府为了促进新型能源的应用，加强了政策扶植力度，未来的应用比例将有所提高。

2.6　环境能源技术的未来展望

在能源与环境的相关问题中，被认为重要并且难以应对的问题就是地球暖化问题。作为对应的技术关键有两方面，一是提高汽车及能源制造的效率，二是开发 CO_2 排放地的替代能源。这两方面不仅针对地球暖化问题，对于保证能源安全和控制大气污染也是十分重要的技术。但是仅凭对应的技术还远远不够，政策和技术以外的配合是不可缺少的。

2.6.1　汽车技术

（1）降低现有内燃机车的燃油消耗

降低汽油机和柴油机的燃油消耗，开发混合动力车以及替代能源车辆是非常重要的。对于降低现有内燃机车的燃油消耗，日本规定了2010 年的燃油消耗目标，美国规定了汽车企业平均燃油标准（CAFE），欧洲也在积极进行对应强化的燃油消耗法规的技术开发。如图 2－38 所示，为欧洲新车燃油消耗的变化历程，可见汽油车和柴油车燃油消耗都大幅度降低（CO_2 排放降低）了。面对今后日益严格的燃油消耗指标，需要采取不断提高发动机效率、实现车辆的轻量化以及降低行驶阻力等措施。

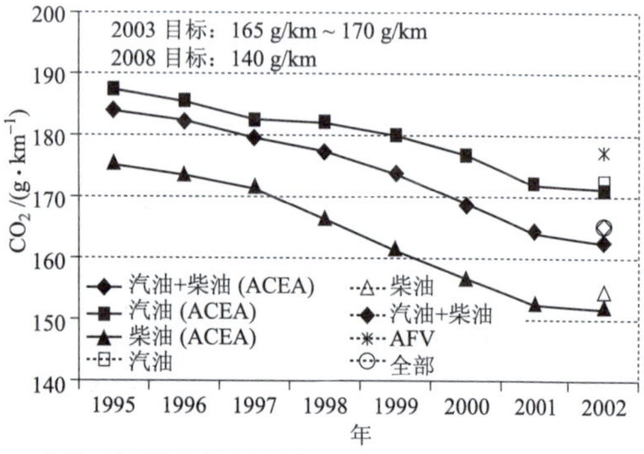

出所：欧洲汽车制造商协会对汽车的CO_2减排的监测（2003）

图 2－38　欧洲新车燃油消耗的变化历程

另外，混合动力车在城市行驶的条件下，可有效降低燃油消耗。降低电池成本是未来大量普及需解决的关键问题，与后面介绍的氢能源汽车及电动车相比，混合动力车辆的成本增加较少，另外不需要增加燃料的基础设施，因此降低 CO_2 排放的成本效益很高。

（2）替代能源对应技术

对于现有发动机，只依靠技术改造对于降低 CO_2 是有限的，需要采用不依赖于石化燃料的代用燃料。在短期内生物燃料的开发，在长期内氢能源和电能的技术开发日益受到关注。关于生物燃料，巴西和美国采用的汽油与乙醇混合燃料，欧洲采用的生物柴油混合燃料等已开始实用化。生物燃料对于燃料供给系材质等的变化要求较小，具有很好的适应性。美国等国家已经开始出售能够适应 85% 高浓度乙醇燃料的车辆。通过开发能够充分利用生物燃料特征的动力机械，具有实现更高效率的可能性。

以氢为能源的燃料电池和电动汽车技术将在第 3 章详细阐述。关于燃料及特性将在第 4 章详细阐述。

2.6.2　代用燃料制造技术

（1）生物燃料

近年来由于生物燃料制造技术的进步，相对于石油燃料在成本上的竞争力不断增强。巴西的乙醇燃料通过制造工艺的改进，实现了产量的增加及成本的降低，发热量相同的燃料制造成本可以达到与汽油相竞争的水平。如图 2－39 所示，世界乙醇产量在巴西、美国、加拿大和欧洲未来将不断增加。日本也在不断推行乙醇汽油混合燃料。

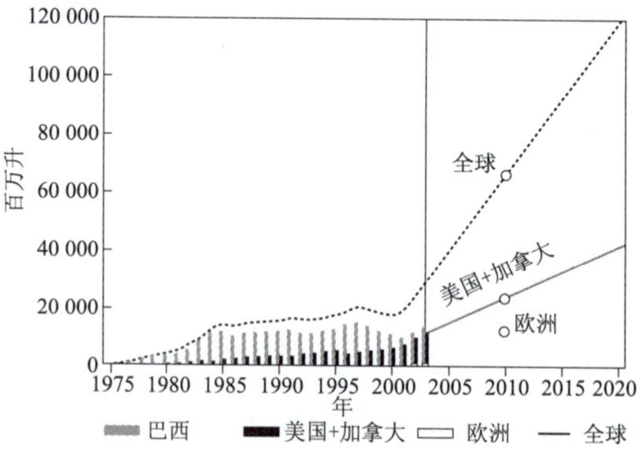

图 2－39　全球乙醇生产预测

生物柴油燃料是采用菜籽油等制造的，目前来看，生物柴油的燃料成本与现有燃料相比缺乏竞争能力，对于降低 CO_2 排放的效果非常明显，欧洲通过采取税收优惠等政策不断增大消费量。为降低燃料成本，采用了将纤维素气化，通过FT反应合成柴油燃料的制造工艺，有望制造出低成本、高十六烷值的高品质柴油燃料。

（2）氢能源和电能

由于氢能源具有清洁高效的特点，被认为是未来的理想能源，日美欧等国家都在大规模地推进其应用进程。作为氢的制造技术，目前主要是天然气的水蒸气改制或通过水电解来获得，但是由于其对于一次能源的依存度高，使得相同燃料发热量的 CO_2 排放量比汽油多。应用不会产生 CO_2 的太阳能等可再生能源制造氢的技术是非常重要的。

表2-8为美国能源部门利用可再生能源的氢制造方法研究开发概要。通过可再生能源获得的电能来电解水的成本很高，未来需要大幅度的技术改进。不应用电能直接制造氢的技术已进行了很多研究，但都处于研究阶段，期待未来的技术发展。

表2-8 应用可再生能源制造氢

氢制造技术	概述
太阳热化学反应	通过收集太阳光并进行化学反应的方法制造氢
太阳热分解	收集太阳光在超高温条件下使水直接分解
太阳光电化学分解	通过光电化学反应使水直接分解
应用自然能源发电的电分解	利用太阳光、太阳热、风能、地热能、水力等发电，电解碱或PEM
生物质气化、水蒸汽改制	将生物质气化变成CO或水蒸气，经过改制生成氢
生物质发酵	生物质发酵生成氢
生物光生成氢	通过光细菌生成氢

表2-9 抑制输送用能源 CO_2 增加的对策

提高车辆燃油效率	降低燃油消耗，促进混合动力汽车的研究开发
	强化燃油消耗法规
	促进发展中国家改善燃油消耗政策的实施：引入EU计划、美国CAFE、日本最新规划等
增加代用燃料车辆	代用燃料车的研究开发 CNG、LPG、燃料电池、生物燃料
	代用燃料车的税收优惠
	生物燃料计划的扩大
控制物流及高效的交通手段	将汽车/航空向铁路/公共汽车转变，扩充高速铁路
	通过建立城市交通收费体系提高能源效率
	构筑发展中国家的铁路设施

目前电能与氢一样，由于对化石燃料的依存度较高，发电过程中将产生 CO_2。虽然风力发电和太阳能发电等可再生能源发电技术有了快速发展，但最具竞争力的风力发电的成本也高达10~14日元/kW·h，是火力发电的1.4倍。但是从长期来看，随着技术的进步，风力发电和太阳能发电的成本有望低于火力发电。

通过化石燃料制造氢和电力的过程中产生的 CO_2，有可能通过回收、浓缩以及埋藏于地下等措施得以降低。即使考虑 CO_2 的固化成本，比起通过可再生能源制氢和电力，仍具有低成本的可能性，在北美、欧洲和澳洲都在寻求降低 CO_2 的有效手段。如图2-40所示，将发电厂排出的 CO_2 浓缩，通过管道将 CO_2 输送到废矿、枯竭油层和气层中储藏。虽然在探索海洋中储藏 CO_2 的技术，但存在对海洋生物产生影响的担忧。此外通过碳酸钙以及通过微藻类物质固化 CO_2 的方法也都在探索当中。

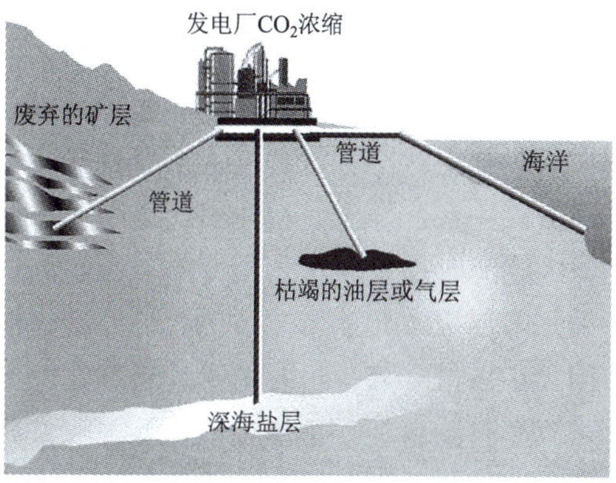

图2-40 CO_2 的储藏技术

2.6.3 环境与能源对策及展望

关于抑制地球暖化问题，IEA 提出，处于未来政治经济延长线上的 CO_2 排放量大幅增加的问题是不可阻止的，需要依靠技术开发和政策方面的方向转变，制定防止 CO_2 排放增加的替代方案，目前已提出很多具体的应对方案，如积极推进发电厂效率的大幅度提高、利用再生资源发电、为提高产业机器效率出台的税收优惠政策，为推进家用经济型机器的推广而制定的激励政策，运输用汽车燃油消耗法规的强化，改善交通环境等。根据目前的增长比例，到 2030 年全球 CO_2 排放总量将达到 382 亿吨，但是通过采取多种具体的降低对策可比原计划降低 17%，为 317 亿吨。若进一步采用 CO_2 固定技术，可将 CO_2 量控制到 299 亿吨（图 2－41）。

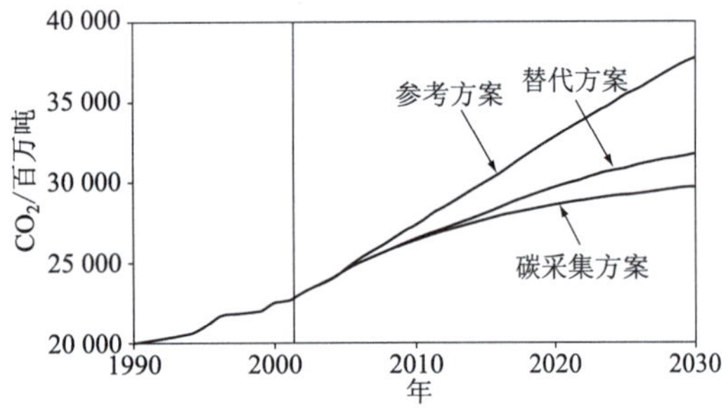

图 2－41 通过替代和碳固定降低 CO_2

在具体的应对对策当中，有关运输用能源的问题见表 2－9 所示。在车辆燃油效率的提高和开发替代能源技术的基础上，积极推进有利于替代能源应用的政策，加大力度改善现有的交通也是非常必要的。

将替代能源应用于汽车，对于燃料的方便性和经济性的要求很高，与发电等其他领域相比难度很大，因此在汽车领域替代能源发展较慢。石油系燃料应用在汽车上具有很多优越性，竞争力极高，因此努力提高汽车利用技术和能源制造技术特别是降低成本是非常重要的。此外替代能源的应用，存在很多如构建能源供给基础设施等不能光靠汽车行业解决的课题，需要能源业及行政部门等共同联合进行。作为促进替代能源应用的政策，得到国际社会的理解和创造合理秩序等技术以外的内容也是不可缺少的。

这些应对措施的实施可能存在一定困难。以往汽车的环境问题是最大的课题，但是经过努力，降低汽车排放的措施目前已发展到在 20 世纪 70 年代初期不可想象的水平，考虑到现在超低排放汽车已经在市场上出现，目前的能源问题、地球暖化问题也一定能够得到很好的解决。

参考文献

[1] WBCSD：Mobility 2030：持続可能な社会を目指すモビリテの挑戦（2004），http：//www. wbcsd. org/web/mobilitypubs. htm.

[2] 国立環境研究所 EIC ネット HP，http：//www. eic. or. jp/library/ecolife/knowledge/earth05a. html.

[3] 大気汚染防止法（昭和 43 年 6 月 10 日法律第 97 号）

[4] 大気汚染防止法の一部を改正する法律（平成 8 年法律第 32 号）

[5] 中央環境審議会：今後の有害大気汚染物質対策のあり方について（第二次答申），（平成 8 年 10 月 18 日），http：//www. epcc. pref. osaka. jp/shidou/chem/edcs/haps/toshin_ 2nd. htm.

[6] 大気汚染防止法施行令の一部改正（平成 9 年 8 月 21 日）告示

[7] 環境省編：平成 15 年版環境白書（2003）

[8] Clean Air Act，Title I — Air Pollution Prevention and Control，Part A — Air Quality and Emission Limitations，SEC. 112. HAZARDOUS AIR POLLUTANTS，http：//www. epa. gov/air/caa/caa112. txt

[9] Federal Register：March 29，2001（Volume 66，Number 61），http：//www. epa. gov/otaq/toxics. htm#what

[10] 40CFR Part50

[11] 96/62/EC

[12] World Health Organization Regional office for Europe：Air Quality Guidelines for Europe，WHO Regional Publications，European Series No. 23（1997）

[13] 環境省 HP，http：//www. env. go. jp/air/osen/index. html.

[14] 環境省 HP，大気汚染状況について，平成 13 年 HP，http：//www. env. go. jp/air/osen/jokyo_h13/ rep02. pdf

[15] EPA HP SIX Principle Pollutant，http：//www. epa. gov/airtrends/sixpoll. html.

[16] EPA HP Criteria Pollutants — Nonattainment Areas，

http：//www. epa. gov/airtrends/non. html
[17] EEA Signals 2004, European Environmental Agency, http：//reports. eea. eu. int/signals - 2004/en/ENSignals 2004web. pdf
[18] 国立環境研究所 EIC ネット HP, http：//www. eic. or. jp/library/ecolife/knowledge/earth05b. html.
[19] （財）石油産業活性化センター：JCAP 研究委員会資料（平成 16 年 10 月 6 日）
[20] California Air Research Board HP：ARB´s Emission Inventory, http：//www. arb. ca. gov/ei/ei. htm.
[21] 環境省 HP, そらまめ君 大気汚染物質（常時監視測定項目）とは?, http：//w-soramame. nies. go. jp/index/setsumei/koumoku. html#co
[22] IRM（U. S. A）Inc. ：米国の環境政策における科学的アプローチ（1976 年 8 月）
[23] 環境庁大気保全局：日本の自動車環境対策（平成 11 年 3 月）
[24] 佐次清隆之：EU の環境・安全規制と欧州の自動車市場・自動車産業への影響，日本自動車工業会，JAMAGAZINE（2003 年 5 月号）
[25] 湊清之：アジアの大気改善に向けて，自動車研究，Vol. 24，No. 11，日本自動車研究所（2002），http：//www. jari. jp/pdf/jido/JARI132. pdf
[26] （社）自動車技術会：自動車原動機の環境対策技術（1997）
[27] ACEA AAM EMA JAMA：World Wide Fuel Charter
[28] European Commission：The Auto Oil II Programme working group 5, Non-Technical measures Final report（10 November, 1999）
[29] Clean Air Initiative Asia HP, Vehicle Emission, http：//www. cleanairnet. org/caiasia/1412/article-58384. html.
[30] 国土交通省道路局：騒音対策と効果，http：//www. mlit. go. jp/road/ir/data/souon/souon3. html.
[31] ヒートアイランド対策関係府省連絡会議：ヒートアイランド対策大綱（2004）
[32] 環境省環境管理局大気生活環境室：ヒートアイランド現象による環境影響に関する調査報告書（概要）
[33] 気候変動枠組み条約
[34] IPCC（気候変動に関する政府間パネル）編，気象庁? 環境省? 経済産業省監修，地球温暖化第三次レポート，中央法規（2002）
[35] 地球温暖化防止活動推進センターホームページ，http：//www. jccca. org/education/datasheet/
[36] 京都議定書，http：//www. unfccc. de/resource/docs/convkp/kpeng. html.
[37] 環境省：平成 16 年度版環境白書（2004）
[38] 環境省：2002 年度（平成 14 年度）の温室効果ガス排出量について
[39] 地温暖化対策推進本部：地球温暖化大綱（2002），http：//www. env. go. jp/earth/ondanka/taiko/index. html.
[40] （社）日本自動車工業会：豊かなクルマ社会の実現に向けて—安全と環境への取り組み—（2004），http：//www. jama. or. jp/
[41] EU：European Climate Change Programme（ECCP），http：//europa. eu. int/comm/environment/climat/eccp. htm
[42] JAMA，ACEA，KAMA，EU：http：//europa. eu. int/comm/environment/co2/co2_ agreements. htm.
[43] ホワイトハウスホームページ：http：//www. whitehouse. gov/news/releases/2002/02/climatechange. html
[44] NHTSA ホームページ：http：//europa. eu. int/comm/environment/co2/co2_ agreements. htm
[45] 米国カリフォルニア州大気資源局（CARB）：http：//europa. eu. int/comm/environment/co2/co2 _ agreements. htm.
[46] 財団法人省エネルギーセンター：自動車における省エネの施策，http：//www. eccj. or. jp/traffic/cont2/cont2. html
[47] 環境省地球環境局：2002 年度（平成 14 年度）の温室効果ガス排出量増減の要因について，http：//www. env. go. jp/earth/ondanka/ghg/index. html.
[48] WBCSD 持続可能なモビリティプロジェクト：スプレッドシートモデル（2004）
[49] 環境省：「特定物質の規制等によるオゾン層の保護に関する法律（オゾン層保護法）」，http：//www. env. go. jp/earth/ozone/cfc/law/index. html
[50] UNEP：Synthesis of the Reports of the Scientific, Environmental Effects, and Technology and Economic Assessment Panels of the Montreal Protocol（1999）
[51] 日本自動車工業会：環境行動計画，http：//www. jama. or. jp/eco/wrestle/wrestle_ 1. html.

[52] 技術報告シリーズ38：ELV 処理システムにおける解体技術の役割，自動車技術会
[53] 高堀恭雄，湯上良一：シュレッダーダストの処理技術動向，自動車技術会シンポジウム（No. 13 - 01），成立間近の自動車リサイクル法と最新技術予稿集
[54] EU 廃車（ELV）指令（2000/53/EC）
[55] 使用済自動車の再資源化等に関する法律（平成十四年七月十二日法律第八十七号）
[56] 日産自動車㈱環境？社会報告書 2001（2002 年 3 月期）
[57] トヨタ自動車㈱ホームページ，ラウム環境仕様，http：//toyota. jp/Showroom/All _ toyota _ lineup/raum/menu/ecology. html
[58] 日産自動車㈱環境？社会報告書 2001（2002 年 3 月期）
[59] トヨタ自動車㈱ホームページ，ラウム環境仕様
[60] 日産自動車㈱環境？社会報告書 2001（2002 年 3 月期）
[61] JAMA レポートNo. 93 環境負荷物質削減—自工会の自主取り組み（2002）
[62] リサイクル？イニシアティブ自主行動計画，自工会（1998. 2）
[63] 資源エネルギー省，日本のエネルギーバランス（2002）
[64] IEA：International Energy Agency，World Energy Outlook（2004）
[65] IEEJ：The Institute of Energy，Economics，Japan，アジア/世界エネルギーアウトルック（Mar. 2004）
[66] IEEJ：International Energy Outlook（2004）
[67] IEA：Oil Market Outlook（2004）
[68] 資源エネルギー庁：21 世紀，地球環境時代のエネルギー戦略（1998）
[69] 石油連盟：今日の石油産業データ集（2004. 4），http：//www. paj. gr. jp/html/statis/data/2004_ all. pdf
[70] 石井吉徳：エネルギーから見た環境？食糧問題，季報エネルギー総合工学，Vol. 26，No. 2（2003）
[71] IPCC：地球温暖化第三次レポート（2002）
[72] エネルギー総合工学研究所：新エネルギーの展望—地球温暖化—再改訂版（2004）
[73] World Watch（Aug. 2004）
[74] 十市勉：21 世紀のエネルギー？環境問題と日本の課題，IEEJ（2002. 1）
[75] 湊清之：燃費規制とグリーン税制による CO_2 排出抑制効果，自動車技術，Vol. 58，No. 3（2004）
[76] IEA：Biofuel for transport，An International Prospect（2004）
[77] 荒木由紀子：経済産業省のバイオマス導入促進策，季報エネルギー総合工学，Vol. 27，No. 1（2004）
[78] US DOE：Hydrogen，Fuel Cells & Infrastructure Technologies Program（2004），http：//www1. eere. energy. gov/hydrogenandfuelcells/
[79] 小林紀：水素燃料電池自動車の導入シナリオの検討，季報エネルギー総合工学，Vol. 25，No. 4（2003）
[80] エネルギー総合工学研究所：新エネルギーの展望—風力発電—再改訂版（2004）
[81] 鈴木康浩：次世代薄膜太陽電池，自動車技術，Vol. 58，No. 3（2004）
[82] NREL：World Renewable Energy Congress Ⅷ（2004）
[83] IEA：Putting Carbon Back in the Ground（2001），http：//www. ieagreen. org. uk/capstorg. htm.

第3章

电动车

3.1 概　　述

在19世纪汽车诞生的时候，电动车就已经存在了。1873年，英国人Robert Davidson制造出了第一辆电动车，比卡尔·本茨最早的汽油发动机车还要早12年。当时，与内燃机车相比，电动车没有尾气排放、噪声低、启动方便而且结构简单。因此在20世纪初期，电动车占据着很大的优势，性能方面也要高于发动机汽车，当时的速度记录一直由电动车保持着。此后随着发动机品质和性能越来越稳定，石油供给体制的完善，电动车逐渐被内燃机车超越，其所占比例也越来越小。20世纪70年代，由于石油危机的影响，对电动车的研发曾一度兴盛。不过随着石油供给的平稳化，其热度也逐渐消退下去。如今世界范围内的内燃机汽车已经超过了7亿辆，需要消耗大量的石油，大城市的大气污染、CO_2导致的全球变暖以及石油产地分布不均衡带来的能源问题越来越严重。因此，低尾气排放、高效率且可采用多种能源的电动车再次引起了人们的关注。

另一方面，在1839年，英国的William Robert Grove爵士发明了燃料电池，随后，英国的Bacon发明了多孔镍电极，美国的Gemini计划和阿波罗计划均采用了燃料电池，并将其小型轻量化。经过多次飞跃性的改进后，时至今日，汽车用燃料的非石油化和多样化、降低导致全球变暖的CO_2排量、无有害物质排出的零排放化3个社会性需求使得人们重新开始将注意力集中在了燃料电池上。

表3－1归纳了电动车的发展史。

表3－1　电动车发展史

时间	相关社会动态	电动车（EV）	混合动力车（HEV）	燃料电池车（FCV）
19世纪	1800年，伏特（意）发明电池 1821年，法拉第（英）发现电动机原理 1839年，格罗夫（英）发明燃料电池 1859年，普兰特（法）发明铅酸电池 1885年，戴姆勒制造汽车	1873年，Davidson（英）制造出第一辆电动车 1881年，特鲁夫（法）制造电动车 1899年，吉纳（法）创造第一个电动车速度记录		1839年，格罗夫（英）发明燃料电池

续表

时间	相关社会动态	电动车 （EV）	混合动力车 （HEV）	燃料电池车 （FCV）
20 世纪 （前半期）	 1952 年，伦敦烟雾事件致 4 000 人死亡	1900 年，保时捷（德）制造轮内电机 EV 1911 年，东京电气公司制造 EV 1917 年，开始引进底特律号 1947 年，开始生产 TAMA 号（日）	1902 年，保时捷开始生产 HEV 	
1960— 1990 年	1961 年，阿波罗计划开始 1970 年，马斯基法（美）颁布，召开大阪世博会 1973 年，第一次石油危机 1978 年，防止大气污染法颁布（日）第二次石油危机 1990 年，加州 ZEV 法颁布，海湾战争（伊拉克）	1970 年，大发提供 275 辆世博会用 EV 车 1971 年，通商产业省“EV 大型规划”（日） 1990 年，GM 发表 Impact 加州 ZEV 法颁布 发布新日铁 EV-NAV	1977 年 VW 发布混合动力系统   1990 年 VW 发布高尔夫 HEV	1965 年，宇宙飞船 Gemini 搭载燃料电池 1966 年，GM 试制 FCVelectro van 1981 年，月光计划开始开发 FC（日）
1991— 2000 年	1992 年，地球峰会召开（巴西） 1993 年，开始 PNGV 计划（美） 1997 年，防止地球变暖《京都议定书》（COP3）	1991 年，东京电力发布 EV-IZA 1996 年，本田发布 EV PLUS 丰田发布 RAV4-EV GM 发布 EV1 1998 年，本田进行 ICVS-CityPal 实证试验 1999 年，丰田进行 C-COM 实证试验	1991 年，日野发布 HIMR（HEV） 1997 年，丰田发布普锐斯   1999 年，本田发布 INSIGHT 2000 年，日产发布 TEANA	1994 年，奔驰 NECAR－1 上路行驶 1997 年，奔驰 NEBUS 交付 奔驰发布 NECAR3 丰田发布 RAV4-FCEV 1999 年，本田发布 FCX-VIV2 日产发布 RNESSA FCV
2001 年 至今	2001 年，美国遭受恐怖袭击 2003 年，伊拉克战争爆发	2001 年，日产 Hyper Mini 限量发售 	2001 年，发布丰田 Estema HEV 本田发布 HEV 车 2002 年，丰田发布皇冠轻度混合动力 日产柴发布 HEV 载货车 2003 年，铃木发布 Twin HEV 丰田发布新型普锐斯 日野发布 Dutro HEV	2002 年，本田向日美政府交付 FCX 丰田向日本政府交付 FCHV 2003 年，大发发布 move FCHV 日产发布 X-Trail FCV 铃木发布 Wagon R-FCV 三菱发布 Mitsubishi FCV

3.1.1　环境问题与 ZEV 法

电动车具有降低尾气排放缓解大气污染、降低 CO_2 排放量防止全球变暖、扩大可替代能源利用范围三大优点。而由于供给燃料的种类不同，其改善效果也不尽相同。对防止全球变暖一直以 Well to Wheels（从油井到车轮，指对石油到燃油的这个生产过程和对发动机效率的研究分析）的理论进行探讨。Well to Wheels 包括从对石油等资源的采掘、精炼、运输，到作为燃料应用于车辆时的 Well to Tank 的 CO_2 排放量研究和用于车辆的燃料在行驶过程中从 Tank to Wheels 的 CO_2 排放量。如图 3－1 所示，为各汽车的 Well to Wheels CO_2 总的排放量[2]。

从图 3－1 中可以看出，利用太阳能发电等可再生能源的电动车以及利用该电力产生氢气，并用于车辆行驶的纯氢气 FCV 可以说是真正的无 CO_2 排放的车辆。

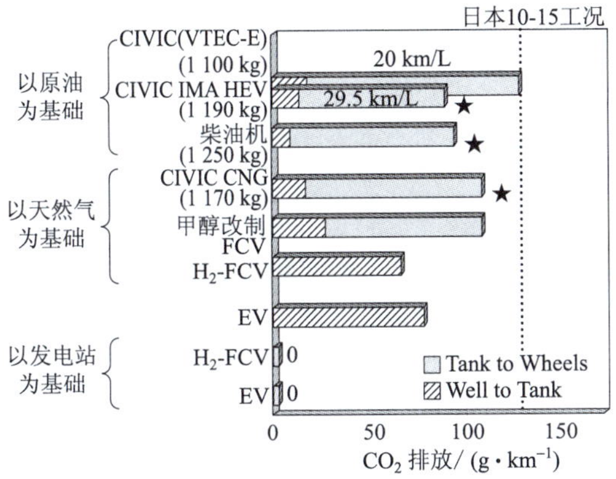

图 3－1　Well to Wheels CO_2 气体排放比较[2]

在提到电动车时，一个不可忽视的内容就是 ZEV 法规。1990 年美国加利福尼亚州制定了 ZEV 法，规定从 1998 年开始销售车辆数中的一定比例（最初为 2%）必须为 ZEV（Zero Emission Vehicle）。ZEV 法的制定加速了电动车的开发进程。虽然 ZEV 法于 1998 年开始实施，但是实际上，价格能够被用户接受，而性能又能够与发动机车辆相媲美的电动车并没有真正走入市场，此后 ZEV 法的发展也并不那么顺利。如图 3－2 所示，为 ZEV 法的现状[3]。

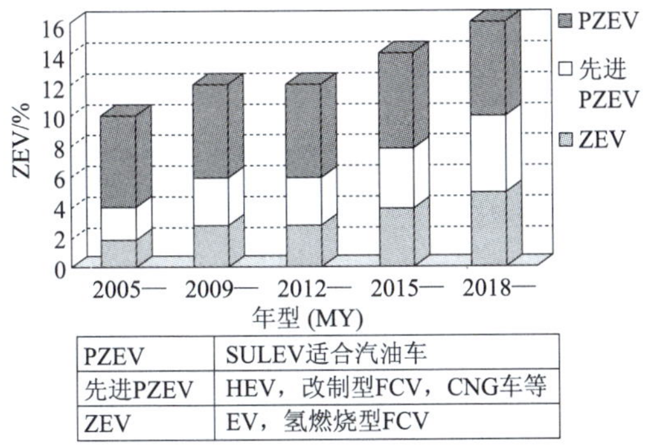

PZEV	SULEV适合汽油车
先进PZEV	HEV，改制型FCV，CNG车等
ZEV	EV，氢燃烧型FCV

图 3－2　ZEV 法现状

3.1.2　电动车的分类及现状

电动车是指以电动机为主要驱动源或者作为辅助驱动系统行驶的车辆。其中包括电动车、混合动力车以及燃料电池车。如图 3－3 所示，为各种车辆的基本系统构成。

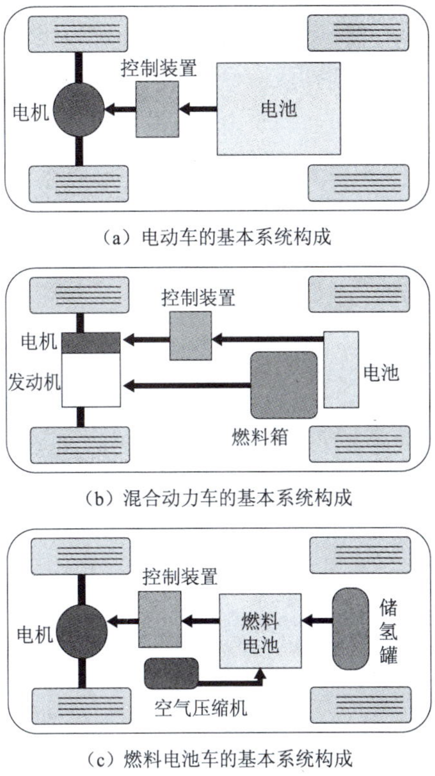

（a）电动车的基本系统构成

（b）混合动力车的基本系统构成

（c）燃料电池车的基本系统构成

图 3－3　电动车分类

电动车装有储存电能的蓄电池，利用电动机直接驱动行驶。使用的蓄电池即使是最尖端的产品，其重量也非常大，需要很长的充电时间，而且价格昂贵。因此一般仅用于特殊范围内行驶用的小型电动车。

为了弥补电动车的不足，混合动力车以发动机式发电装置代替了蓄电池，它可分为利用电动机驱动行驶的串联式混合动力车和以发动机驱动为主动力源，辅以电动机并用的并联式混合动力车。由于混合动力车辆可以直接利用已有的加油站，因此近年来的使用数量急剧上升。

燃料电池车是用燃料电池代替电动车的蓄电池，利用氢气和氧气的电化学反应产生电能行驶的电动车之一。

（1）电动车

1990 年，美国加利福尼亚州制定了 ZEV 法，此后高性能电动车开始进入市场。以 GM 公司的 EV1 为首，丰田公司的 RAV4-EV、本田公司的

EV PLUS、日产公司的 RNESSA EV 等相继投产，并在美国加利福尼亚州及日本国内上市销售。RAV4-EV 和 EVPLUS使用镍氢电池，RNESSA EV 使用锂离子电池。这些电动车能够在加州的高速公路上疾驰，销售范围包括政府机关、企业、汽车租赁公司以及普通用户等。但是由于其续航里程短、充电时间长、充电站数量以及价格等问题，销售数量一直没有明显增长。如图 3 –4 所示，为 GM 的 EV1。

图 3 –4　电动车 GM EV1[35]

电动车蓄电池的容量小，行驶距离短。另外虽然可以在自家充电，但是需要很长的充电时间。在长距离行驶方面，发动机车辆更具有优势，而电动车一般在近距离行驶等超小型车辆上的普及率较高。

（2）混合动力车

混合动力车是在石油危机之后的 20 世纪 80 年代出现的。当时电动机以及电池技术尚未成熟，因此并未投入市场。之后随着电动车的不断开发，电动机技术和电池技术的迅速发展，混合动力车再度兴起，并借鉴了电动车能量再生的优点，而且解决了续航里程短和充电时间长等问题。其中成功的典范就是丰田公司的普锐斯，它综合了汽油发动机和电动机驱动两种形式，在日本和美国的销售数量大大超过了电动车。之后本田 Insight、思域混合动力以及丰田 Estima HEV 等相继上市，混合动力车的销售数量迅速上升。如图 3 –5 所示，为第一代丰田普锐斯。

图 3 –5　混合动力车（丰田第一代普锐斯）

（3）燃料电池车

GM 在 1966 年利用宇宙飞船 Gemini 用的燃料电池试制了其最早的燃料电池车。

之后在 1990 年戴姆勒公司利用固体高分子膜燃料电池试制成功了燃料电池试验车。2002 年 12 月丰田 FCHV 和本田 FCX（图 3 –6）燃料电池车率先发布，各项指标见表 3 –2，现在各个公司都在进行燃料电池车辆的开发，并进行公路行驶试验。

图 3 –6　燃料电池车（本田 FCX）[32]

表 3 –2　公路上行驶的燃料电池车[3]

厂家	车　名	燃料	PC 输出 /kW	电动机输出/kW	最大速度 /(km·h^{-1})	行驶距离/km	辅助电源（电池或电容器）
丰田	FCHV	高压（35 MPa）	90	80	155	300 km	Ni – MH
本田	FCX（Ballard 公司电池）	高压（35 MPa）	78	60	150	355	超大电容器
本田	FCX（本田公司电池）	高压（35 MPa）	86	60	150	395	超大电容器
日产	X – Trail FCV（2003）	高压（35 MPa）	63	85	145	>350	锂离子电池
丰田/日野	FCHV – BUS2	高压（35 MPa）	180 (90×2)	160 (80×2)	80	—	Ni – MH
大发	MoveFCV – K – 2	高压（25 MPa）	30	32	105	120	Ni – MH
三菱	MITSUBISHI FCV	高压（35 MPa）	68	65	140	150	Ni – MH
铃木	WagonR-FCV	高压（34.5 MPa）	50	33	110	130	无
戴姆勒克莱斯勒	F – Cell	高压（35 MPa）	68.5	65	140	150	NiMH（20 kW）
戴姆勒克莱斯勒	Citaro	高压（35 MPa）	>200	—	80	200	无
GM	Hydrogen 3	液态氢	129	60	150	400	无
Ford	Focus FCV	高压（35 MPa）	85	67	80 mile/h	160 ~ 200 miles	Ni – MH

(4) 电驱动客车及载货车

客车及载货车的混合动力车得到迅速开发，东京都环保条例的实施也是其重要的促进因素之一，于是，日野的“HIMR one step bus”（图3-7所示）等多个混合动力客车及载货车相继上市。另外，在日本经济产业省的主导下，从1997年开始实施清洁能源车辆开发（通称ACE Project）的七年计划，从而推动了混合动力客车及载货车的开发。

图3-7　日野HIMR客车[3]

(5) 电动两轮车及小型电动四轮车

电动两轮车也已经上市销售。其中电动助力自行车在雅马哈公司发布了PASS之后，很多的摩托车厂家和自行车厂家开始发布更多的车型。另外归类于带原动机两轮车和四轮车之列的电动自行车和小型四轮电动汽车也开始销售。如图3-8所示，为雅马哈公司的PASSOL电动两轮车，如图3-9所示，为奥拉可公司的everyday电动四轮车。

图3-8　电动两轮车（雅马哈PASSOL）[3]

图3-9　电动四轮车（Oracle everyday）

3.2　电动车

3.2.1　电动车的结构和主要系统

从电动车的结构来看，驱动电池的布置是非常重要的。如图3-10所示，为本田公司1997年上市销售的EV PLUS的结构图。驱动电池为24个镍氢电池。其质量（含电池BOX）超过了500 kg。该车的质量为1 620 kg，驱动电池约占了整车质量的30%。另外，电池的体积很大，对车辆的操纵性以及车内空间都有很大的影响。

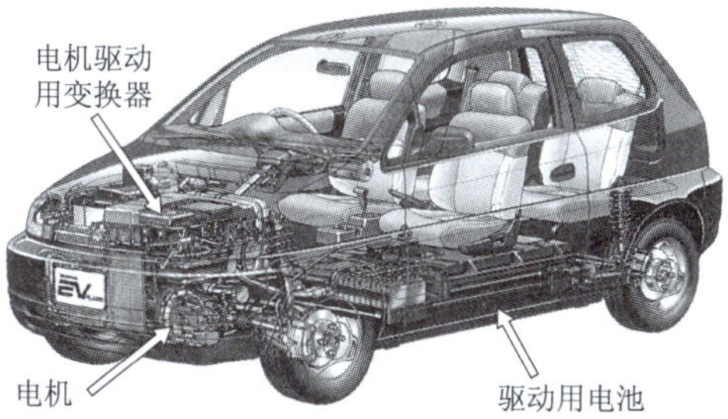

图3-10　本田EV PLUS的透视图[32]

本田EV PLUS、丰田RAV4-EV以及日产RNESSA EV等都将地板高度加高，将蓄电池布置在地板下方。GM EV1的座椅布置得很低，电池在驾驶席和副驾驶席之间的座椅内侧成两阶T形布置（图3-11）。上述布置方法都是将电池布置在车身中间位置，这样可以确保车辆的操纵性能[5]。另外如果车辆发生碰撞，蓄电池受到损害，那么有可能发生短路或者电解液损害等问题，而采用车身中间布置方案也是解决上述问题的有效方法。

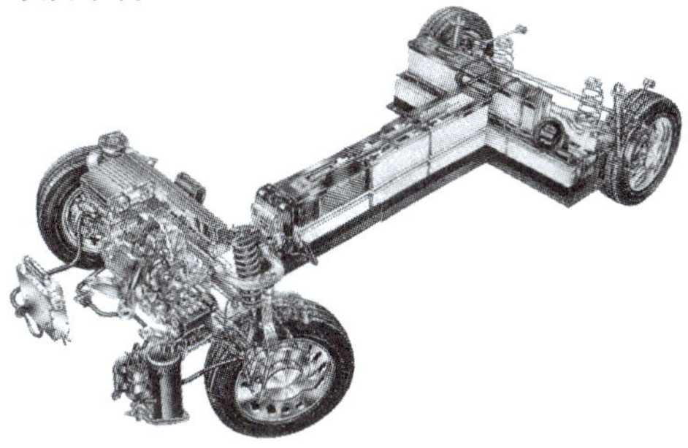

图3-11　GM EV1的透视图

电动车的驱动方式分为前置前驱（FF）、前置后驱（FR）、后置后驱（RR）等，与汽油机车的结构布置方式基本相同。与发动机和变速箱的组合相比，电动机和减速技术与控制装置组合，其体积也不是很大，这样结构布置的自由度比较大，这也是电动车的优点之一。如果每个车轮都配备轮内电机的话，就可以实现四轮转向以及独立驱动控制等。

（1）电动机和控制系统

电池提供的是直流电，因此早期的电动车一般采用直流电动机。直流电动机结构简单，但是由于电刷磨损需要定期更换。另外效率也较低。此后利用转换器将电池的直流电转换为三相交流电的交流式电动机得到普及，最高效率可以达到85%以上。电刷的磨损也得到大幅度的改善，且能够实现高转速化。目前的主流电动机是永磁式同步电动机。这种永磁式同步电动机的永久磁铁使用钕等高能量磁铁，设有传感器，同步电流经过逆变器后其最高效率可达到95%左右。表3－3归纳了电动机的主要特性，如图3－12所示，为本田EV PLUS电动机外观照片和断面图，如图3－13所示，为电动机的输出及效率。

表3－3　驱动电机特性

方式			定子结构	转子结构	特征
直流机	电刷式		磁铁或线圈式	线圈（直流电）	·电刷磨损 ·高转速时不定向 ·最高效率80%左右
交流机	同步式	永磁式（无刷DC）	线圈（三相交流）	磁铁	·体积小、效率高（最大95%） ·永久磁铁易产生逆电动势
		线圈励磁	线圈（三相交流）	线圈（直流电）	·电刷磨损 ·转子磁力可控，扭矩常数可变 ·转子励磁损失部分效率低
		磁阻	线圈（三相交流）	铁	·无磁铁产生的逆电动势 ·无磁铁，不利于扭矩的产生
	非同步式	异步式（感应）	线圈（非同步三相交流）	导体	·无扭矩波动 ·利于扭矩的产生 ·有滑动，最高效率85%左右

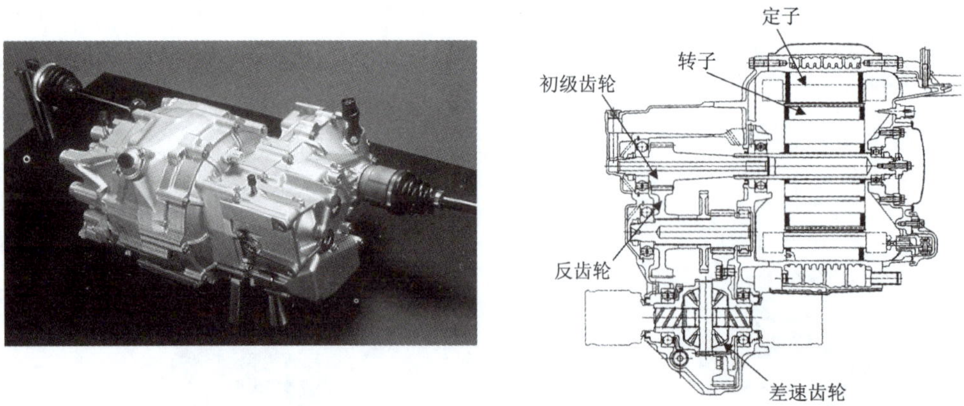

图3－12　本田EV PLUS电动机的外观照片和断面图（本田技研提供）

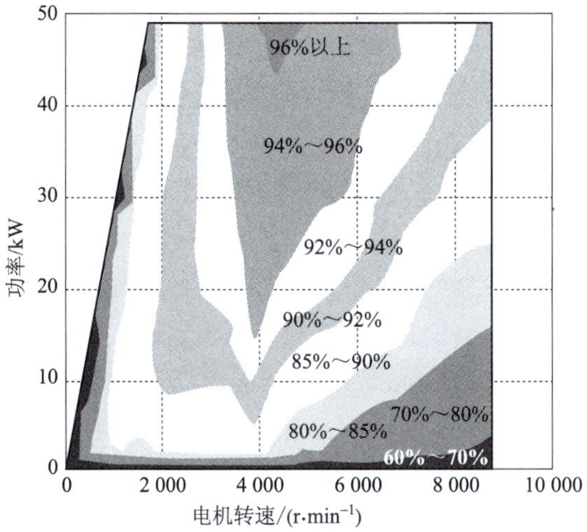

图 3－13　本田 EV PLUS 电动机效率
（本田技研提供）

随着逆变器的发展，大功率、高效率的电动机得以实现。大功率逆变器的开关组件使用的是 IGBT（Insulated Gate Bipolar Transistor）组件，进行 PWM（Pulse Width Modulation）控制。PWM 是通过开关组件来控制通电脉冲的宽度。如图 3－14 所示，为逆变器电动机驱动电路。

永磁同步电动机的特点是使用永久磁铁产生逆电动势，逆电动势随着磁铁与线圈相对速度的增大而增加，特别是在高转速范围内，如果不提高输入电压，很难产生有效的扭矩。使用普通的逆变器很难保证足够大的输入电压，因此为了维持相应的输出电压，必须降低磁场强度，进行弱磁场控制。如图 3－15 所示，为弱磁场控制的电动机扭矩和转速的关系。

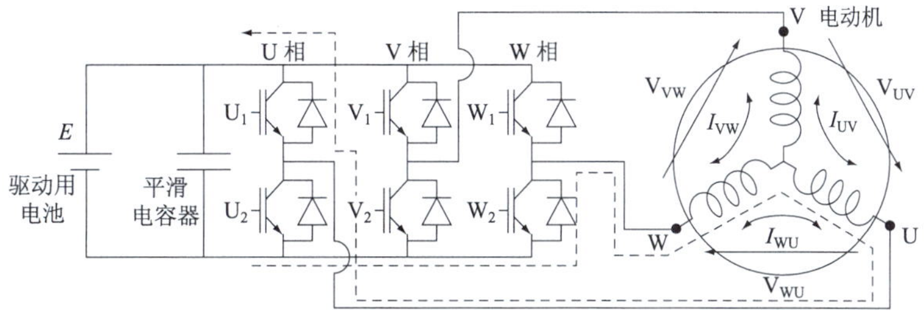

图 3－14　逆变器电动机驱动电路

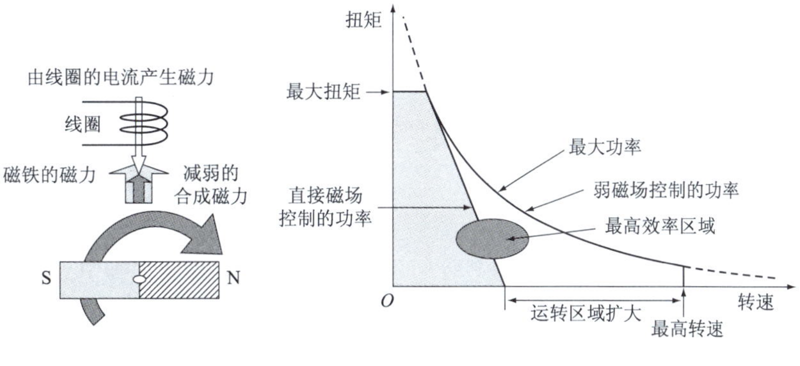

图 3－15　弱磁场控制的电动机转速和扭矩的关系

（2）电池

（a）铅酸电池

电动车最早使用的就是铅酸电池。其原理与汽油车启动用 12 V 铅酸电池相同，对输出及容量进行改进后应用于电动车。铅酸电池的反应式如下。

阳极　$PbO_2 + 4H^+ + SO_4^{2-} + 2e^-$
$\rightarrow$（放电）$PbSO_4 + 2H_2O$

阴极　$Pb + SO_4^{2-} \rightarrow$（放电）$PbSO_4 + 2e^-$

全反应　$PbO_2 + Pb + 2H_2SO_4$
$\rightarrow$（放电）$PbSO_4 + PbSO_4 + 2H_2O$

阳极为氧化铅（PbO_2），阴极为铅（Pb），电解液为硫酸溶液（H_2SO_4）放电后两极均生成硫酸铅（$PbSO_4$）。

相对于开放式的铅酸电池，电动车使用的电池主要是不需要补水的 VRLA（Valve Regulated Lead Acid）。分离正负极的隔板使用玻璃纤维材料，能够保证良好的透气性。极板上的添加剂能够使充电末期到过充电区域内电解液分解产生的氧气和氢气结合，生成的水返回到电解液中，达到免补水的目的。铅酸电池的能量密度低（30 Wh/kg ~ 45 Wh/kg），无法达到较长的续航里程和使用寿命。但是由于其成本低廉，预计将成为今后小型电动车辆及产业用的主流电池。如图 3 – 16 所示，为各种电池的能量密度和输出密度的比较。

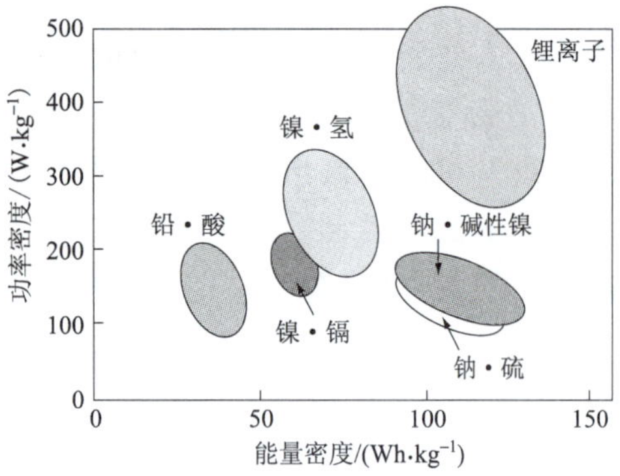

图 3 – 16 各种 EV 用电池的能量密度和输出密度

质量能量密度(Wh/kg) = 工作电压(V) × 电池容量(Ah)/电池质量(kg)

容积能量密度(Wh/L) = 工作电压(V) × 电池容量(Ah)/电池容积(L)

(b) 镍氢电池

最新的电动车辆大都使用镍氢电池。镍氢电池的电压为 1.2 V，这样构成 12 V 的电池组需要 10 个单格电池。镍氢电池的反应式如下。

阳极 $NiOOH + H_2O + e^-$

$\rightarrow$（放电）$Ni(OH)_2 + OH^-$

阴极 $MH_x + xOH^- \rightarrow$(放电)$M + H_2O + xe^-$

全反应 $xNiOOH + MH_x$

$\rightarrow$（放电）$xNi(OH)_2 + M$

（NiOOH：氢氧化镍，M：吸氢合金）

镍氢电池的反应特点是充放电时移动物质只有 H（质子），电解液浓度不变，也没有反应物生成。这样即使放电电流增大，也不会导致放电容量降低，且极板上没有移动物质，从而不会产生由于反应面积下降而容量也下降的现象。这些都是对电动汽车有利的特点，且充放电次数可以达到 1 000 次以上。

镍氢电池与 VRLA 一样不需要补水。但是过充电时产生的热量会影响电池的使用寿命。因此冷却技术对电动车用电池来说很重要。另外，电池温度不均匀也会影响电池的使用寿命所以，使电池均匀冷却也非常重要。本田 EV PLUS 镍氢电池各电池组之间增设了铝质冷却板，在电池模块侧面利用较软的树脂水套冷却。为了降低电池温度的不均匀性，冷却水要到达电池的最末端，且保证冷却水路的长度一致。如图 3 – 17 所示，为 EV PLUS 的电池冷却结构图。

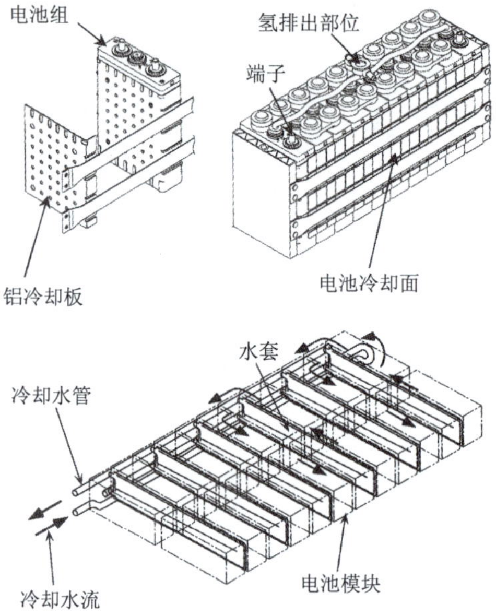

图 3 – 17 本田 EV PLUS 的电池冷却结构

(c) 锂离子电池

锂离子电池为高能量密度型电池。最近，轻便式的机械类以及手提电话等用的电池大多以锂离子电池为主。电动车用电池体积较大，如何解决其安全性和成本问题一直是人们研究的课题。最近正在开发锰系阳极，届时将有可能将其应用于电动车上。阳极钴酸锂、阴极碳的锂离子电池反应式如下。

阳极 $Li_yCoO_2 + xLi + xe^- \rightarrow$（放电）$Li_yCoO_2$

阴极 $C_nLi_x \rightarrow$（放电）$C_n + xLi + xe^-$

全反应 $Li_yCoO_2 + C_nLi_x \rightarrow$（放电）$Li_yCoO_2 + C_n$

$(y = 1 - x \quad 0 < x < 1)$

电解液中使用有机溶剂（$LiPF_6$ 等），因此与铅酸电池以及镍氢电池等的水溶液不同，电压较高（单电池电压为3.6 V），这是实现高能量密度的条件之一。如图3－18所示，为松下电池制造公司的锂离子电池的照片。

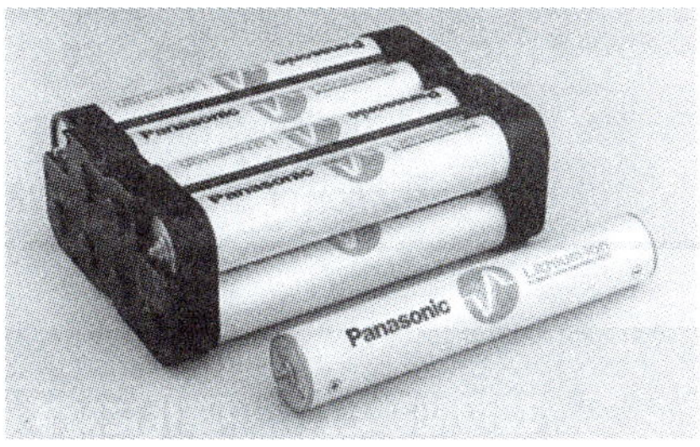

图3－18　锂离子二次电池（松下电池）[33]

锂离子电池不像铅酸电池和镍氢电池一样在过充电反应时保持均匀的容量，因此日产RNESSA EV使用的锂离子电池增加了电池保护的旁通电路。可以监测各个单格电池的电压，防止过充电和过放电，而且可以将充满电的单格电池的充电电流旁通，消除各单格电池间的能量失衡。

另外，德国等国家正在开发钠硫电池（Na-S）、钠镍氧化物电池（$Na\text{-}NiCl_2$）等高温电池。β－铝矾土电解质是利用固体陶瓷使阴极的钠与阳极的硫和氯化镍在熔融状态下反应。能量密度较高，有望成为电动车用电池，但是熔融状态的钠和硫破损后容易引起火灾，危险性大，现在还未实际的应用在电动车上。

（3）再生制动装置

电动车减速时可以将电动机作为发电机使用，行驶时可以将运动能量转化为电能储存在电池中，这就是所谓的再生。松开节气门踏板后发动机制动的能量加上踩踏制动踏板时的制动能量会使驱动轮的制动力加强。再生制动力过大会影响车辆的安全性，因此一般制动再生系统都配合ABS等组合使用。如图3－19所示，为丰田RAV4 EV的再生制动协调控制系统。

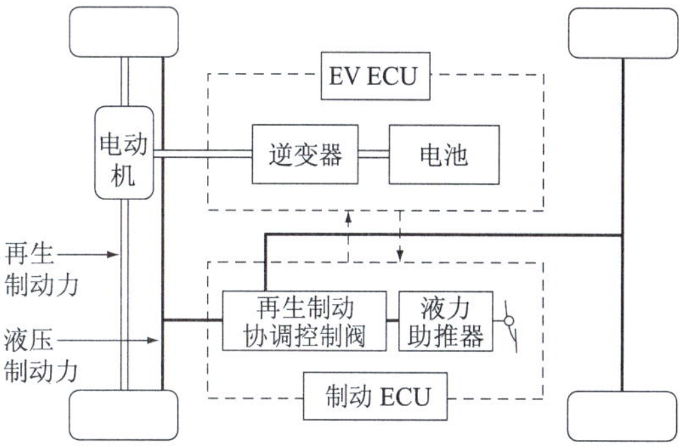

图3－19　再生制动协调控制系统

（4）充电系统

根据车辆和电源两端电力传输连接器的形式，电动车用充电器可以分为感应式和传导式两种。另外电源分为200 V（4 kW～5 kW）正常充电和100 V（1 kW～1.5 kW）简易充电两种。

感应式充电方式利用车外充电器将电力临时转换为100 kHz的高频交流电，将变压器的一次线圈和二次线圈分别设在人操作的充电连接器一端和车辆一侧的连接器上，通过电磁感应传递电力，其优点是没有金属触点外露。不过没有普通的车载充电器充电方便，需要在设有专用充电器的场所充电。

传导式又称金属触点式，分为插入式和压紧式两种。一般使用的充电连接器不装在车上时都用盖子罩住，当触点检测到已经完全嵌合后开始供应电力。如图3－20所示，为3种充电连接器，图3－21所示，为感应式充电方式的说明图[7]。

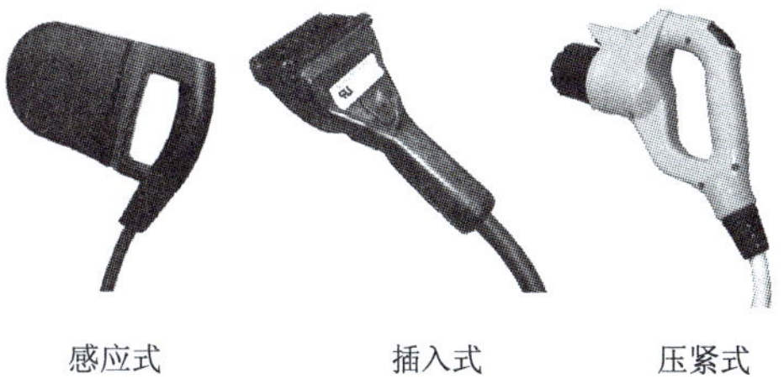

图3－20　各种充电连接器（本田技研提供）

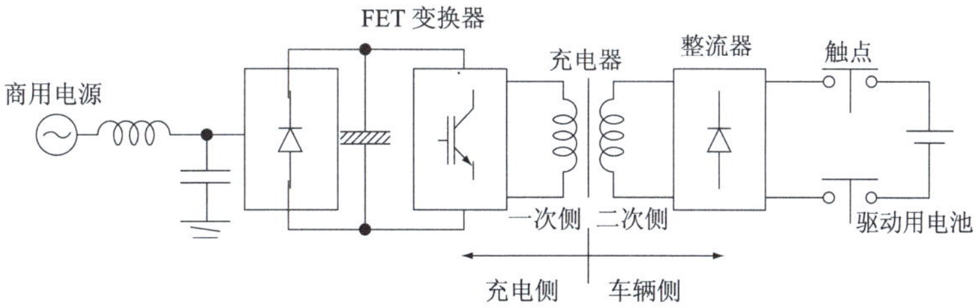

图3－21　感应式充电方式的说明图

(5) 冷却系统

现在，高性能的电动车使用的大都是高效率的电动机和逆变器，电能转换为动能时的损失很少。不过对电动机和电池都在进行大功率化研究，大功率运转时会产生很大的热量，需要进行冷却。永磁式同步电机需要防止一定的磁铁退磁温度，大多时候壳体是进行水冷设计。该冷却水可以同时冷却逆变器、电池、DC－DC 换流器、充电器等附件。另外，各附件若发热量小或者根据不同的车身布置，也可以采用风冷的冷却形式。如图 3－22 所示，为本田 EV PLUS 的冷却系统图。

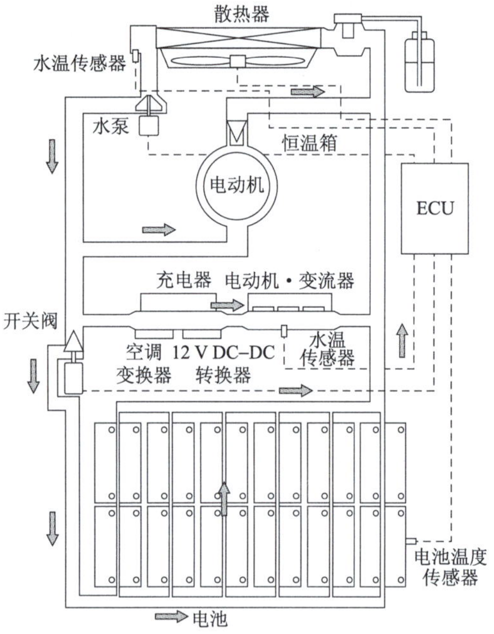

图 3－22 电动车的冷却系统（本田技研提供）

(6) 其他附件

在发动机汽车中利用发动机动力和热量工作的附件在电动机车上需要更换成电驱动的附件。发动机汽车使用的交流发电机换成 DC－DC 换流器，制动真空助力装置换成真空泵和蓄压装置，液压助力转向换成电动助力转向，空调换成热泵电动空调，前风窗的除霜器换成电热丝式玻璃。

3.2.2 电动车的性能

(1) 电消耗率

最新的电动车大都使用低滚动阻力轮胎和电能消耗低的 HID 式前照灯、LED 式刹车灯，搭载高能量密度的镍氢蓄电池或锂离子电池，10·15 工况下，一次充电续航里程可以达到 220 km 左右，完全能够满足包含高速公路行驶在内的城市及郊外的行驶要求。电池搭载量和行驶距离的关系如下。

一次充电行驶距离(km) = 电池能量(Wh)/电动机电力消耗率(Wh/km)

电池能量(Wh) = 电池容量(Ah) × 电池工作电压(V) × 电池数量

对于本田 EV PLUS 来说：

电池能量(Wh) = 95(Ah) × 13.0(V) × 24(个) = 29 640(Wh)

一次充电行驶距离(km) = 29 640(Wh)/135(Wh/km;10·15 工况) = 220(km)

(2) 动力性能

电动车动力源——电动机在启动等低转速时扭矩最大，随着转速的上升，扭矩变小，维持输出功率在一定水平。特别是在市区内频繁起步停车等中低转速范围内加速的情况下，该特性能够有效地利用扭矩，与发动机车辆比较，使用比较方便。现在电动车电动机的功率在 50 kW～60 kW，达到的最高车速在 130 km/h 左右。如图 3－23 所示，为电动机驱动力和行驶阻力的曲线图。

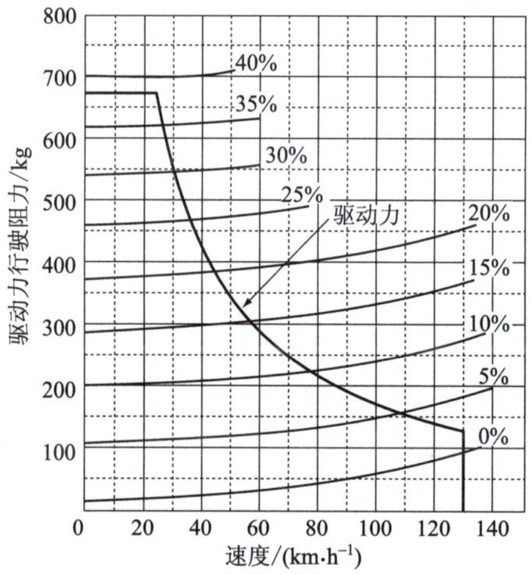

图 3－23 电动车驱动力和行驶阻力图（本田技研提供）

3.3 混合动力车

3.3.1 概述

“hybrid”有混合的意思，意为多种不同要素混在一起发挥作用。对于混合动力车目前还没有一个明确的定义，主要是由于“hybrid”这一词汇本身的抽象性和其技术本身正在发展过程中。现阶段所说的混合动力概念可参考下面的内容。

所谓的混合动力车是指具有多个不同的车辆驱动用能量交换机和多个不同的能量储存装置的车辆，这是广义的定义。混合动力车有很多种，这里仅针对近年来发展迅速的混合动力电动车(Hybrid Electric Vehicle）进行介绍。该混合动力车同时使用发动机和电动机来驱动车辆，可以通过燃料和电力储存装置（储存蓄电池、电容器、飞轮电池等的能量，可进行充放电的系统的总称）来供给能量[9]。

混合动力车的最大特点是油耗低。如图 3－24 所示，为混合动力车和传统汽油机轿车油耗性能(10・15 工况）的比较。混合动力车的油耗比汽油机车低 50% 以上，由此也能够大幅度降低混合动力车排放的 CO_2。

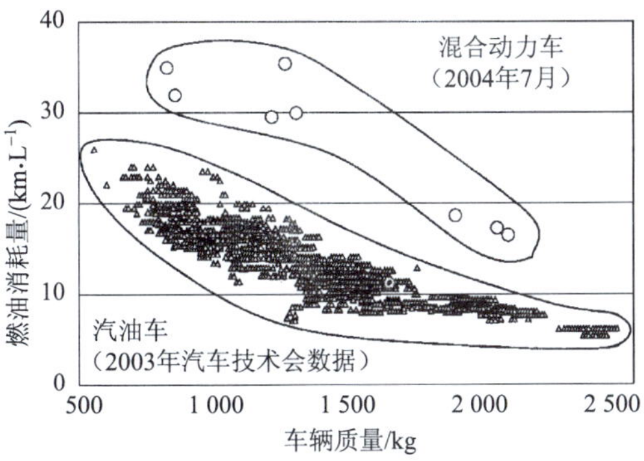

图 3－24　混合动力车油耗（10・15 工况）

混合动力车在高效率、高负荷的情况下使用发动机工作，低负荷区域内使用比发动机效率更高的电动机，这样可以从整体上改善油耗。而且将电动机作为发电机使用可以使减速时车辆的动能转化为电能储存在蓄电装置中，可以进一步改善油耗。另外，不需要发动机动力时可以自动停止工作，能够节约无谓的燃料消耗。而当需要发动机动力的时候发动机能够瞬间再次启动。传统车辆很难实现上述特征，对油耗的改善起到了决定性的作用。

如图 3－25 所示，为通过能量流模式描绘的混合动力车油耗改善的原理。传统内燃机车辆燃料消耗量为图中的①。混合动力车的最大特点是具有能量再生回收性能，在降低各部分能量损失（图中向上的箭头）的同时还增加了再生能量②，这样最终的燃料消耗量为③，达到了改善油耗的目的。

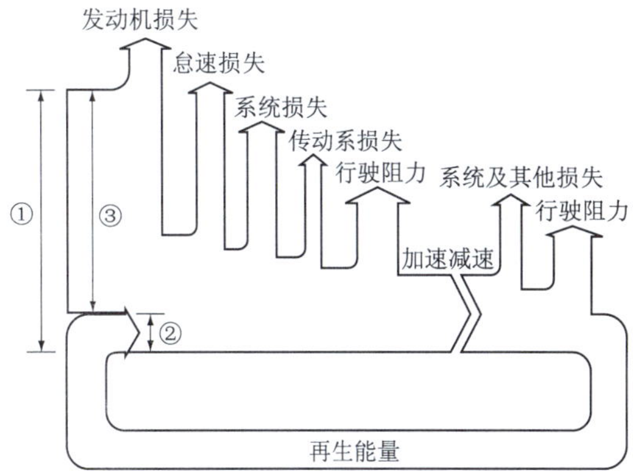

图 3－25　混合动力车的能量流

混合动力车改善油耗功能的主要特征可以总结如下[10]。

・怠速等不需要动力输出时发动机自动停止工作，需要动力时可瞬时再次启动。

・减速时车辆的动能可再生回收。

・发动机在高负荷区域运转时的宽范围变速功能。

・低负荷区域仅依靠电动机即可行驶（EV 行驶）。

在实际行驶的各种条件下合理控制上述功能，将能量消耗控制在最小范围内是非常重要的。实现上述合理控制还需要发动机、电动机、动力传递系统、电力储存装置、电动机驱动用逆变器等主要元件的支持与配合。要提高混合动力车的性能，高效率优化各个主要元件之外，小型轻量化也是至关重要的。

3.3.2　混合动力车的分类

混合动力车按照其发动机与电动机组合的结构可以分为串联式、并联式和串并联式。

(1）串联式混合动力车

如图 3－26 所示，为典型的串联式混合动力车。发动机、发电机以及电动机呈机械式或电动式直接连接在一起。发动机驱动的发电机产生的电力传递给电动机，电动机的驱动力再传递给车轮。串联式混合动力车的发动机驱动力不是直接传递给车轮，仅依靠电动机的驱动力行驶。从这一点上来看，可以说与电动车相同。

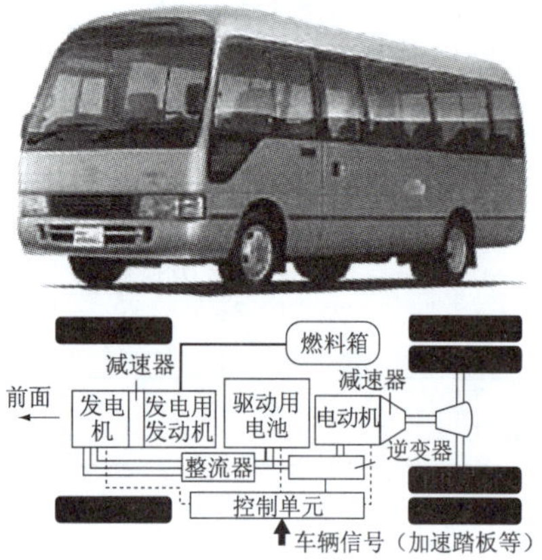

图 3－26　串联式混合动力车

另外，发电机和电动机之间连接了储存电力的驱动电池，可以在储存电能和再生能量的同时向电动机供给所需的电能。发动机在高效率、高负荷区域内工作可以降低油耗。而且稳态运转时富余的电力储存在蓄电装置中，当电动机所需的电力不足时由蓄电装置供给电力，这样可以使车辆在更广的范围内进行稳态行驶。

（2）并联式混合动力车

并联式是指发动机直接驱动力的传递路径和电动机驱动力传递路径相对于驱动轴并列或一体的形式。如图 3－27 所示，为典型的并联式混合动力车，即本田 IMA（Integrated Motor Assist）。发动机和变速器之间布置永磁式交流同步电动机，发动机作为主要动力源，电动机作为加速时的辅助动力源和用于减速时的再生制动。另外，也用于通常情况下发动机启动和怠速停车后发动机的再启动。

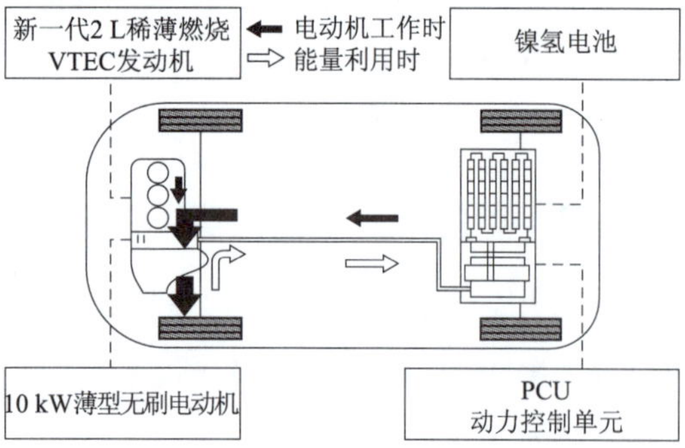

图 3－27　并联式混合动力车
（本田 IMA 系统）[1]

（3）串并联式混合动力车

如图 3－28 所示，为丰田公司的 THS（丰田混合动力系统）串联和并联的复合型混合动力车。互相弥补了各自的缺点，并进一步发挥了各自的优势[11]。发动机输出动力通过动力分配机构（图 3－29）分为两部分，一部分为驱动发电机发电，产生的电力供给电动机，用来驱动车辆行驶。另一部分留作发动机动力直接驱动车辆行驶。

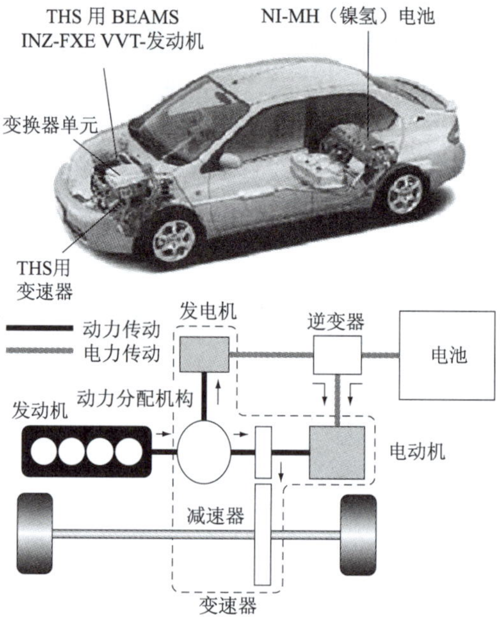

图 3－28　串并联式混合动力车（丰田普锐斯）

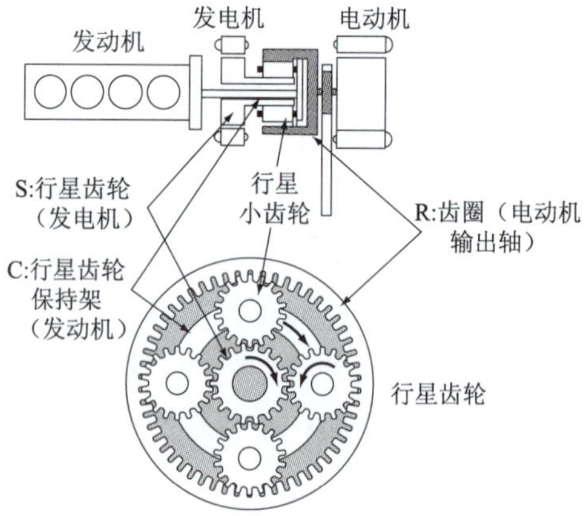

图 3－29　动力分配机构[1]

如图 3－30 所示，为各模式下的工作状态，如图 3－31 所示，为各模式下的能量消耗情况。

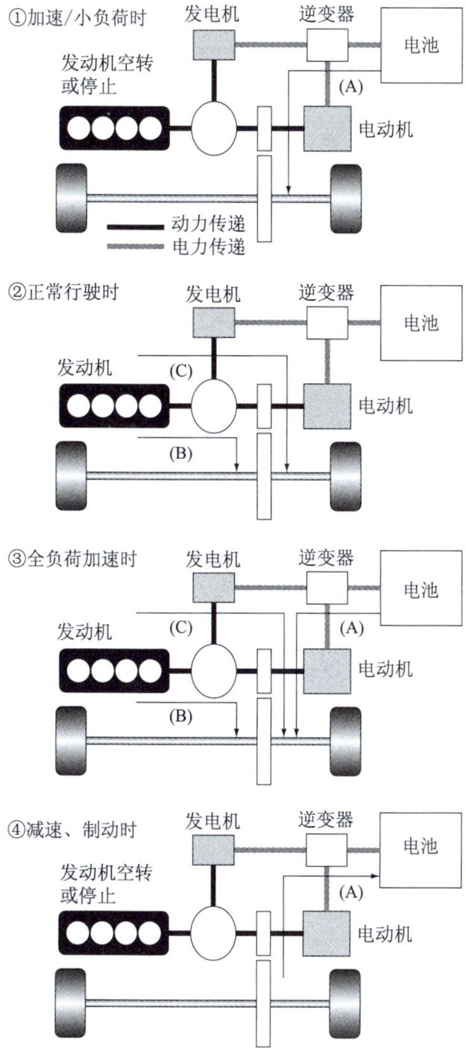

图 3－30　混合动力系统的工作状态（丰田普锐斯）[1]

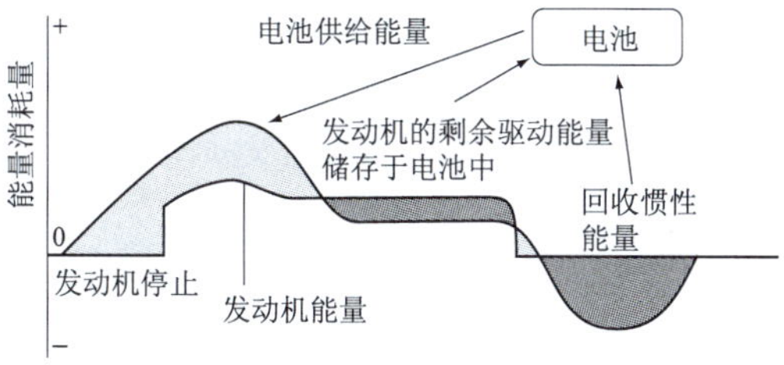

图 3－31　各种模式下的能量消耗情况（丰田普锐斯）[1]

主要特征可以总结如下。

· 起步及低速行驶等发动机效率较低的低负荷区域内由电动机驱动车辆行驶，控制燃料的消耗。

· 正常行驶时发动机的动力分为两部分，一部分用来直接驱动车辆，另一部分用来驱动发电机发电，产生的电力来驱动电动机作为辅助驱动力。

· 全负荷加速时蓄电池可以提供能量，追加为驱动力。

· 减速及制动时车轮带动电动机作为发电机工作，回收行驶动能，产生的电力储存在蓄电池中[11]。

（4）轻度混合动力车

图 3－32 为丰田轻型混合动力系统（THS-M）。由通过电磁离合器与发动机连接的电动机/发电机和 36 V 电压蓄电池及其控制装置构成。车辆停止后发动机自动停止，通过电动机/发电机起步和发动机再启动同时进行。

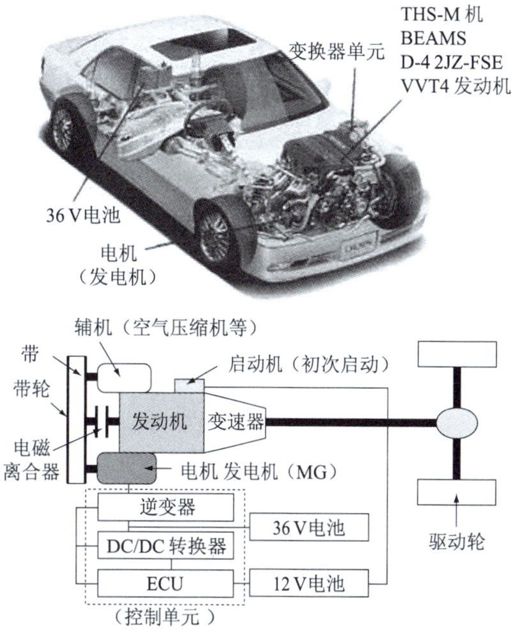

图 3－32　轻型混合动力系统（THS-M）[1]

（5）重度混合动力车

大型车中也在不断引进混合动力系统。图 3－33 为日产配备高效电容器的混合动力客车。客车在运行时由于经常要起步停车，相对于驱动能量来说，制动能量的比例很高，如何再生制动时的能量已经成为全球性的课题。高效电容器可以高效率地回收大部分制动能量，不需要像传统电池一样的化学变化，使用寿命较长。

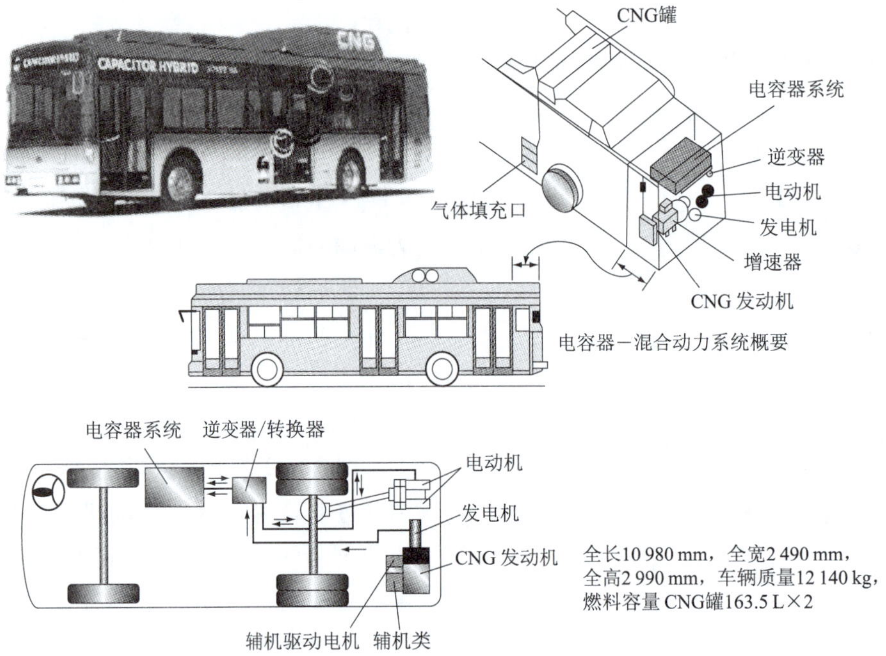

图 3-33 配备高效电容器的混合动力客车（日产）[1]

大型车使用的混合动力系统也分为串联式、并联式和串并联式。可根据不同的情况选择最佳的系统。

3.3.3 混合动力车的主要技术

混合动力车是由多种重要技术“混合”而成的。这些技术也都是沿袭了众多传统技术演变而来，通过新的组合而产生了更多的功能。这里仅对混合动力车特有的主要技术进行说明。

（1）发动机

混合动力车使用的发动机比起它输出功率来说，一般更重视其工作效率，输出功率低可以通过电动机辅助供给。

丰田普锐斯的 1.5 L 四缸发动机侧重车辆的油耗。以往发动机的一般压缩行程和膨胀行程等较长，而普锐斯的发动机采用了高膨胀比循环，压缩比保持不变，膨胀行程比压缩行程长，可以充分利用发动机的燃烧压力，提高发动机的工作效率。图 3-34 为高膨胀比循环的概念图。

另外，通过与电动机的组合，可以使发动机在高效率范围内工作，这样可以使发动机的平均效率提高 80% 以上，如图 3-35 所示，弥补了发动机动力的下降。

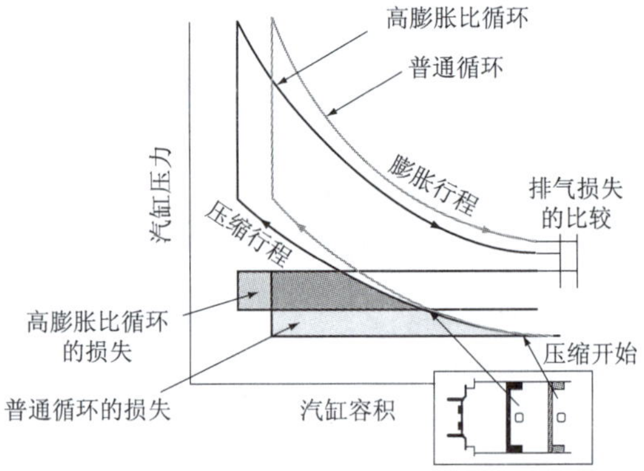

图 3-34 高膨胀比循环概念图[1]

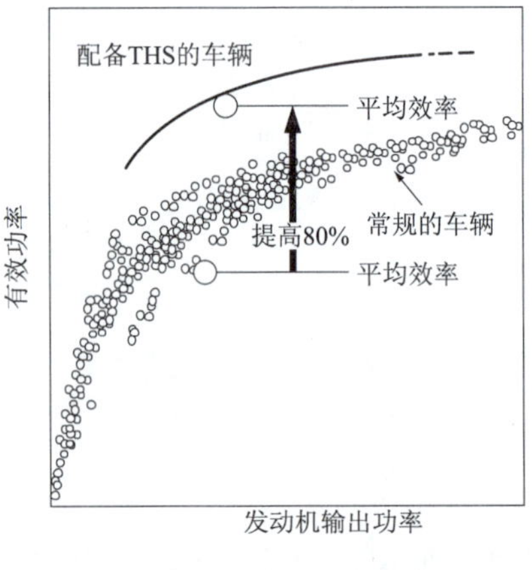

图 3-35 THS 车的发动机效率[1]

(2) 电动机

混合动力车用电动机一般使用高效率的永磁式交流同步电动机或者交流感应式电动机。电动机的最大效率一般在 90% ~95%，与汽油发动机相比，范围更大、效率更高，如图 3－36 所示。发动机低效率区域内由效率较高的电动机驱动行驶，以此来提高车辆整体的工作效率。

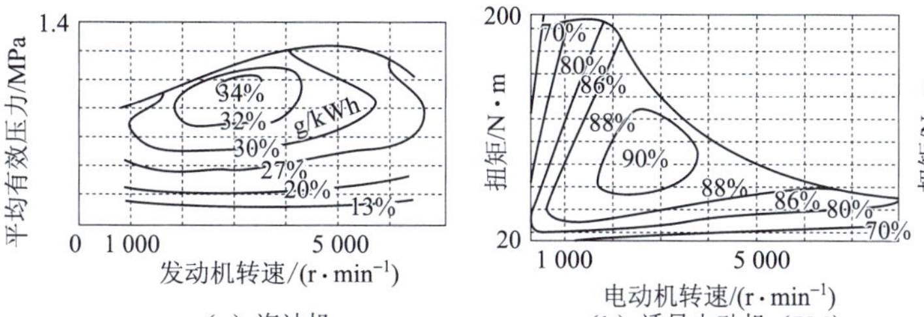

(a) 汽油机 (b) 诱导电动机 (PM) (c) 永磁式同步电动机

图 3－36 发动机和电动机的效率比较

另外，从结构方面看，混合动力车的发动机、变速器以及电动机为一体式布置形式，小型化的要求很高。如图 3－37 所示，为本田 IMA 系统永磁式交流同步电动机实例。使用高性能钕磁铁，通过非对称性卷绕启动机线圈提高槽满率，以达到小型化的目的。

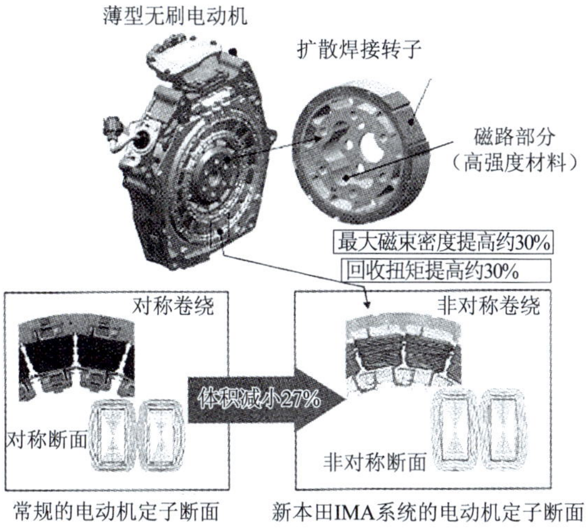

图 3－37 超薄型永磁交流同步电动机

(本田 IMA 系统)[1]

(3) 逆变器

控制混合动力车电动机的逆变器具有将直流电转换为三相交流电的功能（反之亦可），用来驱动电动机/发电机及进行再生。如图 3－38 所示，为逆变器系统。混合动力车用逆变器使用半导体元件 IGBT（Insulated Gate Bipolar Transistor）。IGBT 可进行低损失、高效率的转换工作，是高效率逆变器的最佳选择。

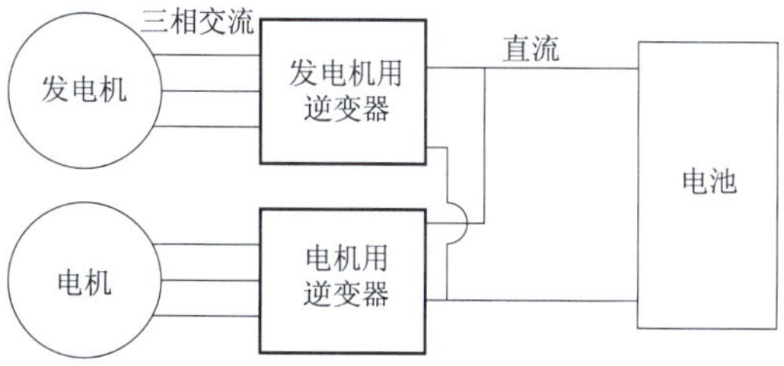

图 3－38 逆变器系统（本田技研提供）

(4) 蓄电装置

混合动力车用蓄电装置是指储存再生能量并向电动机供给电力的装置。驱动及再生过程都要求达到高输出、输入特性，不同的车重，混合动力系统形式及控制方法所需的能量也不尽相同，需要对输出、容量以及电压进行合理配置。现在实用的蓄电装置以镍氢电池和电容器为主。与控制管理系统结合使用能够延长其使用寿命。

今后为了达到更高能量输出和高能量密度的要求，锂离子电池和高性能电容器等的实用化也在不断向前推进。

表 3－4 总结了典型的蓄电装置。

3.3.4 混合动力车的性能试验

(1) 油耗试验

混合动力车的油耗性能基本上是参照传统的内燃机车辆的试验方法（10·15 工况油耗试验等）进行评价。

表3－4　典型的蓄电装置

蓄电装置名称	能量密度	输出密度	备注
铅酸电池	30～40	300～500	效率低 使用寿命短
镍氢电池	40～50	500～800	HEV 实用性强
锂离子电池	60～70	500～1 500	下一代 HEV 用
锂聚合电池	50	600～1 100	
飞轮电池	1～5	50～300	机械式电池 面向高功率
电容器	2～8	400～4 500	低内部阻力 面向高功率

混合动力车的油耗非常低，这一点在本节的开头已经讲过，为了获得准确的油耗性能评价，高精度的油耗试验也是不可或缺的。另外，混合动力车的构成要素很多，为了应对各种各样的系统，试验也变得越发复杂。这里仅对混合动力车特有的蓄电装置的影响进行说明。

一般的混合动力车具有两个以上的驱动源（发动机和电动机）和两个以上的能量源（燃料和电力）。如图3－39所示，对蓄电池充电状态（SOC：State Of Charge）和燃料量进行试验，试验结束后的状态分为图中的（a）（b）（c）三种。（a）中，试验后电池SOC下降，电池能量用于车辆行驶。而（c）则正相反，试验结束后SOC增加，燃料的一部分用于电池充电。与此相对，（b）在试验前后SOC没有变化，车辆仅靠燃料完成行驶，该油耗可以说是真正的油耗。如图3－40所示。

（2）输出试验

图3－41所示的为混合动力系统输出特性之一。混合动力车具有多个动力源（发动机和电动机），因此很难对整个系统进行准确的输出评价。

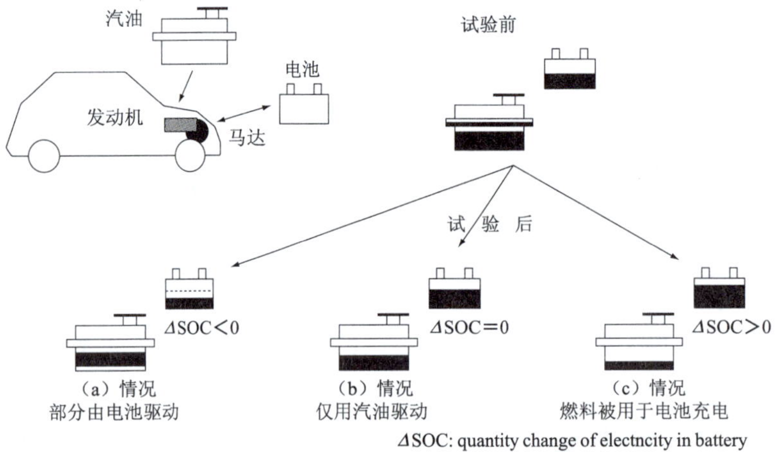

图3－39　蓄电装置试验前后的状态[14]

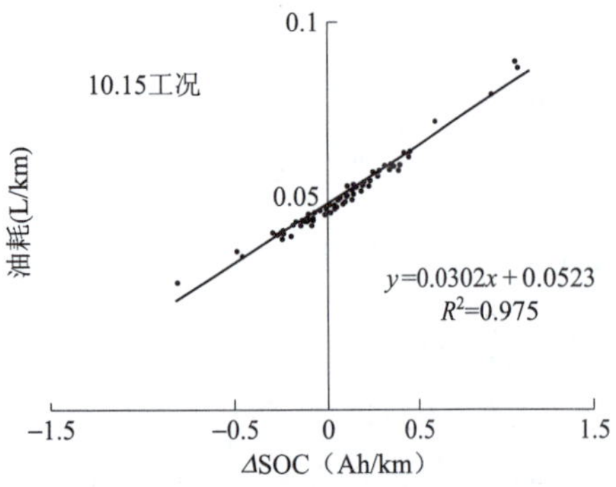

图3－40　SOC对油耗的影响[14]

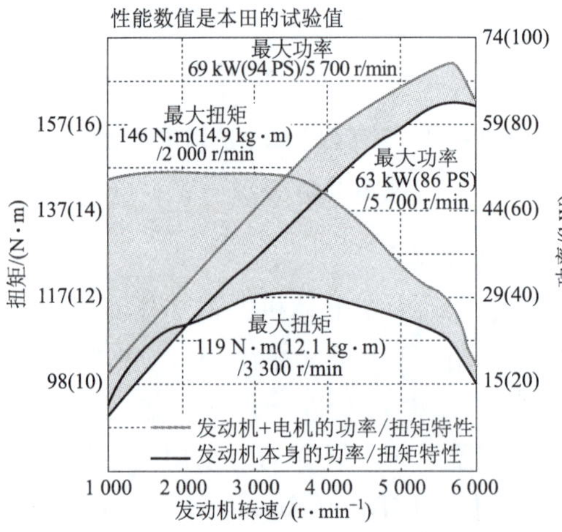

图3－41　系统输出（本田IMA）[1]

由于混合动力系统的形式及控制的不同，而且需要根据蓄电装置的SOC进行能量管理，系统输出的测量方法也千差万别。因此如何在影响输出的众多因素中使对系统输出的试验方法实现普及化成了今后亟待解决的课题。现阶段一般采用发动机和电动机输出分别测量、一并记录的方法。

3.4　燃料电池车

3.4.1　燃料电池车的结构和主要系统

燃料电池车除了使用燃料电池以外，还需要维持燃料电池发电性能的气体加湿装置、燃料电池的冷却装置、储存和供给氢气的装置以及供应空气的装置。另外，与混合动力车一样，为了提高效率燃料电池车大都采用减速能量再生装置。

燃料电池车的结构如图3－42所示。高压氢气罐供给的氢气通过加湿器加湿，然后送达燃料电池。另一方面气泵供给的空气也经加湿器加湿后供给燃料电池。在燃料电池内部，氢气和空气中的氧气发生反应，产生电能的同时将水排出车外。产生的电能通过输出控制装置供应给驱动电机的同时，一部分储存在电容器或蓄电池等蓄电装置中。

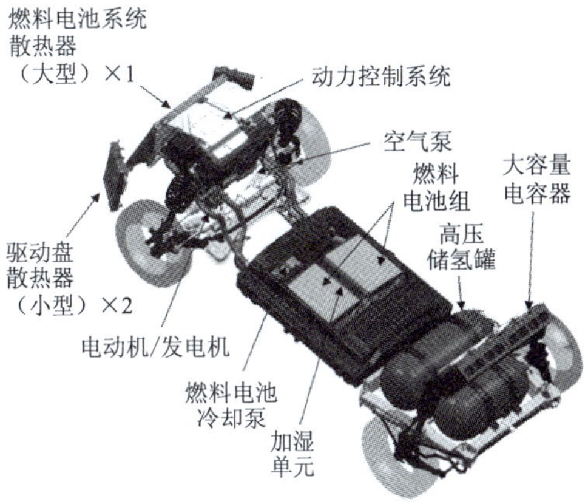

图3－42　燃料电池车的结构
（本田FCX）（本田提供）

燃料电池车以燃料电池为中心，按照车辆配备的燃料形态以及驱动电源的组合形式，其分类可总结为，如图3－43所示的框图。

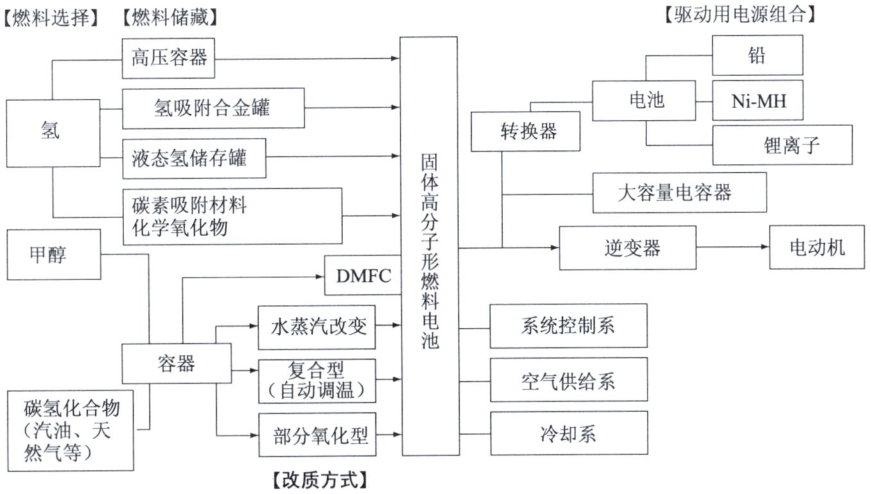

图3－43　燃料电池系统的分类[21]

(1)　燃料电池

燃料电池可以将氢气和氧气的化学能量直接转化为电能。

如表3－5所示，燃料电池因其使用的电解质和燃料的不同，其形式也多种多样。汽车用燃料电池一般采用固体高分子型燃料电池（PEFC），该电池常温启动容易，运转温度接近发动机车辆，且耐振动和耐冲击性强。

表 3－5　燃料电池的分类

	碱性（AFC）	固体高分子型（PEFC）	磷酸型（PAFC）	熔融碳酸盐型（MCFC）	固体氧化物型（SOFC）
电解质	KOH	氟化物类	H_3PO_4	$Li_2CO_3 + K_2CO_3$	ZrO_2
离子导电种类	OH^-	H^+	H^+	CO_3^{2-}	O^{2-}
燃料气	氢/氧	改质气/空气	改质气/空气	改质气/空气	改质气/空气
运转温度	常温	80 ℃	200 ℃	650 ℃	1 000 ℃
主要用途	宇宙	汽车、便携式	热电联产、分散电源	电力事业	热电联产、分散电源

固体高分子燃料电池的结构如图 3－44 所示。在几十微米的质子导电性高分子电解质膜的两面，形成气体扩散电极（电极催化转换器层），分别向两极供应氢气和空气（氧气）。

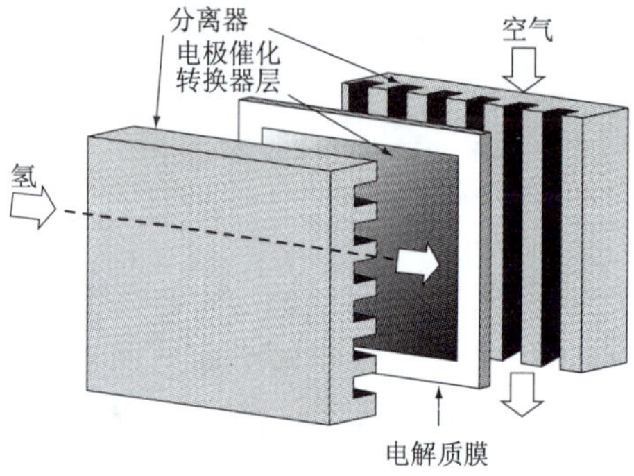

图 3－44　固体高分子燃料电池结构[21]

通过催化转换器的作用，阴极（氢气极）氢气的一部分分离为质子和电子，质子透过电解质膜到达阳极（氧气极）；另一方面，电子经由外部回路到达阳极，与透过电解质膜的质子再次结合生成水，多余的水以水蒸气的形式排除，其余部分用于电解质膜自身的加湿。

为了维持质子导电性高分子电解质膜的离子导电性，需要保持电解质膜整体的水分，而通过上述的自我加湿有时无法达到要求的加湿效果。因此，很多燃料电池车采用加湿器，利用燃料电池排出的水蒸气给气体加湿。

燃料电池由炭板和表面形成气体槽型流路的隔板从两侧夹住电解质膜和电极的结构形成。电解质膜、电极的两极和隔板构成一个单格蓄电池。在通常的运转条件下，一个单格蓄电池的电压在 1 V 以下，因此一般数十个或上百个单格电池串联在一起才能得到所需的电压，这种串联在一起的单格电池被称为燃料电池组[16]。

（2）燃料电池冷却装置

燃料电池发电时会产生热量，因此需要冷却装置对其进行冷却。一般采用与内燃机相同的冷却方法，即散热器和水泵等冷却系统。燃料电池的工作温度比内燃机的运转温度低，因此与外界气温的温差很小，无法像内燃机一样利用排气散热。因此需要比内燃机车更大的散热器。另外，阳极和阴极两端的隔板要用同一个冷却水路冷却，因此需要采取相应的绝缘措施。

（3）燃料储存系统

为了达到与发动机车辆同等的行驶里程，一辆燃料电池车需要搭载 5 kg 的氢气。燃料的搭载方法如图 3－43 左侧部分所示，主要是直接搭载氢气和搭载甲醇或汽油等碳氢化合物，反应后生成氢气。

直接搭载氢气有很多种方法，可以利用高压容器储存压缩氢气，或者用液体储氢罐储存液态氢，利用吸氢合金或炭素吸附材料进行吸附储存等。目前燃料电池车采用的大都是压缩氢气或者液态氢的方法。其他方法尚处于研究阶段。高压氢气容器种类参见表 3－6。燃料电池车使用的容器有金属缸套包覆 FRP（Fiber Reinforced Plastic）的 3 型和树脂套包覆 FRP 的 4 型。为了提高容器单位质量的储存能力，一般都在铝质或树脂缸套周围包覆炭纤维以提高耐压性，然后在最外层覆上玻璃纤维保护层。目前，储存压力可以达到 35 MPa，一次充气后的行驶距离可达到 350 km。为了进一步提高续航里程，正在研究 70 MPa 的高压容器。如图 3－45 所示，为 3 型高压氢气罐结构图。

表 3-6　高压压缩氢气储气罐[21]

高压容器的型式	材质、形状
形式 1	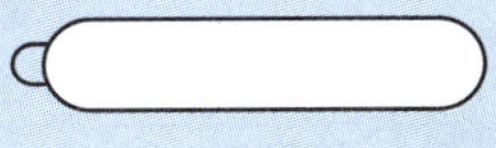 金属制
形式 2	 金属套 + 缠绕 FRP
形式 3	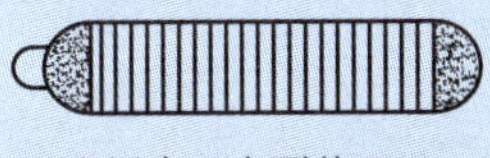 金属套 + 全覆盖 FRP
形式 4	 塑料 + 全覆盖

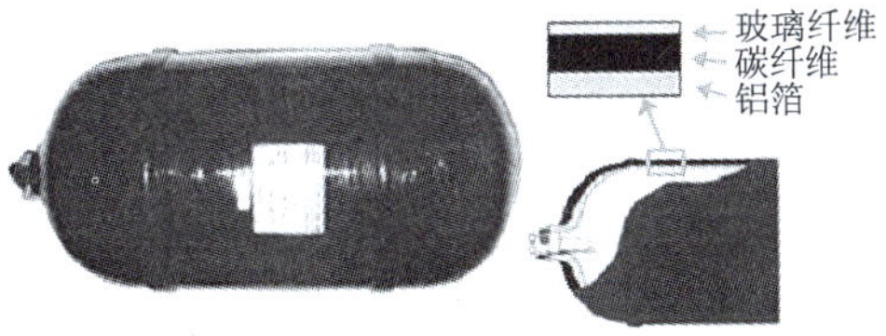

图 3-45　高压压缩氢气罐的结构示意图[22]

GM 的燃料电池车 Hybrogen 3 采用的是液态氢的形式。搭载 68 L 的液态氢，续航里程可以达到 400 km。

储液罐是数十层铝箔和玻璃纤维重叠在一起形成的隔热罐。可以储存 -253 ℃的液态氢，具有很高的隔热性。为了防止氢气的蒸发压力上升导致储液罐破裂，设置了卸压阀，可以将罐内压力控制在数百 kPa 以下，但减少氢气的泄漏是未来研究的课题。

储液罐的结构图，如图 3-46 所示。

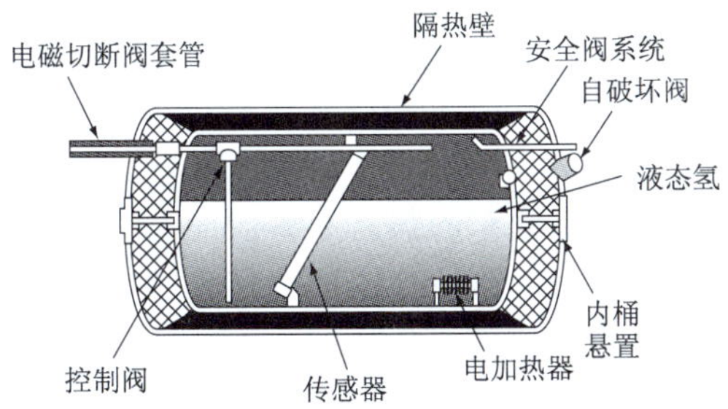

图 3-46　液态氢储氢罐的结构[26]

燃料电池车使用甲醇、汽油等碳氢化合物燃料的时候，车上需要装备这些燃料与氢气进行改质的装置，改质装置如图 3-47 所示。

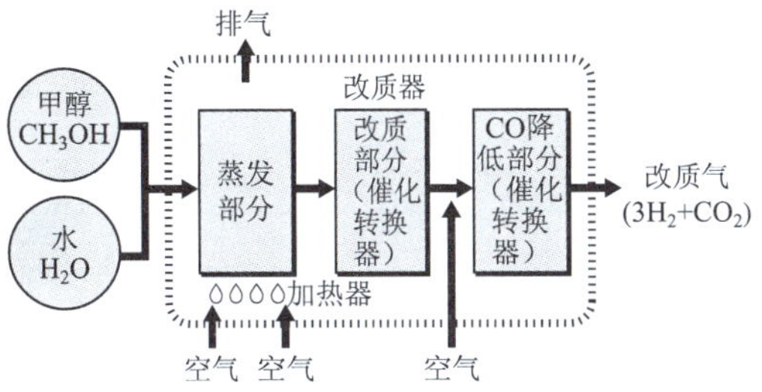

图 3-47　甲醇改质装置结构示意图

改质形式分为水蒸气改质、部分氧化改质和热自动补偿式 3 种。为利用现有的燃料装置，从 20 世纪 90 年代开始，全世界许多汽车厂家就展开了一系列的研发活动。不过每一种改质方法都非常复杂，实车搭载要求的小型轻量化以及缩短启动时间等技术问题仍然是很难解决的课题。

（4）蓄电装置

与混合动力车一样用于减速时的能量再生和高负荷时辅助输出。现在很多燃料电池车都使用镍氢电池、锂离子电池或者电容器等蓄电装置。如图 3-48 所示，为搭载电池的蓄电装置系统构成示意图。

另外，如图 3-49 所示，为燃料电池输出和电容器输出特性图。起步和加速时所需的电动机输出功率以燃料电池的电力为主动力源，由电容器辅助提供电力，减速时再生的能量储存在电容器当中。

3.4.2　燃料电池的性能试验

（1）最大能量效率和输出特性

燃料电池的最大能量转换效率表示如下。

$$\varepsilon_{rev} = \frac{-\Delta G_T}{-\Delta H_0}$$

其中，ΔG_T 为电池工作温度 T 时相对于电池反应的吉布斯能量变化，ΔH_0 为标准状态下燃料燃烧反应时的焓变化值。氢氧燃料电池最大能量转换效率在 25 ℃时，约为 80%[17]。

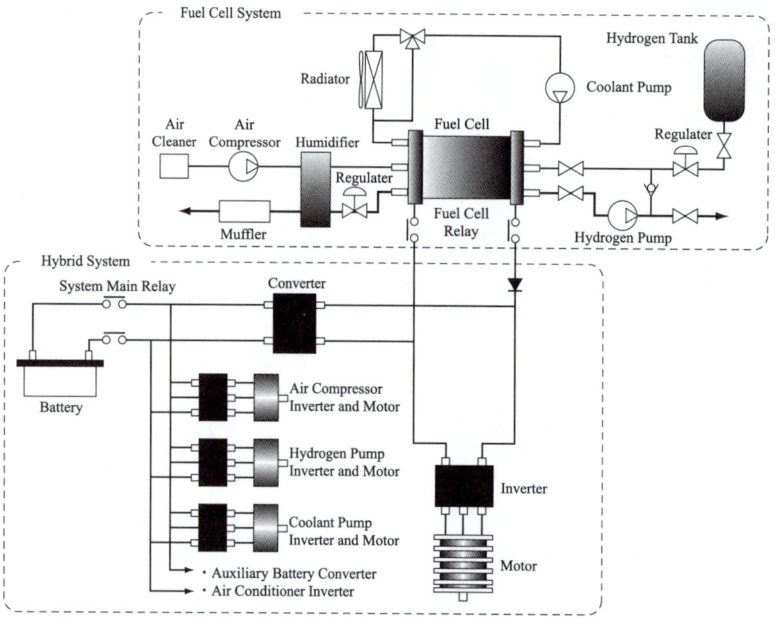

图 3-48 燃料电池车系统（丰田 FCHV）

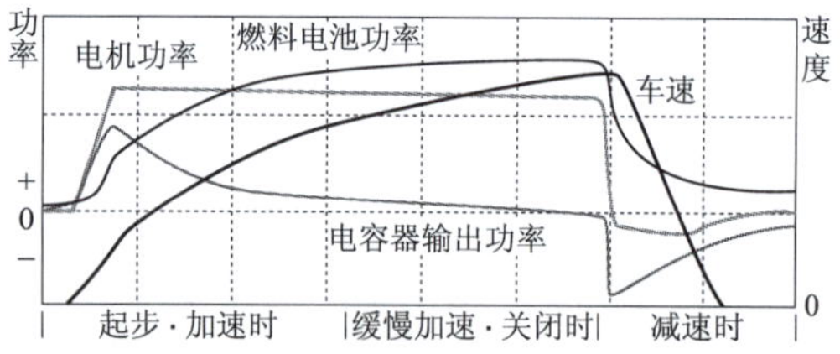

图 3-49 动力装置的输出特性（本田 FCV）

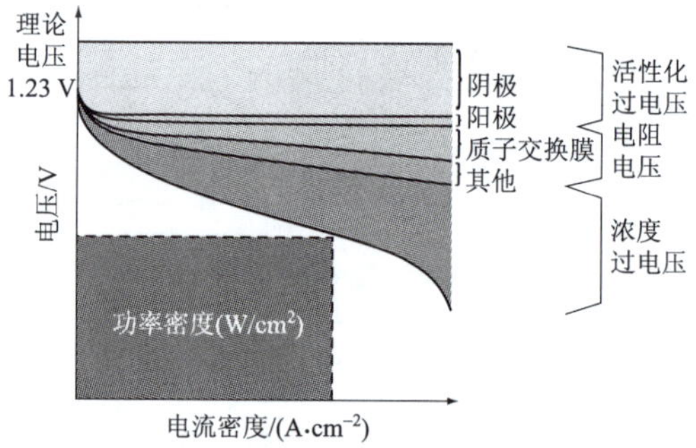

图 3-50 燃料电池的电流—电压特性

氢氧燃料电池的输出电压由氢气和氧气的电极反应决定，其表示方法如下。

$$E = E_{O_2} - E_{H_2}$$

式中，E 为氢燃料电池的平衡电动势；E_{O_2} 为氧电极的平衡电位；E_{H_2} 为氢电极的平衡电位。

氢氧燃料电池的平衡电动势在 25 ℃一个大气压下约为 1.23 V，实际电压，由于电池内部的各种损失，输出电压要低于平衡电动势。如图 3-50 所示，为发电状态电池的电流—电压特性图。

导致电池内部各种损失的平衡电动势和输出电压的差称为过电压，其增加量一般随着电流输出的增大而增加。过电压分为产生催化剂活性的活性过电压，欧姆法则的电阻过电压和使气体及水发生移动的浓度过电压 3 种。控制这些过电压的增加是提高燃料电池输出性能的重要因素。

实际燃料电池的输出电压由于上述因素的影响而不尽相同。设特定输出下的燃料单格电池电压为 V_1，相对于氢燃烧反应的焓变化量的电压换算值为 $V_{\Delta H}$，法拉第常数为 F，燃料单电池效率 η 可以用下述公式表示。

$$\eta = \frac{V_1}{V_{\Delta H}}$$

$$V_{\Delta H} = \frac{-\Delta H_0}{2F}$$

$-\Delta H_0$ 根据反应后蒸汽的潜热利用情况有高位发热量（HHV）和低位发热量（LHV）之分，燃料电池车一般采用 LHV。

（2）热效率

对燃料电池车的热效率评价时，除了上述的燃料电池本身的热效率以外，还要考虑到燃料电池以外的附件损失。包括燃料电池气体供给装置及控制装置等系统的附件损失、驱动电动机及变速器传递损失等。另外，混合式燃料电池车与混合动力车一样，采用的蓄电装置由于其种类和使用方法的不同会产生充放电损失。上述能量流量，如图3－51所示。

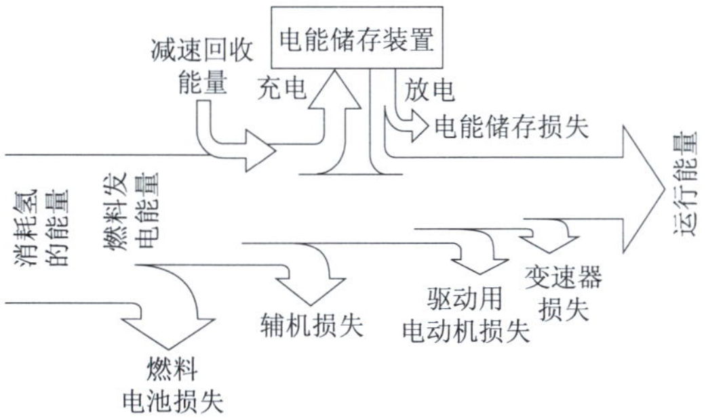

图3－51 燃料电池车的能量流量

（3）油耗测量方法

燃料电池车不使用发动机车的“炭平衡”油耗测量方法。要求采用高测量精度和高再现性、实用性很强的测量方法。典型的油耗测量方法参见如下4种[19]。

（a）质量法

用工况法测量行驶试验前后储氢罐的质量，实验前后的质量差为燃料消耗量。考虑到燃料供给管路的压力变化导致的误差以及储氢罐连接时空气混入管路内导致氢气浓度下降等问题，上述的方法是最实用的测量方法。

（b）压力温度法

测量工况运行试验前后储氢罐的压力和温度，利用气态方程式算出的实验前后氢气的质量差，再用该质量差推算出燃料消耗量。其产生误差的因素众多，管路内的压力变化也会产生误差，不过也是可以实施的测量方法之一。

（c）流量法

不断测量工况运行试验时的供给燃料流量，最终计算出燃料的消耗量。瞬间的精度和误差会影响计算结果，期待新的高精度流量计算方法的出现。

（d）电流法

燃料电池组输出的电流与用于发电的燃料消耗量成正比，利用该原理可以算出燃料的消耗量。该方法可以说是最简单的方法，不过由于试验车辆的不同，为了维持燃料电池性能而进行氢气净化的时候会有部分氢气排出，因此实际的油耗可能要比计算出来的结果略差一些。

另外，搭载蓄电装置的混合式燃料电池车的电池或电容器充电状态（State Of Charge，SOC）的工况行驶前后之差SOC可以参考混合动力车的评价方法进行评价。

2002年，美国环境保护局（EPA）首次尝试用质量法进行了全球最早的燃料电池车油耗试验。其试验结果参见表3－7。

表3－7 燃料电池车油耗（本田FCX）

工况	油耗/（m·kg^{-1}）
CITY	56.8
HWY	61.7

3.4.3 氢气站

选择氢气燃料的燃料电池车则需要在专门的氢气站加高压压缩氢气或者液态氢。氢气站蓄压容器中的氢气压力比车辆搭载容器中的压力略高，加充高压压缩氢气的时候，利用该压力差将压缩氢气加充到车辆的储氢罐中。如图3－52所示，为压缩氢气氢气站的结构图。如图3－53所示，为氢气站分配器。

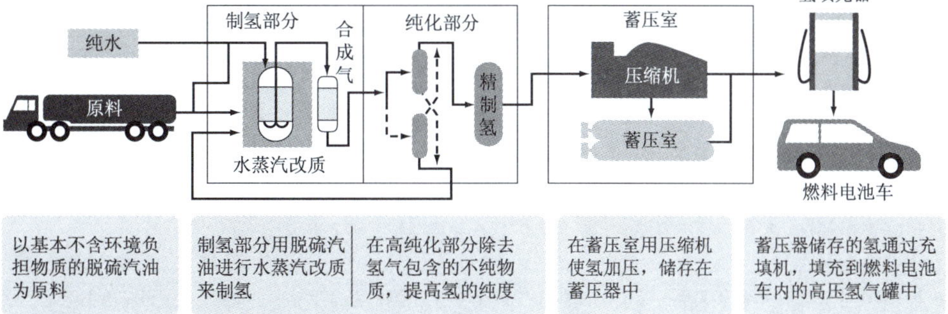

图3－52 氢气站结构图

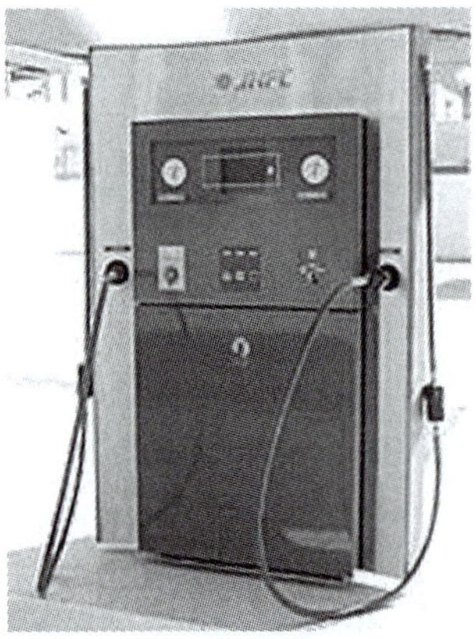

图 3－53 氢气分配计量器

另外加液态氢的时候要使用专用的分配器将液态氢从氢气站的储氢罐中加入到车辆的储氢罐中。如图 3－54 所示，为慕尼黑机场氢气站的构成图。

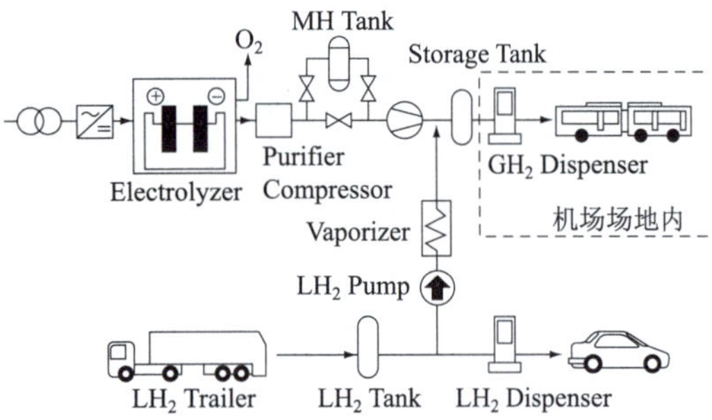

图 3－54 氢气站系统图（慕尼黑机场）

3.4.4 今后的课题

为了使燃料电池车的实用性能够与内燃机车辆相媲美，需要解决很多的问题。主要问题有以下几个方面。

0 ℃以下冻结对策、确保足够的行驶距离、燃料电池系统的小型轻量化、降低成本以及确保耐久可靠性等。

另外，结合上述尚待解决的课题，氢燃料供给设施和法规标准的完善，整个社会对氢燃料的逐渐理解等也是普及燃料电池车必须考虑到的问题[26]。

3.5 标准与法规

普及电动车，完善相关的标准、规范是非常重要的。目前已经制定了很多的相关标准和法规，也有的正在审议修订过程中。日本国内的日本汽车研究所（JARI/旧电动车辆协会）等制定了日本电动车辆协会标准 JEVS（Japan Electric Vehicle Association Standard）。海外法规有 ISO（International Standardization Organization）、IEC（International Electrotechnical Commission）、SAE（Society of Automotive Engineers）、ECE-R（Economic Commission for Europe-Reguration）、FMVSS（Federal Motor Vehicle Safety Standards）等。表 3－8 为已经完成和正在审议中的标准及法规一览表。

表 3－8 电动车的相关标准与法规

	性能（车辆/电池）	安全（车辆/燃料箱）	其他（用语/尺寸等）
日本	■法规 TRIAS 5－5～5－7 EV Range、耗电试验法 ■标准 JIS D 1301～1304 EV 试验法 JEVS D 701～704 EV 用铅电池试验法 D 705～709 EV 用 Ni-HM 电池试验法 D 710 EV 用电池的充电效率试验法 D711～716 HEV 用 Ni-HM 电池试验法 E 701 EV 电动机、控制装置组合输出功率试验 E 702 EV 电动机最大功率试验 Z 108～112 性能试验方法	■法规 道路运输车辆安全标准（FCV 修订审议中） 第 17 条 燃料装置 第 17 条 2 电气装置等 技术标准（审议中） 附件 17 防止碰撞时燃料泄漏 附件 103 FCV 的燃料装置 附件 104 FCV 的触电保护 附件 105 电磁兼容性 高压气体安全法容器法则（审议中） 压缩氢气罐和容器附属品的示范标准	■标准 JIS D 0112～0115 EV 用语 JEVS C 601 EV 充电用插接器 D 001～002 EV 用电池的尺寸和结构 G 101～105 EV 快速充电系统 G 106～108 EV 感应式充电系统 G 109 传导式充电系统 G 701EV 用充电器的效率试验法 Z 804 EV 的操作、测量以及报警装置的识别标记 Z 805～807 EV 用语 Z 901 EV 的规格书

续表

	性能（车辆/电池）	安全（车辆/燃料箱）	其他（用语/尺寸等）
美国	■法规 SAE J551－5 EV 放射干扰试验法 J1634 EV 耗电及 Range 试验法 J1711 HEV 排气及油耗试验法 J1798 EV 用电池的额定工作特性 J2615 FC 系统性能试验（审议中） J2616 FCV 用燃料处理器性能试验（审议中） J2617 PEM 式 FC 的性能（审议中） J2572 FCV 排气、油耗及续航里程测量法 J2600 高压氢气充气连接器 J2601 高压氢气燃料供给系统（审议中）	■法规 FMVSS305 EV 电解液流出和防止触电 ■标准 SAE J 1718 EV 充电时氢气产生量测量方法 J1766 EV-HEV 用电池的碰撞试验法 J2344 EV 安全准则 J2578 FCV 的安全 J2579 FCV 的燃料系统	■法规 SAE J 1715 EV 用语 J2293－1～2 FEV 用语 J2594 FC 系统的再循环
欧洲	■法规 ECE R83 按照不同发动机燃料要求分类的污染物质（追加 HEV 测量法审议中） R85 马力测量法（HEV 修订审议中） R101 防止电波干扰装置（含 HEV 测量法） ■标准 ISO 8714 EV Range、耗电量测量法 8715 EV 性能 17268 高压氢气充气连接器 22919 FCV 行驶性能试验（审议中） 22921 FCV 油耗性能试验（审议中） IEC 61981 EV 用电力机械（审议中） 61982－1～3EV 电池试验法（61982－1 审议中）	■法规 ECE R100 EV 的电气安全、功能安全 R×× FCV 零部件、整车认可（审议中） ■标准 ISO 6469－1～3 EV 的安全 15869－1～5 汽车用氢气高压容器（审议中） ×××× FCV 的安全（审议中） CISPR 12 车辆等的无线电干扰特性	■标准 ISO 8713 EV 用语 8820－7 汽车用 450 V 保险丝（审议中） IEC 60349－1～3 EV 用电动机 60783 EV 用电线及连接器 60784 EV 用量具 60785 EV 用旋转仪 60786 EV 用控制机器 61851－1～23 传导式充电系统 61980－1～2 感应式充电系统（审议中） 62196－1 传导式充电用零部件

（1）性能

日本电动车辆的电力消耗率试验以及电动机输出实验等性能试验方法都已经移交给了 JIS。关于混合动力车及燃料电池车的内容目前正在研讨中。

（2）安全

电动车辆需要使用数百个螺栓以及数百安培的高电压大电流。因此确保乘员以及维护人员的安全是必不可少的。ISO6469 对电动车辆的高电压安全性以及电控装置的功能安全进行了相关规定。

电动车及混合动力车需要搭载电池。燃料电池车要搭载储氢罐。发生氢气泄漏时，虽然会迅速扩散到上空，但是与空气混合后非常容易燃烧。因此各个国家都在积极研究氢气安全对策。

3.6　电动车辆的未来

3.6.1　电动车辆技术的进化（在车轮内安装电动机）

2001年发布的GM紧凑型燃料电池轿车Autonomy（图3－55）为21世纪的汽车发展指明了方向。

3.6.2　利用公共小型电动车

城市中的交通拥挤、停车困难、尾气排放导致大气污染以及噪声等问题日益严重。为了解决上述问题，日本推行了一系列的共同利用小型电动车的计划。在日本，横滨港地区的EV租赁系统（图3－56）以及神奈川县海老名市的停车换乘（P&R）规划采用了日产开发的小型电动车HYPERMINI。另外，以丰田市为中心实行的Crayou系统开发了小型电动车e-com，本田为ICVS（Intelligent Community Vehicle System）开发了小型电动车City Pal[28]。

3.6.3　可再生能源时代

21世纪是汽车新燃料层出的时代。目前，除了汽油、柴油以外，电力、氢气、天然气、GTL（Gas to Liquid）、DME等也作为新的替代燃料，正在不断地进行开发[29]。

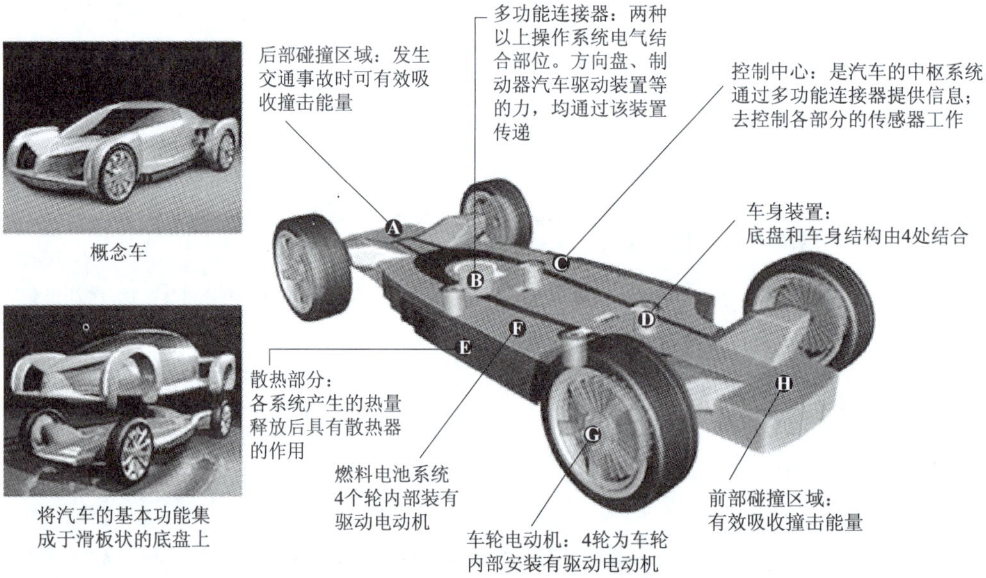

图3－55　未来的汽车（GM Autonomy）

图3－56　公用小型电动车[28]

人们所需要的理想燃料不仅要兼顾环境和能源问题，而且能源再生也是不可忽视的目标。人们已经在对无CO_2排放的能源进行开发。比如利用水力、风力以及太阳能发电，并直接用于蓄电池，或者利用水电解产生的氢气为燃料直接用于汽车等。实际上已经示范性地建立了太阳能式氢气站。利用太阳能发电产生的电力电解水，并将产生的氢气供应给汽车（图3－57）。

图 3－57　太阳能发电式氢气站[32]

3.6.4　电驱动技术的未来

电动车在续航里程、充电时间以及销售价格等方面仍然存在很多尚待解决的问题。因此目前正在以短距离行驶的小型电动车为中心进行开发。而其开发价值也已经显露出来。另外，在特定区域内推行的电动车公用系统也已经取得了一定的成绩。

混合动力车借鉴了电动车的技术，而且能够利用现有的汽油加油站，因此销售数量呈增长趋势。而且通过电动机与发动机的完美结合，在降低油耗的同时还能够进行制动能量再生。随着石油价格的不断升高，今后的发展更是不可限量。

2002 年 12 月，燃料电池车首次正式在全球发布，但是要想实现真正意义的普及，还有很多问题需要解决。而继石油时代之后的氢气时代依然是一个技术竞争十分激烈的时代。

今后汽车将如何发展，不仅要注意汽车社会的各种局势发展，而且还要关注地球环保、能源问题等全球性问题的变动。毋庸置疑，由于能够降低尾气排放和 CO_2 的排放量，减少石油燃料的使用等优点，未来对电动车辆的需求将不断增长。而在未来社会，电动车辆技术将成为汽车的核心技术。当然，为了应对日益严峻的环境问题以及能源的各种变化，电动车辆技术还需要不断地完善。

参　考　文　献

[1] 松本廉平：自動車の環境対応技術入門，グランプリ出版（2002）ほか

[2] 萩野道義ほか：21 世紀における新エネルギー自動車の開発と将来展望，JEVA 電気自動車フォーラム講演集，p. 78（2002）

[3] 増永邦彦ほか：ハイブリッド車・燃料電池車・電気自動車，自動車技術，Vol. 58，No. 8（2004）

[4] 清水邦俊ほか：新型ハイブリッドバスの開発，自動車技術，Vol. 57，No. 2（2003）

[5] 小椋正己ほか：Development of the 2-seater small electric vehicle " Honda City Pal"，EVS16（1999）

[6] 電気学会電気自動車駆動システム調査専門委員会：電気自動車の最新技術，オーム社（1999）

[7] 小椋正己ほか：電気自動車技術の現状と将来，自動車技術，Vol. 53，No. 1（1999）

[8] 榎本直泰ほか：電気自動車用回生協調ブレーキシステムの開発，自動車技術，Vol. 53，No. 2（1999）

[9]「ECE Regulation No. 83」改定案 TRANS/WP. 29/944（2003 年 8 月 8 日）

[10] 渡辺謙三：小型 HEV の展望，エンジンテクノロジー，Vol. 6，No. 3，山海堂（2004）

[11] 大井敏裕ほか：新型プリウスの紹介，TOYOTA Technical Review，Vol. 50，No. 1（2000）

[12] 前田智治ほか：マイルドハイブリッドシステムの開発，自動車技術会学術講演会前刷集，No. 1－02，20025042

[13] 多田博ほか：ハイブリッドシステム用新型直列 4 気筒 1.5L ガソリンエンジンの開発，自動車技術会学術講演会前刷集，981，9831090（1998.5）

[14] 清水健一：ハイブリッド電気自動車の燃費試験法，JEVA 電気自動車フォーラム2002

[15] 高橋武彦：燃料電池第 2 版，1 章，共立出版（1992）

[16] 河津成之：燃料電池，自動車技術，Vol. 56，No. 9（2002）

[17] 竹原善一郎：燃料電池技術とその応用，1 章，テクノシステム（2000）

[18] 高橋武彦：燃料電池第 2 版，2 章，共立出版（1992）

[19] 青柳暁ほか：燃料電池自動車における燃費計測法の開発，Honda R&D Technical Review，Vol. 15，No. 1（2003）

[20] 増田隆彦ほか：燃料電池車開発の現状と X-TRAIL FCV の紹介，日産技報，No. 52（2003）

[21] 渡辺正五：燃料電池車の現状と将来，自動車技術，Vol. 56，No. 1（2002）
[22] 川崎聡志ほか：世界初の燃料電池乗用車 Honda FCX の開発，Honda R&D Technical Review，Vol. 15，No. 1（2003）
[23] 河津成之：燃料電池開発のためのキーテクノロジー，自動車技術，Vol. 52，No. 7（1998）
[24] 松本只一ほか：燃料電池ハイブリッド車の開発，JARI 次世代自動車フォーラム（2001）
[25] FCX FUEL CELL POWER，本田技研工業広報資料（2002）
[26] 藤堂安人：日経エレクトロニクス，D&M 日経メカニカル，日経エコロジー合同別冊，燃料電池 2004，5 章，日経 BP 社（2004）
[27] 清水健一ほか：日本の標準化活動の現状，JAVA 電気自動車フォーラム（1999）
[28] カースタイリング別冊 NCV21 — 21 世紀は超小型車の時代，三栄書房（2000）
[29] 日刊自動車新聞：2004 - 2 - 6 付記事
[30] 清水健一：HEV 要素部品の展望，エンジンテクノロジー，32 号，p. 25（2004.6）
[31] トヨタ広報資料
[32] 本田技研工業広報資料
[33] JEVA（日本電動車両協会）：EV New Town
[34] 清水健一：ハイブリッド制御技術の変遷と最新技術動向，自動車技術，Vol. 56，No. 9，p. 71（2002）
[35] GM 広報資料

第 4 章

燃料与润滑油

4.1 概　　述

目前，汽车燃料主要以汽油和柴油为主，在日本等国家也有一部分出租车以液化石油气（LPG）燃料为主。对于汽油和柴油，从降低排放的角度出发正在进行以降低含硫量为主的燃料品质改善工作，其工作内容正在发生很大的变化。由于降低 CO_2 排放的需求及石油供应的不稳定，代用燃料逐渐进入了汽车燃料市场，燃料电池（混合动力）等新型动力也将得到应用，汽车燃料多元化的趋势将在未来几十年内快速发展。

汽车燃料与环境、能源及经济发展密切相关。关于环境，以往一直以降低城市环境大气污染为主，最近从地球环境方面考虑，控制以 CO_2 为主的温室气体排放受到普遍关注。在这种情况下，各国都在基于自身的能源和经济方面，考虑未来汽车燃料相关的科学技术问题。

4.2 汽车燃料种类和性能对比

(1) 原料和用途

汽车燃料除了常规的石油燃料——汽油和柴油以外，还包括压缩天然气（CNG）、液化石油气（LPG）、甲醇、二甲基乙醚（DME）、FT 合成柴油（FTD）、生物乙醇、生物柴油、氢等多种燃料。如图 4－1 所示，为一次能源与燃料的对应关系，如图 4－2 所示，为不同燃料与其所适应的汽车动力系统的对应关系。可见能源、燃料及汽车动力系统具有多种组合。如后面所述，作为汽车燃料其基本形态包括气态和液态。作为内燃机燃料的辛烷值、十六烷值等燃烧特性；作为燃料电池用燃料的特征，决定了不同燃料所适用的动力系统。

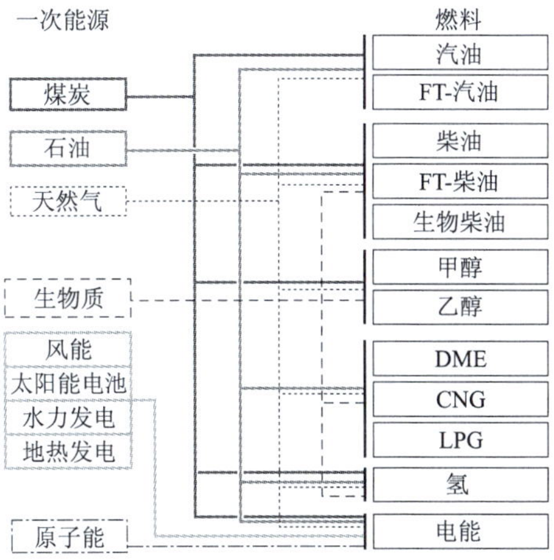

图 4－1　一次能源与汽车燃料的对应关系

(2) CO_2 排放量比较

降低地球温室气体排放（GHG）已成为全球的共同课题，目前正在广泛开展由一次能源经由汽车燃料生产到最终应用于汽车的综合效率评价、CO_2 等温室气体（GHG）排放量评价以及经济性评价的研究工作。通常的评价方法采用 WTW（油井到车轮）方式进行，包括能源开采、燃料制造、运输到应用在内的综合评价。其中将从能源开采到燃料添加到汽车燃料箱的过程用 WTT（油井到油箱）的方式评价，从燃料箱到汽车最终消耗的过程用 TTW（油箱到车轮）的方式评价（图 4－3）。更进一步，对于太阳能电池、风能等自然资源以及原子能，其设备制造、建设过程中产生的 CO_2 也是不可忽略的，此评价方法与 WTW 有所区别，通常采用 LCA 方式进行评价。

✓: 现有技术的延伸　　√:未来技术

动力系统	未来燃料：清洁汽油机	清洁柴油机燃料	LPG	CNG	合成燃料	氢	乙醇	生物柴油
汽油机（火花点火发动机）	✓		✓	✓	√ 甲醇	✓	✓	
柴油机（CR.HV）		✓			√ DME FTD			✓
新型燃烧方式（例：HCCI）	√	√			√ FTL			
燃料电池	√				√ 甲醇	✓		

DME: 二甲基乙醚；FTD: Fischer Tropsh 合成柴油；FTL: Fischer Tropsh 合成液体燃料

图 4－2　燃料与汽车动力源

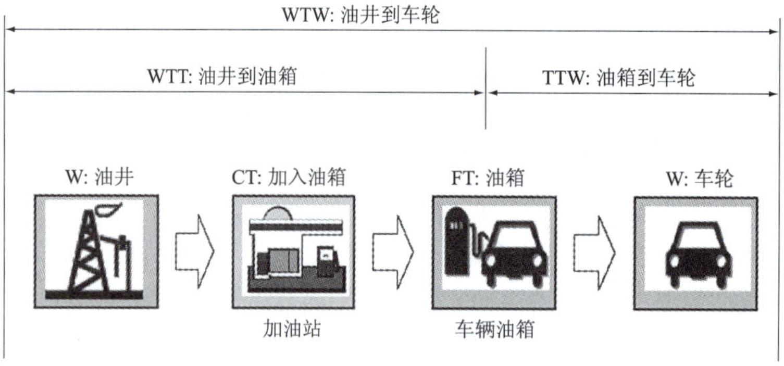

图 4－3　WTW 评价方法的实例

本章主要从能源—燃料方面，介绍关于 WTT 评价的研究成果。

如图 4－4 所示为 LBST（GM 委托研究项目）合成燃料 WTT 计算的实例。其中明确了各种燃料在制造、运输过程中消耗的能量，根据能源利用过程中所产生的 CO_2 累计计算了从燃料开发一直到添加到汽车过程中所产生的 CO_2 及总能源消耗量。更进一步根据汽车实际运转过程中的理论能量消耗量及实际使用的燃料量（实际燃料消耗量），计算了汽车效率、综合效率或 CO_2 等温室气体（GHG）排放量，以此作为 WTW 的计算结果。

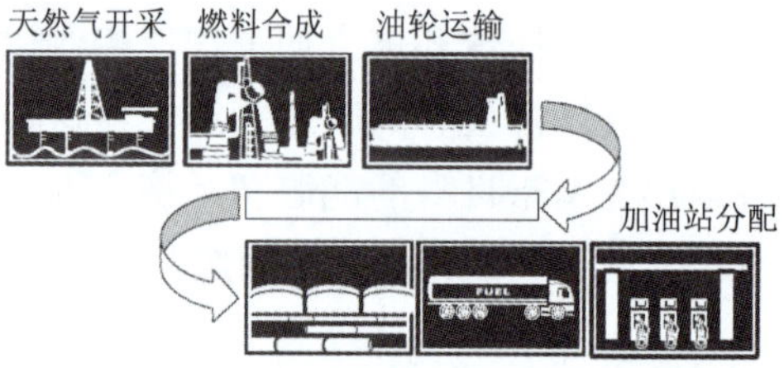

	投入能量* (MJ/MJ)	能量损失 $(MJ/MJ)_{FT\text{-}diesel}$	GHG排出量 $(g/MJ)_{FT\text{-}diesel}$
天然气开采	1.62	0.03	4.4
FT法合成燃料	1.62	0.59	18.4
油轮长途运送合成燃料	1.66	0.04	2.8
配送	1.68	0.03	1.6
合计	1.68	0.68	27.1

*：为生产放热量为1MJ的燃料所需原料量（能量换算）

图 4－4　WTT 的计算实例（以合成燃料为例）

另外，对于石油产品，相同的石油采用相同的精制设备，生产汽油和柴油等不同的产品，存在炼油厂的效率及 CO_2 排放量如何在各产品中分配以及选择何种方法的问题，这些对于最终的计算结果都会产生直接的影响。一般来说，存在产品的质量、产品的能量（放热量）及产品的商品价值（销售价格）3 种评价方法。这些对于其他方法也同样适用，明确这个前提是非常重要的。

欧洲具有代表性的 WTT 评价实例如图 4－5 所示。其他的研究实例参见文献[2]、[3]。

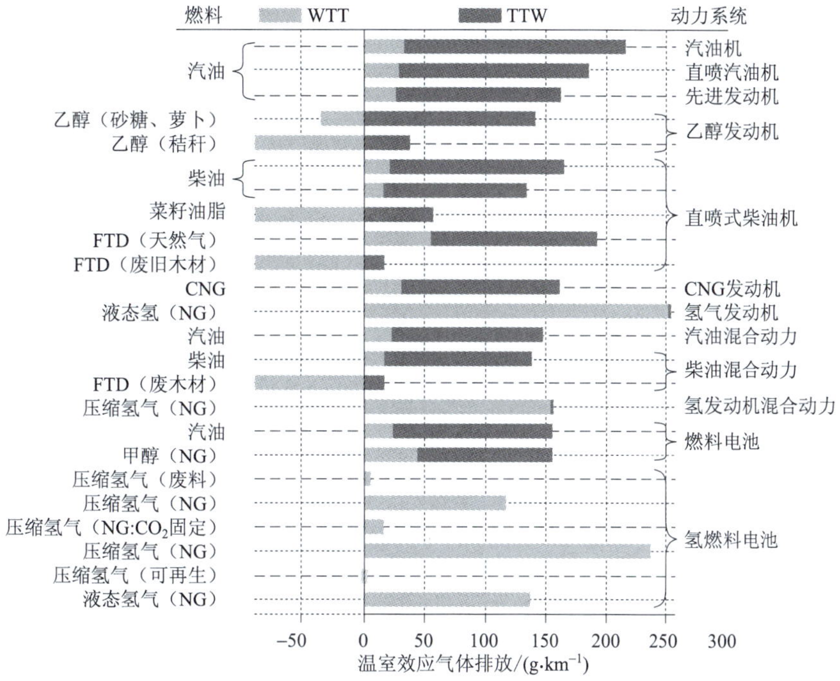

图 4－5　WTW 的评价结果实例

根据欧洲的评价结果，将从普通的石油中提炼出的汽油和柴油作为基准用以评价其他燃料，一般来说，从天然气和煤中制取合成的燃料，在燃料制造过程中（WTT）CO_2 的排放量比汽油多，对于生物质燃料，由于其原料本身能够将空气中的 CO_2 利用太阳能转变成碳氢化合物，有利于降低 CO_2 的排放。今后有可能经济地引入 CO_2 固化技术，届时这种评价方法将发生很大的变化，可是到目前为止，关于 WTW 的各种研究结果很少考虑 CO_2 的固化技术。

4.2.1　汽油

在 1930 年以前，汽油的制造方法，通常将原油经过蒸馏获得的轻质馏分直接作为汽油燃料，但是从目前来看，炼油厂都是运用各种化学反应和精制过程来生产汽油的，几乎不采用直接分馏的方法。石油精制过程如图 4－6 所示，主要是将直馏馏分改质成含有很多高辛烷值的成分，将重油在催化剂的作用下分解获得裂化汽油成分，以此作为汽油的主要成分。此外，各种汽油组成成分具有不同的特性，典型的汽油组成成分见表 4－1 所示。

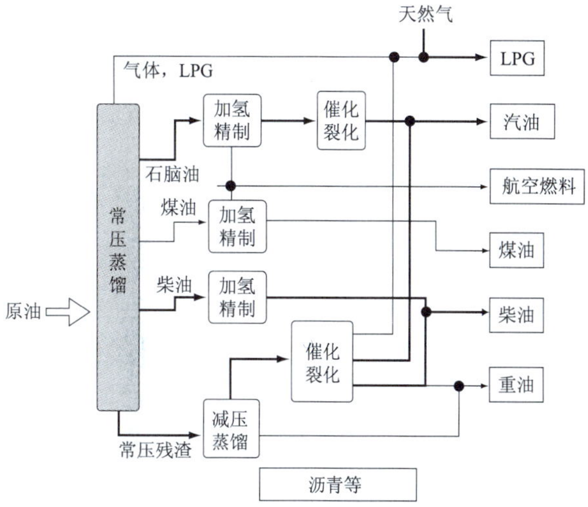

图 4－6　石油精制过程概要

表 4－1　各种汽油组成成分的典型特性

	密度	RON	MON	100 ℃蒸馏百分比（vol/%）	烯烃（vol/%）	芳香烃（vol/%）	硫
丁烷	595	95	91	100	0	0	0～2
热裂化	800	97	82	40	10	70	
轻质催化裂化	685	93	81	95	40	2	<30
催化裂化	750	90	79	55	30	30	100～200*
重质催化裂化	800	86	77	5	15	52	
高 RON 改质	820	100	88	20	0	65	<5
重质改质	845	108	96	0	0	85	<5
异构化	625	92	87	100	0	0	<5
烷基化	720	94	92	45	0	0	<10
轻质直馏	680	70	68	100	0	4	50～70
MTBE	745	114	98	沸点 55 ℃	0	0	<10
乙醇	794	110		沸点 78 ℃	0	0	<10

汽油特性及对汽车的影响：对于不同形式的燃料供给系统，汽油特性的影响存在一定差异，但是由于目前的汽车几乎不采用化油器式发动机，以下以主流的进气道汽油喷射（PFI）汽油机为主加以阐述。近年来燃料直接喷入燃烧室的直喷汽油机（GDI）不断发展，汽油特性对 GDI 汽油机的影响与 PFI 的影响存在一定差异，文中对此也加以必要的阐述。

(a) 辛烷值

在点燃式发动机中，在从着火点向远处的火焰传播过程中，远离着火点的区域（末端混合气区域）由于自燃产生不正常燃烧，通过压力波的传播，产生异常的敲击声，称为爆燃。辛烷值是作为评价汽油抗爆燃能力的一项重要指标。一般来说，由于辛烷值用以评价发动机混合气压缩自燃的难易程度，与评价柴油机压缩着火难易程度的十六烷值具有相反的特性（图 4－7）。从历史来看，发动机性能的提高总是伴随着辛烷值的提高，但是，燃料辛烷值与发动机性能、燃料消耗存在深层次的关联特性。20 世纪 80 年代以前，很多国家广泛地采用以铅为主要成分的四乙基铅等作为辛烷值改进剂，但目前由于排气中铅化合物的毒性以及对排气净化催化剂的恶化影响，除非洲以外几乎所有的国家都停止使用四乙基铅。无铅汽油的辛烷值一般来说取决于汽油制造过程中各种组分（表 4－1）的组合，但是一些国家采用金属系的辛烷值改进剂，以及在汽油中添加乙醇等含氧燃料。

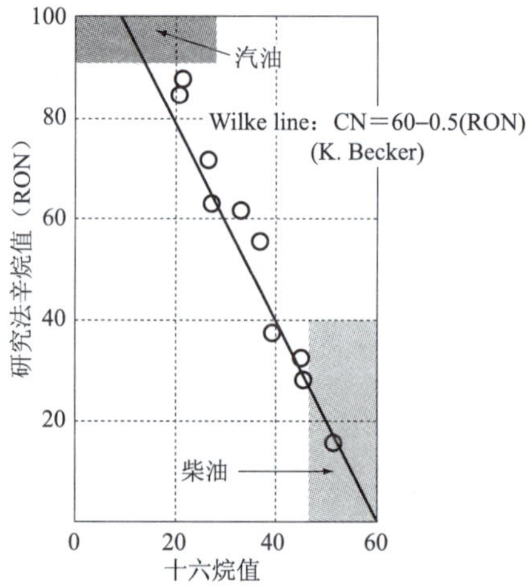

图 4－7　各种烃类燃料的辛烷值和十六烷值

另外，辛烷值的评价方法除了日本采用的研究法辛烷值（RON）以外，世界上广泛采用马达法辛烷值（MON）。RON 主要评价低速工况的抗爆性，MON 主要评价高速、高负荷工况的抗爆性。除此之外，还有很多种辛烷值的测定方法，但主要采用 RON 和 MON，其他方法应用很少。

最近，很多发动机都使用爆燃传感器，通过

爆燃的监测，提高发动机效率即降低 CO_2 排放的观点确定了辛烷值的重要特性。

（b）含硫量

汽油车通过催化转换器大幅度降低有害气体的排放，但是作为催化转换器的铂（Pt）、钯（Pd）等贵金属容易因硫化物而产生毒性。因此为了降低有害物的排放，必须降低硫含量，随着排放法规的不断严格，对汽油中硫含量的要求也在不断严格（图 4－8）。硫含量对目前普遍采用的三效催化转换器的影响如图 4－9 所示。在美国、欧洲和日本，关于硫含量对排放影响的试验研究，通常由政府资助，委托汽车行业和石油行业共同研究，比如 AQIRP、EPEFE、JCAP 等研究计划都是采用这种形式实施的。

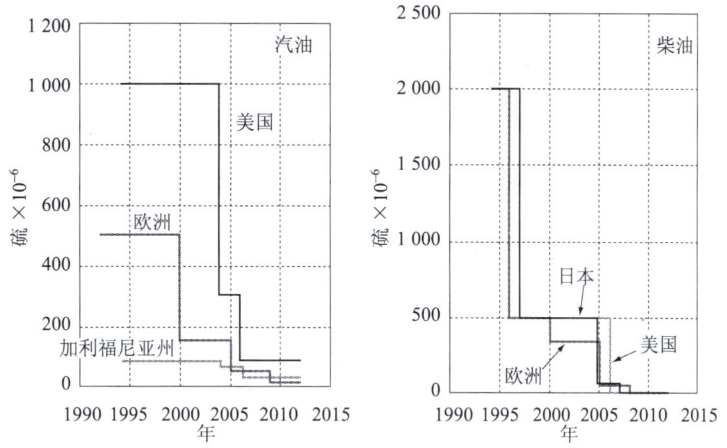

图 4－8　汽车燃料中硫含量限值的变化历程

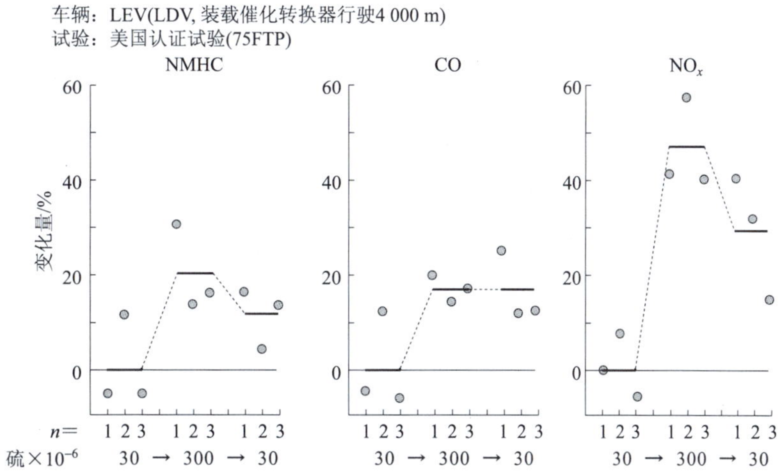

图 4－9　硫对三效催化转换器的影响

直喷汽油机，通过采用分层稀薄燃烧，有利于提高燃油的利用率，但是不能采用三效催化转换器，必须采用 NO_x 还原催化转换器。应用 NO_x 吸附还原型催化转换器的情况下，需要采用一次吸收 NO_x 的碱或碱金属（NO_x 吸附材料），但是与氮氧化合物相比，硫化物更容易被吸附，大大降低了 NO_x 吸附还原型催化转换器的效率，如图 4－10所示。因此，降低硫含量比三效催化转换器更重要。因此为减少硫化物的影响，催化转换器在运行过程中，通过采用适当的控制措施，定期地创造高温、还原环境去除硫化物，在这项工作尽管付出了很多努力，但是高温条件下将使催化转换器产生热劣化，同时为了创造还原环境，需要消耗一定量的汽油，导致燃油的使用率降低，因此希望尽量降低汽油中的硫含量。

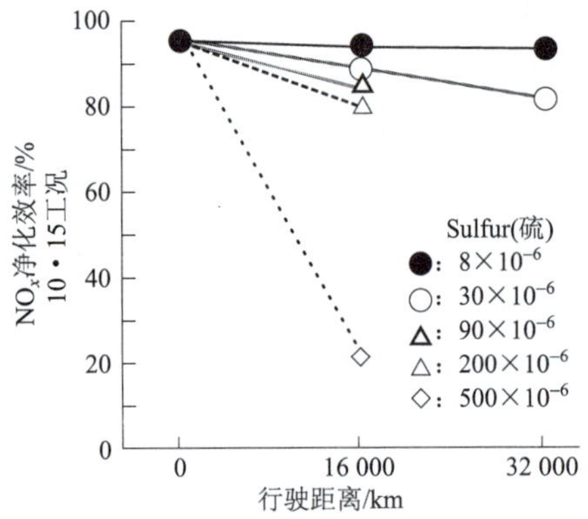

图 4－10　硫对吸附还原型催化转换器的影响

（c）挥发性（蒸馏特性、蒸汽压）

汽油的挥发性用蒸馏特性和蒸汽压来定义。汽油蒸汽压采用 RVP（Reid Vapor pressure）方法。它不代表汽油的绝对蒸汽压，而是大气压的相对值。为使汽油完全燃烧，需要空气与气态的汽油均匀混合，汽油的挥发性对于发动机的排放和运转有着非常重要的影响。例如，在冬季为改善低温启动性，需要高的蒸汽压，在夏季等高温运转条件下，过高的挥发性将使燃料系产生气阻，引起高速运转后再启动性的恶化。汽油的挥发性随季节不同有不同的特性。因此，挥发性的标准因地域、季节有不同的规定。另一方面，蒸馏特性对于发动机暖机过程中的 HC 排放有很大影响。特别是对 50% 馏出温度的影响很大，它是与排放有关的重要指标（图 4－11）。此外，由于蒸馏特性对于高温再启动性能及汽车性能有很大影响，美国 ASTM 规定了根据蒸馏特性计算的驾驶性能评价指标 DI 值（Driveability Index）。关于 DI 对运转性的影响进行了很多研究，CRC（Coodinate Research Council）已经实施的代表性的结果如图 4－12 所示。对应的评价指标见表 4－2，包含了运转故障点数的综合统计及加速不良的各种现象。

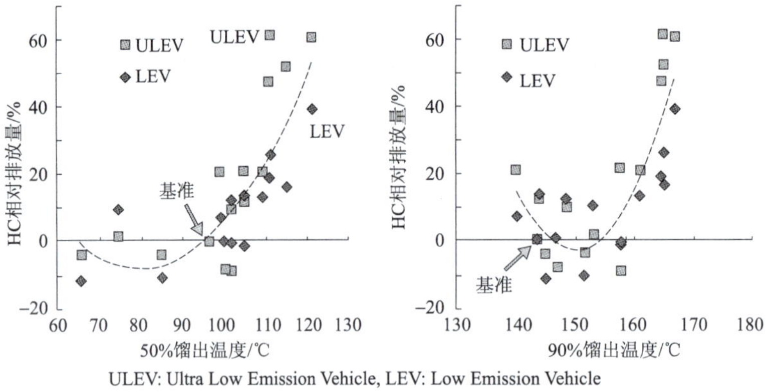

图 4－11　蒸馏特性对 HC 的影响

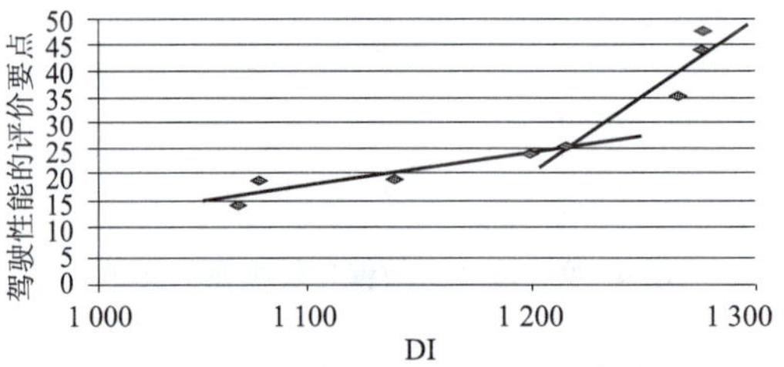

图 4－12　运转性能与汽油挥发性（CRC）

表 4－2　CRC 的驾驶性能评价要点

运转方法	发动机停止	极端	重大	中等	跟踪	无问题
缓慢加速	50	16	8	4	2	0
中等程度加速	100	32	16	8	4	0
全负荷加速	100	32	16	8	4	0
连续加速	50	16	8	4	2	0
混合工况运转	50	16	8	4	2	0

续表

怠速不稳定	极端	重大	中等	跟踪	无问题
	8	4	2	2	0

怠速时发动机停止	停车时	启动后	其他怠速工况
	7	28	1

启动性问题	不能启动	启动困难	
	25	$(t-1)\times5$	t：启动时间

(d) 碳氢成分

汽油是数百种碳氢化合物的混合物，大致分为以下3种。

① 饱和碳氢化合物。

② 不饱和碳氢化合物：分子内含有双键结合。

③ 芳香族碳氢化合物：分子内含有苯环结构。

各种成分具有不同的特性，综合表现了汽油的特性。一般来说，饱和烃辛烷值较低但其负面影响较小。不饱和烃化学性质不稳定，与氧反应具有生成活性氧、有机酸、沉积物的可能。另外，研究法辛烷值（RON）和马达法辛烷值（MON）差值具有增大的倾向，在高速、高负荷运转工况较多的欧洲非常重视。芳香烃的辛烷值一般较高，是无铅高辛烷值汽油不可缺少的成分，但芳香烃含量过多，将导致积碳问题。因此汽油的各种碳氢成分具有互补性。

(e) 其他

除碳氢成分以外，汽油中往往混有乙醇、乙醚等含氧燃料，对汽油特性有很大影响。应用较多的是乙醇燃料，作为农业大国的巴西和美国等国家都采用添加比例为10% ~20% 的乙醇汽油。乙醇对汽油的挥发性有很大影响，由于乙醇的蒸气压较低，与汽油的碳氢成分发生共沸现象，即使少量添加乙醇也将对燃料的蒸汽压产生较大影响，如图4-13所示。另外，乙醇容易吸收水分，对燃料系的金属材料产生腐蚀，对橡胶等其他材料也有一定影响，如图4-14所示，在使用过程中，需要对汽车零部件及材料采取相应的措施。

另外，蒸馏特性、蒸汽压等影响燃料挥发性的一些因素，将对排放产生影响，应当加以重视。从这点来看，乙醚不容易产生共沸现象，对材料及汽车性能的负面影响较小，并且辛烷值较高。只是汽油中较多的混合乙醚类燃料如MTBE，将使臭气大大增加，并且很难自然分解，因此在储存汽油的地下库发生泄漏的情况下，将引起地下水污染。基于以上原因，美国，特别是加利福尼亚州，禁止使用乙醚与汽油混合。可是，欧洲除部分国家以外认为乙醚自身毒性很低，认为不必担心地下储存库泄漏的问题，今后也将长期使用。此外，MTBE的原料是甲醇和异丁烯，乙醇

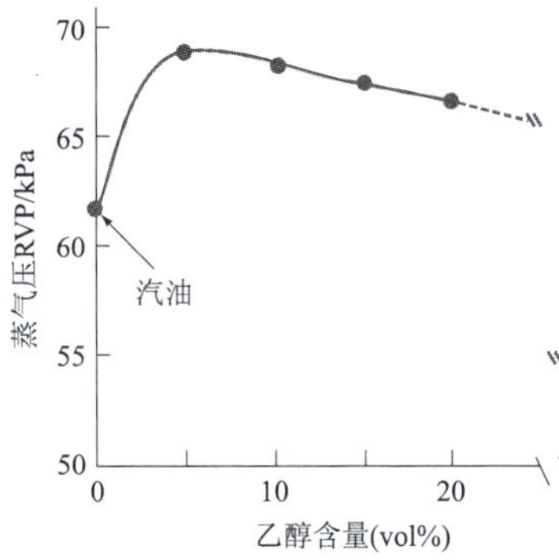

图4-13 乙醇汽油混合燃料蒸汽压特性

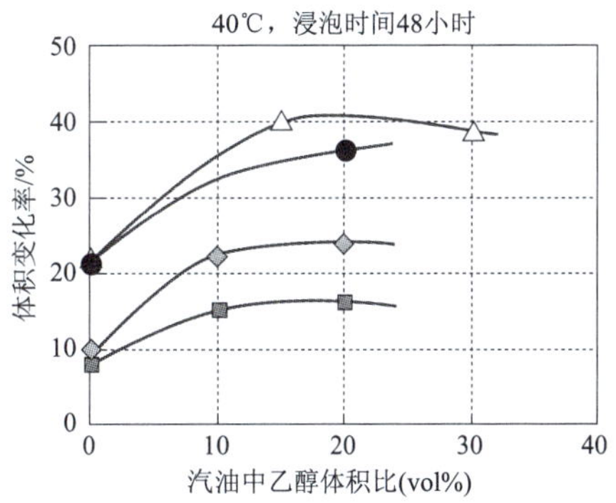

图4-14 乙醇对橡胶件的影响

◇二元氧化橡胶；■三元氧化橡胶；△NBR；●HNBR

和异丁烯反应可以制造 ETBE，而乙醇来源于生物质原料，与汽油相比，可降低 CO_2 排放，并且辛烷值较高，如果解决了制造成本问题，则可以作为汽油优良的混合成分。

4.2.2 柴油

在日本，作为和柴油相似的石油制品，有灯油、A 重油和柴油，统称为中间三品或中间馏分，其他国家的分类方法与日本有所不同。在 JIS 规定中，柴油在日语中原名为“轻油”，英文名为“diesel fuel”，是来源于石油的柴油燃料。

柴油的制造方法有很多，最基本的是通过石油蒸馏和脱硫工艺来制造，如图 4－6 所示。可是随着近年来汽车用燃料消耗量的增加，石油的重质成分裂解制造的裂化柴油都被各国用作汽车燃料。这种裂化柴油除了加氢裂化柴油以外，十六烷值较低，影响了柴油的特性，因此其添加比例受到限制。在欧洲，采用菜籽等生物质原料制造的植物油与甲醇反应制造出生物柴油，将生物柴油与普通石油柴油混合使用的趋势逐渐增加。另外，广泛采用将生物质原料汽化后合成燃料的方法制造 FT 合成油，并且与柴油混合使用。

柴油的各种特性往往不是独立的，存在很大的相互影响关系。例如十六烷值与 HC 成分组成及蒸馏特性具有很大的相关性，另外，硫含量的降低，将直接影响到 HC 成分组成和润滑性。

(a) 十六烷值、十六烷指数

由于柴油机工作是将燃油与空气的混合物通过绝热压缩使其自燃着火，因此要求柴油具有在尽可能低的温度下自燃着火的性能。柴油的着火性用十六烷值来表示，在单缸试验柴油机上，将试验燃料与正十六烷和 α－甲基萘的混合物相比较，在着火性能相同的情况下，将混合物中正十六烷的容积百分数作为试验燃料的十六烷值。由于十六烷值测试用发动机（CFR 发动机）的燃烧室为具有副燃烧室的老型发动机（图 4－15），是否能够正确表征新型直喷式柴油机的着火性还存在疑问。但是这种试验方法是在世界范围内广泛采用的标准化方法，作为表征柴油着火性的重要的唯一指标。为精确测试十六烷值，需要花费很多费用和时间，为此美国 ASTM 应用大量的试验数据统计，提出了通过与十六烷值相关的蒸馏特性等计算十六烷指数的方法，计算公式如图 4－16 所示。十六烷指数基本与十六烷值具有大致相同的数值，但随燃料组分的不同存在很多不适用的情况，只能作为参考指标，但是日本以及很多国家都正式规定了十六烷指数评价指标。此外十六烷指数不考虑十六烷值改进剂等添加剂的作用。

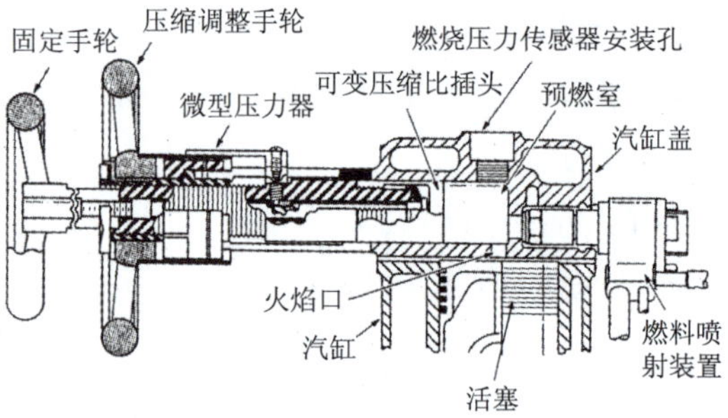

图 4－15 十六烷值测定用 CFR 发动机结构

$$
\begin{aligned}
\text{十六烷指数} = & 45.2+(0.0892)(T_{10N}) \\
& +[0.131+(0.901)(B)][T_{50N}] \\
& +[0.0523-(0.420)(B)][T_{90N}] \\
& +[0.00049][(T_{10N})^2-(T_{90N})^2] \\
& +(107)(B)+(60)(B)^2
\end{aligned}
$$

这里，$B=[\exp(-0.035\,D_N)]-1$

$D_N=D-850$

$D=D_1\times 1\,000\,(\mathrm{kg/m^3})$

D_1：15℃密度（$\mathrm{g/cm^3}$）

$T_{10N}=T_{10}-215$

$T_{50N}=T_{50}-260$

$T_{90N}=T_{90}-310$

T_{10}：10 vol.%馏出温度（℃）

T_{50}：50 vol.%馏出温度（℃）

T_{90}：90 vol.%馏出温度（℃）

图 4－16 十六烷值数计算公式

十六烷值对于寒冷地区的汽车启动性、白烟（不完全燃烧）、大型汽车的 HC 和 CO 排放有很大关系（图 4－17）。十六烷值与芳香烃含量具有很大的相关性，如图 4－18 所示，为十六烷值与芳香烃含量的关系。

(b) 蒸馏特性和密度

蒸馏特性和密度是柴油的重要特性。如前所述，通常柴油是通过原油蒸馏获得的，因此如果原油的种类不变，一般情况下柴油的特性只是由蒸馏特性决定。只是在最近石油产品当中的汽车燃料等轻质馏分比例提高的情况下，只靠直馏馏分很难满足需要，应用裂化柴油等其他原料的情况逐渐增加。

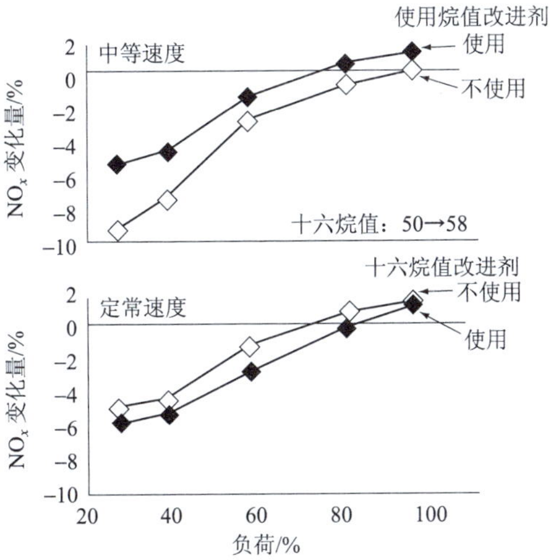

图 4－17　十六烷值对排放的影响

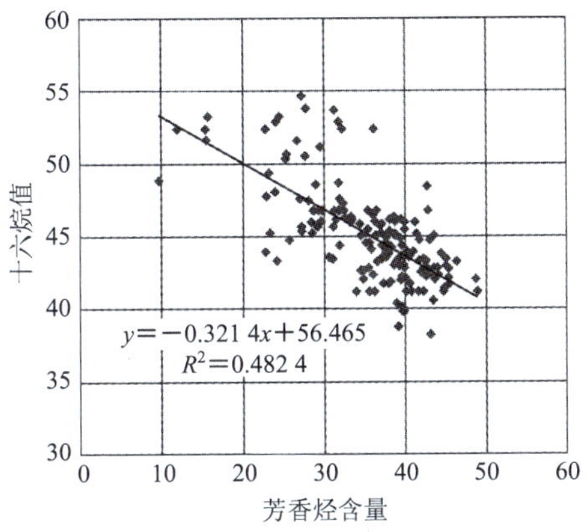

图 4－18　十六烷值与芳香烃含量的关系

从排放方面考虑，柴油馏分越轻，微粒排放越少。主要原因是柴油馏分越轻，影响微粒生成的多环芳香烃等成分减少所造成的。只是伴随着蒸馏特性的轻质化，柴油的密度也有所降低，因此容积当量的燃油经济性有恶化的趋势。蒸馏特性与密度和 HC 组分密切相关。

(c) HC 组成

柴油成分特别是芳香烃含量对微粒排放有重要的影响，2 环和 3 环等多环芳香烃的影响更大，因此欧洲的一些国家都规定了多环芳香烃的含量。

(d) 动力黏度及润滑性

目前燃料直接喷射系统已成为主流，动力黏度在各方面具有极其重要的特性。蒸馏特性与燃料的 HC 组分具有很大的相关性，从降低排放的观点来看，适当的动力黏度是柴油必备的特性。柴油机燃料喷射泵呈现高压化的趋势，对于小型柴油机主流的转子式喷油泵和最新的共轨式喷油系统在很多情况下都需要应用燃料润滑，所以燃料黏度是非常重要的。但是随着燃料低硫化的要求不断加强，在脱硫过程中往往将原油中的润滑成分脱出，因此只保持黏度常常使润滑性不足，必须应用润滑性改进剂。

此外，由于燃料喷射量也受到黏度的影响，因此使燃料黏度保持在一定范围内也是非常重要的。

(e) 硫含量

以前的柴油机基本不采用催化转换器等后处理装置，但是未来后处理装置越来越重要。燃料中的硫含量对催化转换器等后处理装置的影响非常大，因此各国都强烈要求降低柴油的硫含量。汽油机的主流后处理装置是三效催化转换器，但是柴油机由于自身采用稀薄混合气燃烧，低排放柴油机必须采用 NO_x 催化转换器。柴油机使用的 NO_x 催化转换器主要有以下两种类型。

① NO_x 吸附还原性催化转换器。

② 通过尿素还原 NO_x（在排气中添加尿素水还原 NO_x）。

前者基本与汽油机的 NO_x 吸附还原型催化转换器相同，NO_x 的净化效率较高，不需要特殊的输送装置和电解装置，但由于受硫含量的影响较大，必须采用除硫控制或不含硫的燃料。此外，硫含量对添加尿素的 NO_x 还原催化转换器的影响虽然没有那么大，但是也需要尽量减少硫含量。

(f) 各种柴油添加剂

在柴油中必须添加各种添加剂，如低温流动性改进剂、氧化防止剂等，即使添加少量的添加剂也将对排放和燃油消耗产生直接的影响，对于低硫燃油必须添加润滑性改进剂，一部分柴油还要添加清洁剂等，不仅对耐久性和可靠性具有很好的效果，对燃油消耗和排放的变化也有很大的影响。未来的柴油采用各种添加剂是必需的。目前来看，与汽油相比，柴油的国际通用试验方法和标准的制定相对较晚，随着柴油机技术的进步和国际化要求的不断提高，必须深入考察添加剂的品质和性能以及柴油的品质，以确定正确的评价试验方法。

其中关于直喷式柴油机最重要的喷油器清洁性，欧美已经制定了一些标准，汽车企业也已推荐使用（喷油器清洁性 WWFC：20）（表 4－3）。

表 4－3　柴油机燃料添加剂的种类

添加剂的种类	主要作用	常用试验方法
喷油器清洁剂	保持喷油器的清洁	CEC Peugeot XUD－9 试验 Cummins L10 试验
金属抗腐蚀剂	防止燃料系腐蚀	ASTM D－665
乳化防止剂	防止水分混入	ASTM D－1094
十六烷值改进剂	通过改善着火性，提高启动性，降低噪声	ASTM D－613 十六烷值测定试验
润滑性改进剂	防止低硫燃油润滑性降低	HFRR 试验 CEC F－06－A96
低温流动性改进剂	防止低温下脱蜡，降低流动性	CFPP 试验 EN116
防氧化剂	防止燃料氧化劣化，确保储存的稳定性	ASTM D2274

（g）其他指标

关于柴油性能还有很多的评价指标，这些指标对于确保柴油车的可靠性非常重要。以下列举了一些 JIS 规定的与环保性能直接相关性较小的项目。

① 低温流动性（JIS K2288）：柴油中的石蜡成分将使低温流动性恶化，引起燃油滤清器堵塞等问题。低温流动性能常用凝点和冷凝点评价，通过试验方法确定。

② 闪点（JIS K 2265）：闪点是与储存时的安全性相关的评价指标，对汽车性能影响很小。

③ 残炭量（JIS K 2270）：残炭量是与燃烧产物的沉积物生成相关的评价指标，随重质油含量的增加而增加。

④ 氧化稳定性，全氧化（ASTM D 2274，D 974）：如前所述，直馏柴油氧化稳定性较好，但是随着裂化柴油的混合量逐年增加，氧化稳定性存在恶化的趋势。以往为评价柴油本身的储存稳定性，设定了氧化稳定性的评价指标，但是最近伴随着柴油机燃油喷射的高压化，温度不断提高以及氧化稳定性不好的生物柴油的混入等，考察氧化稳定性对于新型发动机的影响至关重要。

⑤ 杂质和水分（JIS K 2275）：一般认为杂质和水分往往是在运输过程中混入的。对于汽油来说，由于蒸汽压力较低，外界温度变化容易引起油箱内部结露，柴油的杂质和水分混入量通常比汽油多。一方面，柴油机采用精密度较高的燃油喷射泵，受杂质和水分的影响较大，通常使用大型的滤清器和油水分离器。但是细小的杂质难以通过滤清器除去，应避免在燃料制造和运输过程中混入杂质和水分。

4.2.3　液化石油气（LPG）

LPG 特性和汽车：在日本，LPG 主要应用在出租车上，其他国家 LPG 车也很多，但几乎都采用汽油/LPG 双燃料车。LPG 主要是应用天然气的伴生气，在石油精制过程中包括两种，主要组成成分是丙烷和丁烷。典型的 LPG 标准见表 4－4。在日本 JIS 规定了汽车用 LPG 的标准，但 LPG 协会又制定了自己的标准。作为代替柴油的低排放车虽然受到很多指责，但与其汽油机的排放性能几乎没有差异。

表 4－4　汽车用 LPG 标准

<table>
<tr><th colspan="2" rowspan="2"></th><th colspan="4"></th><th rowspan="2">硫含量</th><th rowspan="2">蒸汽压</th><th rowspan="2">密度</th><th rowspan="2">铜板腐蚀</th></tr>
<tr><th>乙烷＋乙烯</th><th>丙烷＋丙烯</th><th>丁烷＋丁二烯</th><th>丁二烯</th></tr>
<tr><td colspan="2">种类</td><td colspan="4">mol/%</td><td>质量%</td><td>MPa（40 ℃）</td><td>g/cm^3</td><td>（40 ℃，1 h）</td></tr>
<tr><td rowspan="4">2 种</td><td>1 号</td><td rowspan="4">—</td><td>＞90</td><td>＜10</td><td rowspan="4">—*</td><td rowspan="4">＜0.02</td><td rowspan="2">＜1.55</td><td rowspan="4">0.5～0.62</td><td rowspan="4">＜1</td></tr>
<tr><td>2 号</td><td>＞50
＜90</td><td>＜50</td></tr>
<tr><td>3 号</td><td>＜50</td><td>＞50
＜90</td><td>＜1.25</td></tr>
<tr><td>4 号</td><td>＜10</td><td>＞90</td><td>＜0.52</td></tr>
<tr><td colspan="10">注：* 指对于汽车用以外的情况根据使用目的不同不加严格限制</td></tr>
</table>

4.2.4　其他燃料（CNG，合成燃料，生物燃料）

对于未来的燃料，与现有的柴油和汽油相比，人们存在各种疑问。下面总结一下世界主要石油和汽车企业共同发表的 WBCSD 关于未来可持续发展的运输手段的讨论评价结果。

（a）CNG

CNG 是将天然气压缩后储存在高压罐中搭载于汽车上的一种燃料，很多国家为了降低微粒排放，将其作为柴油车的替代燃料。与柴油机相比可有效降低以微粒为主的排放污染物，但是对于排量和质量相当的柴油车来说，由于受搭载量的限制，续航里程有限，同时实现天然气的高压压缩需要增加额外的成本，因此主要在城市等限定区域内使用。

（b）合成燃料

① 甲醇：甲醇作为燃料具有高辛烷值、不含硫等优点，但是也具有腐蚀性、毒性、对橡胶和塑料件产生不良影响、沸点低等缺点。一般从综合的技术方面来看，不适合作为汽车燃料。20 世纪 90 年代，由于各国都认为甲醇具备作为未来清洁燃料的可能性而作为国家规划加以推行，但结果表明，由于甲醇具有腐蚀性、热容量低，对于汽车来说，需要更新燃料供给系统，随着柴油机低排放技术的发展，甲醇的优势越来越不明显，目前这种大规模推广的国家计划逐渐缩小或中止，几乎没有实用化的预测。可是从燃料电池所用的燃料和能源的安全保障方面来看，考虑到煤炭有效利用所必需的工序，确立合成燃料生产工艺，今后从长远来看，甲醇作为汽车燃料的优点可能逐渐显现。

② 二甲基乙醚（DME）：DME 常温常压下为气体，辛烷值低不能像乙醇那样在汽油机上使用，十六烷值与现有的柴油基本相当，作为柴油的替代燃料备受关注，能够克服柴油机冒烟的最大缺点，从降低排放的观点，人们正在进行专用发动机开发。可是从 DME 的理化特性方面考虑，不适合在通常的柴油机上使用，以燃料系为中心的改进是必要的。DME 发动机如图 4-19 所示。

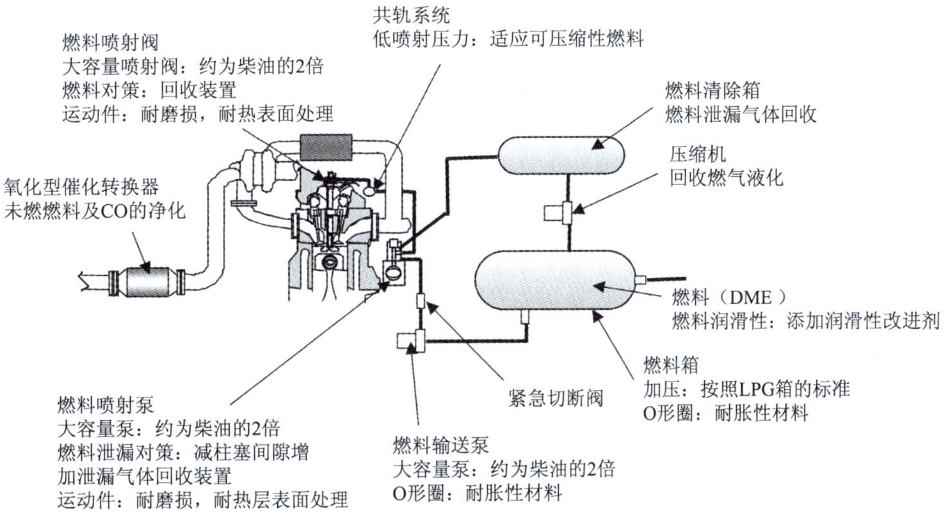

图 4-19　DME 发动机

③ 合成柴油（FTD）：将天然气等转换为氢和一氧化碳的混合气（合成气）后，通过费托反应合成直链的 HC 化合物，进一步提取柴油燃料成分，用该反应的名字命名为 FTD。有时将由天然气制取的柴油称做 GTL。从原理上来说，除天然气以外，包括煤、重质油和生物质等所有含碳的原料都可以作为制造原料，FTD 的特性与现有的柴油基本相同，并且不含硫和芳香烃成分，十六烷值高，作为柴油燃料具有非常好的特性（表 4-5）。与普通柴油相比，FTD 柴油的微粒排放

特性，即使在发动机不改造的情况下也能大幅度降低（图 4－20），通过开发专用的发动机，还具有大幅降低排放的潜力。根据原料不同，分别称为 GTL（天然气为原料）、CTL（煤为原料）、BTL（生物质为原料）等，合成的 FTD 尽管原料不同，但具有大致相同的特性和合成燃料制造工艺（图 4－21）。分子量分布也基本是以直链烃类成分为主的混合物，不光是原料，随着制造工艺的不同其特性也将存在一定差异。

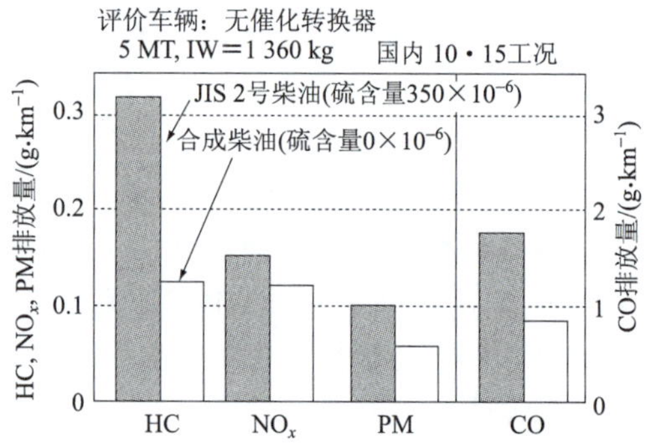

图 4－20 FTD 对于排放的影响

表 4－5 合成柴油 FTD 的主要特性

特性指标	单位	合成燃料 FTD	日本轻柴油（JIS#2）	瑞典柴油 Class1	特性指标	单位	合成燃料 FTD	日本轻柴油（JIS#2）	瑞典柴油 Class1
密度（15 ℃）	g/cm³	0. 782 6	0. 833	0. 816 7	30% 馏出温度	℃	274. 5	253	222
黏度（30 ℃）	mm²/s	4. 145	3. 496	2. 43	50% 馏出温度	℃	292	277	240
十六烷指数（JIS）		93. 2	56	53	70% 馏出温度	℃	308	300	251
硫含量	×10⁻⁶	<1	350	<2	90% 馏出温度	℃	327. 5	333	270. 5
芳烃含量	vol%	0	26. 7	3. 9	终馏点温度	℃	338. 5	360	285
初馏点	℃	170. 5	174	183. 5	低温流动性	℃	0	－7. 5	－31
10% 馏出温度	℃	257	216	208	低热值	MJ/kg	43. 52	42. 95	43. 1

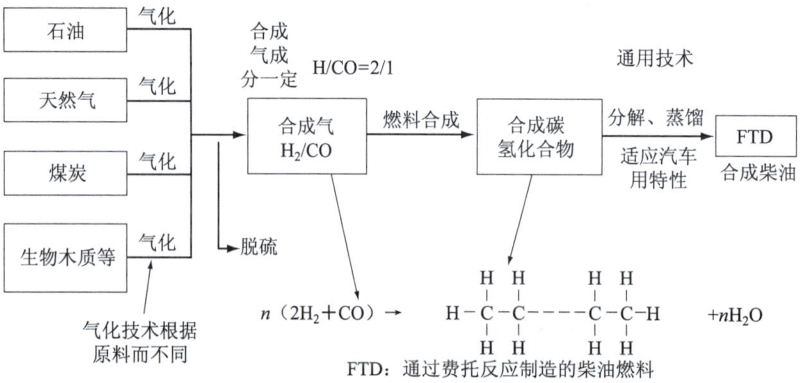

图 4－21 合成燃料制造工艺流程

一般来说，FTD 不仅有称作 GTL、CTL、BTL 的情况，由于也包括 DME 和甲醇，在用语的使用上需要注意。

④ 氢：氢具有多种制造方法（图 4－22），同电力一样所有的一次能源都有制造氢的可能。以氢为原料，利用燃料电池发电，通过电动机驱动动力机械，比内燃机具有更高的效率，并且排放极低，氢有待于成为未来清洁的动力源燃料。由于原料和制造工艺不同，制造过程（WTT）中产生的 CO_2 排放量存在很大差异。由于情况不同，对于原始的制氢方式，不可能完全解决影响地球环境的 CO_2 排放问题，但是利用完全不产生 CO_2 的自然资源（太阳能电池、风力）以及通过原子能使水电解/热分解的方式制造氢，对于未来降低 CO_2 是很有希望的。

⑤ 煤直接液化制油：将煤和氢直接反应，液化后的物质采用同石油精制工艺相同的设备生产燃料油，在 20 世纪 80 年代以后进行了大量的研究。一般来说这种燃料含芳香烃较多，并且烯烃等不稳定物质也较多，燃料特性不好。但是，煤

炭资源丰富的国家仍在继续进行研究。这和前面讲述的通过合成气的方法制造燃料的煤炭间接液化法有所区别。

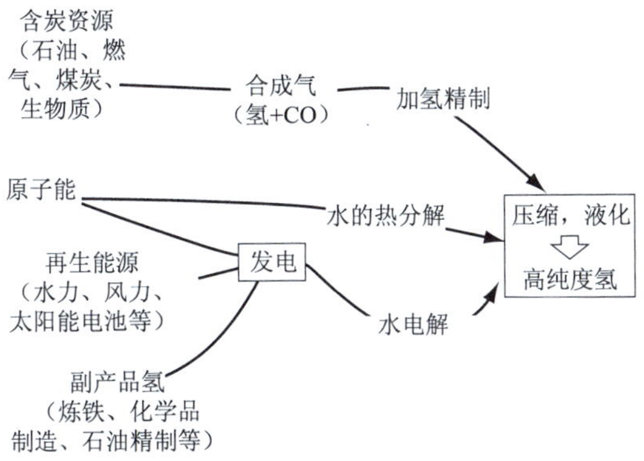

图4－22　氢的制造流程实例

（c）生物质燃料

① 乙醇：目前主要是采用谷物、甘蔗等含淀粉和糖分的原料经过发酵制造乙醇。作为汽车用要求纯度在90%～95%以上，特别是与汽油相混合的情况下，为防止分层必须除去水分，要求乙醇纯度在99%以上（表4－6）。乙醇的辛烷值较高，适合于作为汽油机用燃料。有研究表明，乙醇与柴油混合或溶解成的稳定的乳胶状态也能够使用。

表4－6　乙醇燃料标准（巴西标准摘录）

特　性	单位	无水乙醇	含水乙醇
全氧化（醋酸）	mg/L	<30	<30
导电率	μS/m	<500	<500
盐酸	mg/kg		<1
硫化物	mg/kg		<4
密度（20 ℃）	kg/m³	<791.5	809.3±1.7
难挥发性成分（105 ℃）	mg/L	<30	<30
铜	mg/kg	<0.07	
铁	mg/kg		<5
钠	mg/kg		<2
酸碱度	pH		7.0±1.0
乙醇含量	°INPM	>99.3	93.2±0.6

乙醇完全是空气中的CO_2通过植物转化成的物质，乙醇在汽车中燃烧产生的CO_2可以通过大气的自身循环得以消除，具有抑制环境中CO_2增加的效果。但是，乙醇在制造过程中需要消耗各种石油燃料，也将排放CO_2，降低了对CO_2吸收的效果，因此需要进行科学的、工业化的详细评价。目前，传统发酵的难点是从纤维素到乙醇的制造方法的研究，如果该技术得以实用化，将大大改善生物乙醇的供应量和成本。

对于工业采用的由天然气和石油制造乙醇的方法，从CO_2排放的角度来看比汽油要差，作为汽车使用没有意义。

② 植物油脂（FAME）：欧洲采用菜籽油、葵花油，东南亚采用棕榈油，美国采用大豆油为原料进行使用。这些植物油本身的黏度和溶点较高，通常很难作为汽车燃料，因此需要将植物油与甲醇经过脂化反应，降低黏度后使用。此外，也有将废弃的食用油作为原料在部分地区使用，由于原料不同而其成分有所不同，图4－23为生物柴油燃料成分，表4－7为生物柴油燃料标准。对于天然气原料油，氧化稳定性不好，作为汽车燃料在使用中必须添加氧化防止剂。

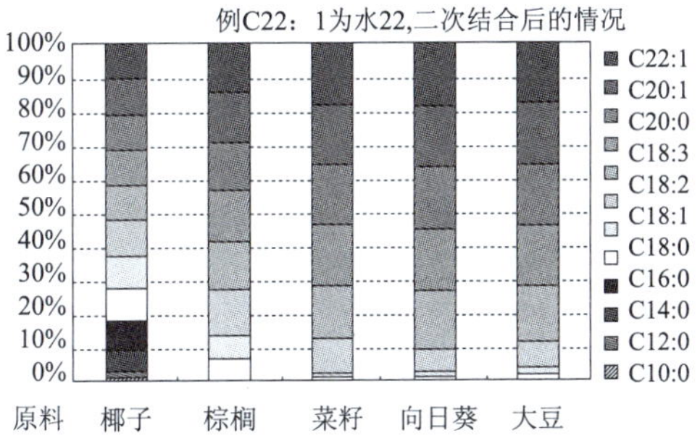

图4－23　植物油脂的组成成分

③ 生物合成柴油（BTL）：在前面介绍的合成燃料中已经介绍了生物合成柴油，下面简要探讨将生物质能转换成合成气之后，以FTD为主的各种燃料的合成方法。一般来说在采用化石原料（煤、天然气）合成燃料的情况下，在燃料制造过程中都将产生CO_2，目前多用于制造汽油和柴油。如果由生物质能源制造合成燃料，将生物质从大气中吸收的CO_2通过燃烧又释放到大气中，因此能够将CO_2的WTW降低到最小程度。由生物质制造的合成燃料FTD，由于其具有较好的汽车燃料特性，作为未来的汽车用燃料具有非常好的发展前景。只是目前来看制造成本问题很大，还没有达到商品化的程度。

表 4－7　欧洲生物柴油燃料标准（摘要）

指　标	单位	EN14214		试验方法
		最小值	最大值	
脂含量	%（m/m）	96.5	—	EN 14103
密度（15 ℃）	kg/m^3	860	900	EN ISO 3675
黏度（40 ℃）	mm^2/s	3.5	5.0	EN ISO 3104
着火点	℃	120	—	pr EN ISO 3679
硫含量	mg/kg	—	10.0	pr EN ISO 20846
10% 残炭量	%（m/m）	—	0.3	EN ISO 10370
十六烷值		50.1		EN ISO 5165
硫酸盐含量	%（m/m）	—	0.02	ISO 3987
水分	mg/kg	—	500	EN ISO 12937
杂质	mg/kg	—	24	EN 12662
铜板腐蚀（3 小时 50 ℃）	评价等级	Class Ⅰ		EN ISO 2160
抗氧化性	小时	6.0	—	EN 14112
酸性	mg KOH/g		0.5	EN 14104
溴值	g indine/100g		120	EN 14111
亚麻酸甲酯	%（m/m）		12.0	EN14103
高分子甲酯（四链以上双键结构）	%（m/m）		1	
甲醇	%（m/m）		0.2	EN14110

4.2.5　燃料与环境

20 世纪 90 年代，以改善城市大气污染为主的环境问题受到人们的普遍关注，降低汽车排放污染物成为重要的研究课题。为此，汽油机通过使用低硫汽油及各种先进的技术实现了极低的排放指标。但是，柴油车对环境的影响仍然很大，需要进一步加以改善，届时将有必要采用清洁的合成燃料等高品质燃料。

目前的重点不光是改善大气质量，也急需降低以 CO_2 为主的影响地球环境的温室气体排放。对于汽车来说，虽然降低 CO_2 排放的直接手段就是改善燃油的经济性，但是包括燃料制造过程在内的整个生命周期内降低 CO_2 排放也是必须考虑的。基于这种观点，未来的燃料和动力系统最佳组合的讨论也日益活跃。应该不断地研究以经济性为代表的影响 CO_2 排放的重要因素，综合确立未来的环境、燃料及动力系统相互协调的方法。

以下列出了各种汽车用燃料的基本特性及各国的燃料标准。其中表 4－8 为各种汽车用燃料的基本特性，表 4－9 和表 4－10 为日美欧的燃料标准，表 4－11 为燃料热量换算表。

表 4－8　各种燃料的典型特性

燃料名称	单位（＊单位）	密度 kg/L kg/Nm^3	低热值 MJ/kg (MJ/Nm^3)	单位燃料 CO_2 排放量		十六烷值	辛烷值	沸点范围 /℃
				$g\text{-}CO_2/MJ$	$kg\text{-}CO_2/kg$ $(kg\text{-}CO_2/Nm^3)$			
石油	原油	0.854	42.7	72.7	3.1	45～60	90～100	
							＜80	
	汽油	0.729	43.8	72.4	3.17		0～200	
	煤油	0.795	43.8	72.1	3.16		140～280	
	柴油	0.833	43.6	72.8	3.17		150～400	

续表

燃料名称	单位（*单位）	密度 kg/L kg/Nm^3	低热值 MJ/kg（MJ/Nm^3）	单位燃料 CO_2 排放量 g-CO_2/MJ	单位燃料 CO_2 排放量 kg-CO_2/kg（kg-CO_2/Nm^3）	十六烷值	辛烷值	沸点范围/℃
LPG		0.563	45.8	66.1	3.03		95	-42
天然气	LNG	0.717 3	49.1	56.4	2.77		130	-162
	城市燃气13A	（*）0.847	（*）41.5	56.9	（*）2.36			
合成燃料	FT 柴油	0.783	43.8	70.76	3.10	>70		150~400
	DME	0.667	28.9	66.50	1.91	-55	-25	
	甲醇	0.796	19.9	69.10	1.38		107	65
	ETBE	0.750	35.2	71.43	2.51		117	71
	MTBE	0.740	35.2	68.68	2.42		118	55
生物质燃料	乙醇	0.794	26.8	71.28	1.91		108	78
	生物柴油	0.890 0	36.8	76.20	2.80	46~70		
氢	气态	0.089 9	10.8	0.00	0			
	液态（@20k）	0.070 8	120.0	0.00	0		410~930	-253

注：数据来源于平成15年（2003年）“JHFC综合效率检测结果”中期报告书。十六烷值是未来市售商品的代表值。
http：//www.jhfc.jp/topics/pdf/h15houkoku.pdf
平成15年（2003年）“JHFC综合效率检测结果”中期报告书，平成16年3月。
JHSC综合效率检测特别委员会，财团法人日本汽车研究所

表4-9　各国汽油标准（摘要）

指标	单位	美国 ASTM D-4814	美国 加利福尼亚州 Phase 3	欧洲 EN228/99 A系列（Euro 3/4）	日本 JIS R/P
密度	g/cm^3			0.725~0.775	
辛烷值					
RON				（R）91/95（P）	89/96
MON				（R）81/85（P）	—/—
AKI		87/89/91+			
蒸气压（RVP）	kPa	54~103	S：44~50	S：最大60	S：最大65（05-）
蒸馏特性	℃				
T10		50/70 max			最大70
T50		77~110/121	最大104		75~110
T90		185/190 max	最大166		最大180
E0				20~48	
E100				46~71	
E150				75 min	
HC成分组成					
芳香烃			最大35	42/35/35max	

续表

指标	单位	美国		欧洲	日本
		ASTM D－4814	加利福尼亚州 Phase 3	EN228/99 A 系列（Euro 3/4）	JIS R/P
烯烃			最大 10	（R）21/18（P）max	
苯			最大 1.1	最大 1.0	最大 1.0
含氧燃料					
含氧量	wt/%		1.8～3.5	最大 2.7	最大 1.3
MTBE	vol/%		逐步停止使用（1/1/04）	最大 15（乙醚）	最大 7
甲醇	vol/%			最大 3	N. D
乙醇	vol/%			最大 5	最大 3
其他	vol/%			iPA，BA10，tBA7	
硫含量	$\times 10^{-6}$	300	最大 30	最大 50（2005—）	最大 50（2005—）
铅	g/L	最大 0.013	最大 0.013	最大 0.005	最大 0.001
实际胶含量	mg/100mL	最大 5		最大 5	最大 5
未清洁实际胶含量	mg/100mL				最大 20
铜板腐蚀		最大 1		最大 1	最大 1
抗氧化性	min	240 min		360 min	240 min

表 4－10　各国柴油燃料标准（摘要）

指标	单位	美国		欧洲	日本
		ASTM D－975/03	加利福尼亚州	EN590/99 (Euro 3/4/5)	JIS N0. 1/2
密度	g/cm³			0.82～0.845	0.82～0.845
十六烷指数		最小 40		最小 46	50/45 最小
十六烷值		最小 40		最小 51	最小 50
黏度（30 ℃）	mm²/s				2.7/2.5 最小
黏度（40 ℃）	mm²/s	1.9～4.1	2.0～4.1	2.0～4.5	
着火点	℃	最小 52		最小 55	最小 50
蒸馏特性	℃				
50% 馏出温度			243～293		
90% 馏出温度		最大 338	288～321		360/350 最大
250 ℃馏出量				最大 65	
350 ℃馏出量				最小 85	
HC 成分组成					
芳香烃		最大 35*	10/20 最大		
多环芳香烃				最大 11	
植物油 FAME	vol%			最大 5	
润滑性（HFRR）	μm			最大 460	（最大 460）
硫含量	$\times 10^{-6}$	最大 500	最大 500	最大 50（2005－）	最大 50（2005－）

续表

指标	单位	美国 ASTM D－975/03	美国 加利福尼亚州	欧洲 EN590/99 (Euro 3/4/5)	日本 JIS N0. 1/2
10%残炭	wt%	最大0.35		最大0.3	最大0.1
水分	mg/kg			最大200	
水及沉淀物	vol%	最大0.05			
抗氧化性	g/m^3			最大25	
铜板腐蚀性		No.3最大		最大1	
杂质	g/L			最大2.4	
灰分	wt%	最大0.01		最大0.01	

表4－11　能量单位换算表

	MJ	kcal（国际表）	kcal（计量法）	BTU	kloe	toe	kWh
MJ	1	238.846	238.889	947.817	2.58258 ×10^{-5}	2.38846 ×10^{-5}	0.277778
kcal（国际表）*1	4.18680 ×10^{-3}	1	1.00018	3.96832	1.08127 ×10^{-7}	1.00000 ×10^{-7}	1.16300 ×10^{-3}
kcal（计量法）*2	4.18605 ×10^{-3}	0.999821	1	3.96761	1.08108 ×10^{-7}	9.99821 ×10^{-8}	1.16279 ×10^{-3}
BTU	1.05506 ×10^{-3}	0.251996	0.252041	1	2.72477 ×10^{-8}	2.51996 ×10^{-8}	2.93071 ×10^{-4}
kloe（原油换算kL）	3.87210 ×10^{4}	9.24834 ×10^{6}	9.25000 ×10^{6}	3.67004 ×10^{7}	1	0.924834	1.07558 ×10^{4}
toe（石油换算t）	4.18680 ×10^{4}	1.00000 ×10^{7}	1.00018 ×10^{7}	3.96832 ×10^{7}	1.08127	1	1.16300 ×10^{4}
kWh	3.60000	859.845	859.999	3.41214 ×10^{3}	9.29729 ×10^{-5}	8.59845 ×10^{-5}	1

注：*1. 国际蒸气表热量单位：4.186 80×10^{-3}（MJ/kcal）

*2. 计量法热量单位：4.186 05×10^{-3}（MJ/kcal）

定义式不变，设定其他基本变换值。基本变换数值基于“综合能量统计”。

关于由卡到MJ的换算，包括前面所述的国际蒸气表热量和计量法热量两种定义方法。

国际蒸气表热量单位：定义为将1g水的温度由0 ℃升高到100 ℃所需热量的1/100，最接近于平均热量。

计量法热量单位定义为不指定温度时的热量，采用综合能量统计方法。

http：//www.jhfc.jp/topics/pdf/h15houkoku.pdf

平成15年（2003年）“JHFC综合效率讨论结果”中间报告书，平成16年3月。

JHFC综合效率探讨特别委员会，财团法人日本汽车研究所

4.3　汽车用润滑油对环境的影响

润滑油对于降低燃油消耗和排放具有非常大的作用。汽车中几乎所有的润滑表面都使用润滑油，可以提高机器的机械效率，进而降低燃油消耗量及CO_2排放，本节主要就其中与环境问题特别相关的低燃油耗技术以及减小对配备催化转换器等低排放发动机影响的技术加以概述。

4.3.1 发动机润滑油的作用及标准的演变

（1）发动机润滑油的作用

发动机润滑油可以对以活塞、汽缸、气门驱动机构成的发动机的大部分运动件进行润滑；此外，润滑油还起到防止燃烧产物对发动机各部分的污染及沉积，确保发动机的可靠性等各种作用。一般来说润滑油的各种性能是相互关联的，排放性能优良的发动机润滑油也有可能发生磨损等可靠性方面的问题，为改善发动机润滑油原有成分的性能，在开发过程中采用了各种添加剂的最佳组合。另外，为评价润滑油的各种性能，开发了多种试验方法，因此发动机润滑油技术伴随着发动机技术的进步而不断发展。

（2）发动机润滑油试验方法和标准

发动机润滑油的试验方法和品质标准主要有美国制定的标准和欧洲汽车工业会（ACEA）的标准，日本也制定了关于柴油机润滑油国际品质标准（JASO 标准）。在通用标准基础上各汽车制造厂商都有自己的更详细的试验方法和品质标准。最近，对于柴油机润滑油，汽车行业趋向于采用世界统一标准。美国的试验方法和标准已成为世界统一标准的基础，目前增加了必要的试验方法和品质要求。图 4－24 以柴油机为例列出了润滑油标准的发展趋势。

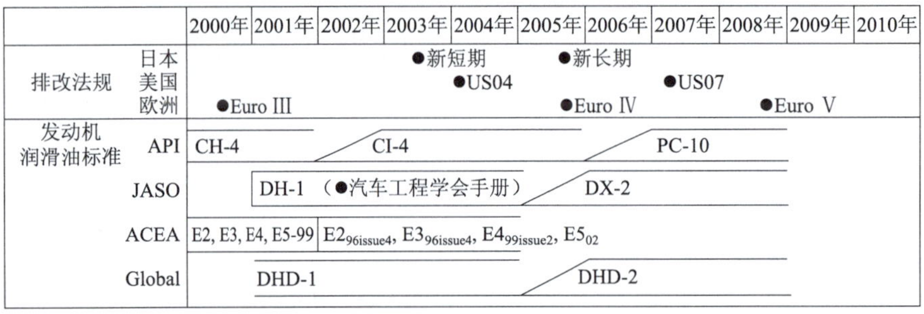

图 4－24 排放法规和润滑油标准（柴油机）

制定发动机润滑油标准的主要目的是为了保证发动机运行的可靠性，但是近年来从降低燃油消耗和排放的观点出发，试验项目增加了一些新的标准。润滑油的黏度也成为降低燃油消耗的重要影响因素，作为世界标准的美国 SAE 标准目前也增加了低黏度标准（表 4－12）。汽油机润滑油的综合标准主要是以日美汽车工业会共同完成的 ILSAC 为主要内容。美国在 1993 年以前，发动机润滑油标准实际上只采用美国石油联盟的（API）标准，但是随着发动机技术的进步，从低燃油消耗、低排放的观点出发，对发动机润滑油的要求也不断提高，汽车行业也积极地进行润滑油性能、标准的提案，日本汽车行业也形成了以 ILSAC 作为标准的运行体制。对标准进行了多次的修订，正在探讨未来标准的变更。近年来关于与环境密切相关的燃料的经济性（燃料消耗率）以及关于催化转换器的适应性要求的问题正在受到人们的高度重视。

表 4－12 发动机润滑油 SAE 黏度分类（SAE J300 Dec. 1999）

SAE 黏度等级	OCS 黏度（℃）（ASTM D5293）（MPa. s）最大值	MRV 黏度（℃）（ASTM D4684）（MPa. s）最大值，不包括屈服应力	动力黏度（100 ℃）（ASTM D445）（mm^2/s）		HTHS 黏度[①]（150 ℃，0^6，s^{-1}）（MPa. s）最小值
			最小值	最大值	
0W	6 200（－35）	60 000（－40）	3.8	—	—
5W	6 600（－30）	60 000（－35）	3.8	—	—
10W	7 000（－25）	60 000（－30）	4.1	—	—

续表

SAE 黏度等级	OCS 黏度（℃）(ASTM D5293) (MPa. s) 最大值	MRV 黏度（℃）(ASTM D4684) (MPa. s) 最大值，不包括屈服应力	动力黏度（100 ℃）(ASTM D445) (mm^2/s)		HTHS 黏度①（150 ℃，0^6，s^{-1}）(MPa. s) 最小值
			最小值	最大值	
15W	7 000（-25）	60 000（-25）	5.6	—	—
20W	9 500（-15）	60 000（-20）	5.6	—	—
25W	13 000（-10）	60 000（-15）	9.3	—	—
20	—	—	5.6	9.2	2.6
30	—	—	9.3	12.5	2.9
40	—	—	12.5	16.3	2.9/3.7②
50	—	—	16.3	21.9	3.7
60	—	—	21.9	26.1	3.7

注：① ASTM D4683，ASTM D4741，CECL-36-A-90

② 0W-40，5W-40，10W-40 为 2.9，15W-40，20W-40，25W-40 为 3.7

另一方面，欧洲自行提出了汽车行业高水平的 CO_2 排放标准。即使在轿车中也占有很大比例的柴油车的降低排放问题也已成为重要的研究课题。因此，对发动机润滑油品质和性能提出了更高的要求。和美国略有不同，欧洲从来就以汽车行业界（现在的 ACEA）为中心确定发动机润滑油标准。如前所述，由于欧洲不断推进轿车柴油化的进程，正在不断完善小型柴油发动机润滑油的试验方法和标准。

在日本，对于摩托车、柴油车用润滑油标准，特别是在东南亚地区需要采用国际化标准，因此制定了独立的 JASO 国际化标准并加以采用。

如上所述，对于发动机润滑油的品质、性能，美国和欧洲都制定了不同用途的标准，但是伴随着降低排放等汽车技术的国际化，需要制定国际统一的标准。对于柴油机润滑油，日美欧的汽车工业协会分别发表了大型（重型车用）和小型（轻型车用）车用润滑油的指标。预计在 2008 年前后将提出国际标准。

4.3.2 低油耗发动机润滑油技术

发动机润滑油对于降低 CO_2 排放的作用和要求主要有两个方面，一方面是润滑油的低黏度化可起到直接的作用，另一方面是确保低燃油消耗发动机的可靠性，通常将二者统一起来作为润滑油的评价指标加以表征。这里主要阐述通过低黏度化和改良添加剂以实现低燃油消耗（低 CO_2 排放）的相关问题。

（1）低黏度化

随着润滑油黏度的降低，可以降低机械的摩擦损失，但是黏度过低，在高剪切力高压的条件下润滑油膜容易破裂，使润滑性降低，带来发动机部分运动件磨损的问题。作为黏度指标，不只是通常所指的动力黏度，发动机各运动部分，特别是对润滑条件要求苛刻的气门传动机构等高温、高剪切力状态下的黏度（HTHS）指标是非常重要的，图 4-25 为 HTHS 与摩擦之间的关系，需要协调好降低动力黏度、防止 HTHS 黏度上升以及确保高温状态的黏度之间的矛盾关系。在图 4-25 中，低黏度区域燃油消耗率反而减少，由于黏度过低，将引起金属接触，使摩擦加剧，因此 HTHS 黏度在 ACEA 等标准中根据用途不同进行了详细的规定。在保证润滑油高温和低温时黏度性能的同时，发动机润滑油具有低黏度化的发展趋势（图 4-26）。表 4-12 为发动机润滑油的黏度分类表。

（2）通过添加摩擦改进剂降低摩擦

添加钼（Mo）化合物等摩擦改进剂是降低摩擦的重要技术。摩擦改进剂吸附在固体表面，在滑动方向形成易剪断的油膜，从而大幅度降低

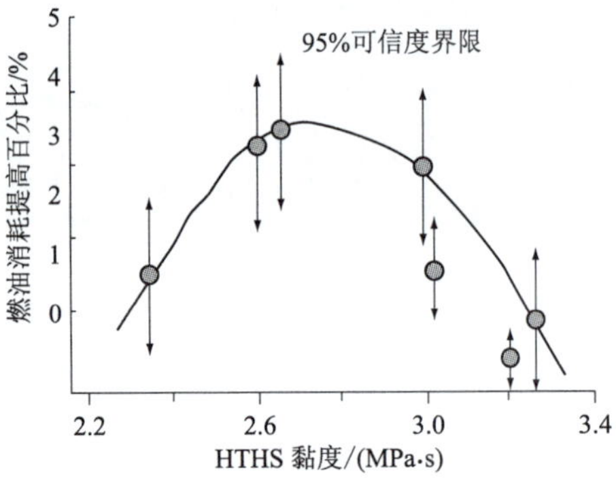

图 4－25 HTHS 黏度与燃油消耗改善率

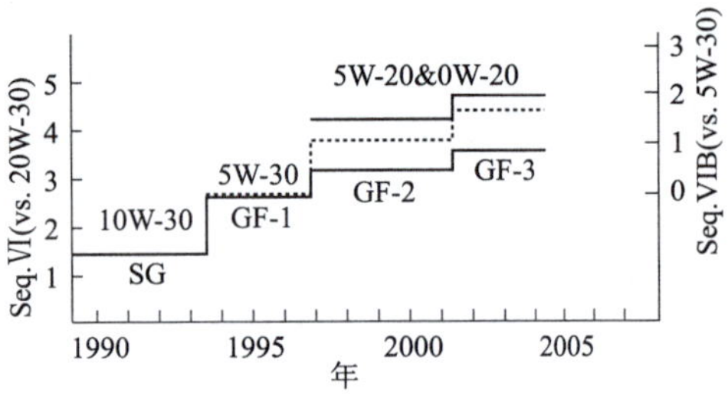

图 4－26 ILSAC 标准中为满足燃油经济性要求的性能改善

摩擦，这类添加剂主要有以下 3 种（关于摩擦改进剂详细的说明请参考专业文献，以下只提及概要）。

① 具有极性官能团的直链烷基化合物。

② 具有固体润滑剂作用的层状晶体结构的物质，如二硫化钼（MoS_2）、石墨等。

③ 对于润滑油为改善②中提到的层状晶体结构物质的溶解性而开发的形成反应油膜型的摩擦改进剂，如将 MoDTC（二烷基二硫代甲酸钼）等应用于发动机润滑油。由于这种化合物含磷，有时会对用于降低排放的催化转换器产生不良影响，通常将 MoDTC 经过改良后加以使用。

这种摩擦改进剂对摩擦系数具有明显的改进效果，如图 4－27 所示。但是在使用过程中效果逐渐减弱，改善效果的持续性是最大的问题。考虑到这种随时间推移的劣化性，确定发动机润滑油对经济性影响程度时需要考虑使用初期和劣化后具有不同的效果（图 4－28）。

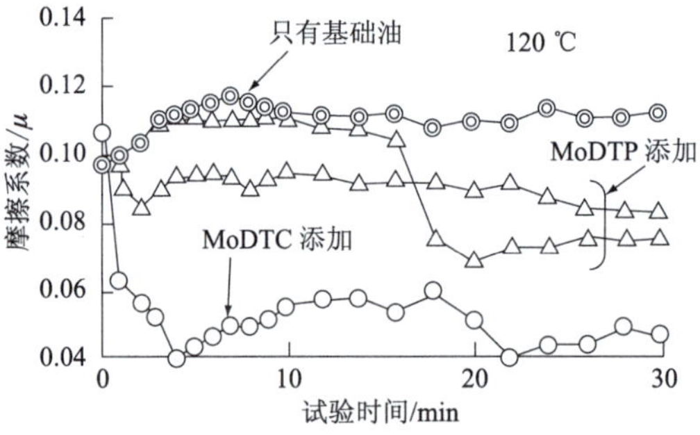

图 4－27 摩擦系数改进剂的效果

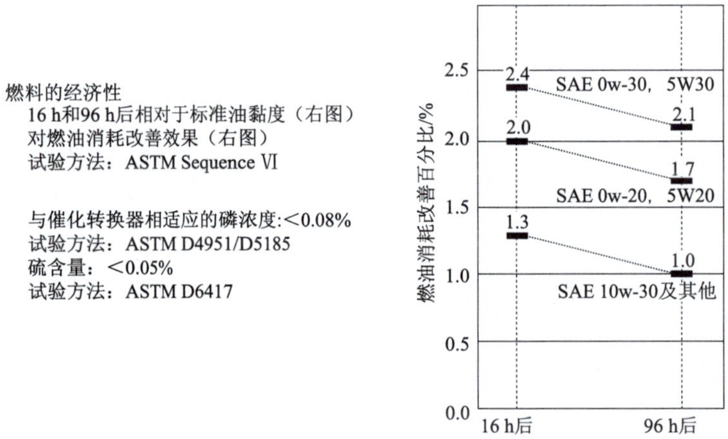

图 4－28 与环境相关的 ILSAC GF－4 标准（摘要）

4.3.3 改善发动机润滑油降低排放

今后燃料中的硫含量将降低到 $\times 10^{-6}$级的水平，但发动机润滑油的硫含量将处于比较高的水平，需要进一步降低。此外润滑油中含有作为改善润滑性能的重要添加剂（前面所述的摩擦改进剂）的磷成分，将对催化转换器性能产生不良影响，需要降低润滑油中磷的含量。

（1）低硫含量

硫存在于润滑油的基础成分中，同时也存在于添加剂中，对于降低发动机各部分的摩擦起着一定的作用，因此单纯脱硫将影响发动机的可靠性。硫化合物的活性强度具有强化摩擦表面添加剂的作用。如前所述，即使在 Mo 系的摩擦改进剂中硫也发挥着重要的作用，需要综合考虑其对排气催化转换器的不良影响（图 4－28）。

（2）低磷含量

例如美国的排气系统耐久性试验 10 万英里（16 万千米）要求当中，考虑到磷含量对催化转换器的不良影响，在 ILSAC GF－4 标准中规定磷含量最大不超过 0.08wt/%，同时也规定了最小值为 0.06wt/%。磷是摩擦改进剂的重要成分，其含量多少与发动机的可靠性密切相关，因此对于磷含量标准的制定需要慎重考虑（图 4－28）。

（3）灰分的降低

柴油机面临的最大的困难是需要大幅度降低微粒和 NO_x 两种主要排气污染物，微粒捕集器（DPF）和 NO_x 还原型催化转换器是两种重要的技术。发动机润滑油对于以催化转换器为代表的柴油机后处理装置影响很大，有望开发新型的超过汽油机的后处理装置。在柴油机排气过程中，燃料中的硫和高温燃烧生成的 NO_x 等产成的酸性成分比汽油机多，为了中和酸性成分，通常添加含有 Ca、Mg 等碱性成分的添加剂进行调节。但是这些金属成分往往作为灰分沉积在柴油机的微粒捕集器中，出现 DPF 堵塞的问题，今后对于低排放柴油机用润滑油需要考虑降低这些金属成分的含量。但是，为了确保发动机润滑油中含有的硫酸盐及氮氧化合物的中和以及必要的清洁性和润滑性，必须添加这些金属成分，只是尽量降低其添加量以保证必要的性能。幸好燃料中的硫含量在不断地大幅度降低，与以往相比，其未来的发展方向是需要确定适当的金属系添加剂的添加量。

4.3.4 自动变速器油（ATF）

（1）ATF 的标准

ATF 最初在美国使用得较多，近年来在日本的轿车上也逐渐成为主流产品，但与美国相比其普及应用较晚，即使目前来看，在欧洲燃油经济性较好的手动变速器仍然是主流产品。基于这种情况，关于 ATF 的品质规格，实际上是基于美国汽车厂家为中心进行开发的。目前主流的 ATF 规格主要包括美国通用（GM）公司的 DEXRON 和美国福特公司的 MERCON 两种，但是近年来不断推出了无级变速器，其他汽车厂家也都规定了各自的适应自动变速器的标准。

（2）代表性的 ATF 试验方法

自动变速器效率低的主要原因是液力变矩器的损失。为了尽量减小这种损失，试图使液力变矩器在发动机大部分运转条件下不起作用，提高直接传动效率，为此需要进行适应运转条件的锁止控制（直接驱动）。但是为缓解这种控制方式产生的不良冲击，需要采用适当的滑动控制技术，这种滑动控制对于 ATF 的摩擦特性具有重要的影响。目前使用的主要评价方法有以下几种。

（a）滑动锁止液力变矩器适应性试验方法

① JASO 法 LVFA 抖动防止性能试验方法（JASO M349）。

② GM DEXRON Ⅲ ECCC Vehicle Performance Test。

③ Ford μ-v Characterization Test。

（b）AT 转矩容量试验方法

随着 AT 的小型化，需要其具有更高的转矩。测定 ATF 的转矩容量，根据以往的标准主要有以下几种试验方法。

① JASO 法 SAE No.2 摩擦特性试验方法（JASO M348）。

② GM DEXRON Ⅲ。

③ Ford Friction Durability Test。

（c）ATF 低黏度化试验方法

由于 ATF 的低黏度化，将导致搅拌阻力降低，一般来说可提高 AT 的效率，但这种效果没有普遍的评价标准。与发动机润滑油一样，评价黏度降低带来的负面影响，以往都采用具有代表性的磨损、烧结试验的标准体系，如日本的 JASO、美国通用公司的 GM DEXRON Ⅲ、福特公司的 MARCON 等各种标准，最近又增加了一些新的标准。

(d) CVT 流体试验方法

对于采用 CVT 的情况下，通过改善流体的流动性使摩擦系数最佳化，对于改善燃油经济性有一定的作用，通常也有采用无变换的形式，各公司都规定了自己的试验方法和标准，关于 CVT 流体相关的标准还未见公开报道。

综上所述，润滑油对于保证汽车的可靠性，解决燃油消耗和排放等环境问题方面具有非常重要的作用。

参 考 文 献

[1] Mobility 2030: The Sustainable Mobility Project, Full Report 2004, http: //www. wbcsd. org/

[2] 平成 15 年度「JHFC 総合効率検討結果」中間報告書，平成 16 年 3 月，JHFC 総合効率検討特別委員会，財団法人日本自動車研究所，http: //www. jhfc. jp/topics/pdf/h15houkoku. pdf

[3] GM Well-to-Wheel Analysis of Energy Use and Greenhouse Gas Emissions of Advanced Fuel/Vehicle Systems — A European Study, http: //www. lbst. de/gm-wtw

[4] Allocation of Energy Use in Petroleum Refineries to Petroleum Products, Michael Wang *, Hanjie Lee and John Molburg, Argonne National Laboratory, http: //dx. doi. org/10. 1065/lca2003. 07. 129

[5] WELL-TO-WHEELS ANALYSIS OF FUTURE AUTOMOTIVE FUELS AND POWERTRAINS IN THE EUROPEAN CONTEXT, http: //www. ei. jrc. it/Download/eh/33

[6] AFEC 回答待ち

[7] 燃焼概論

[8] JIS K 2280 石油製品—燃料油—オクタン価及びセタン価試験方法並びにセタン指数算出方法

[9] 武井：機械学会シンポジウム，April 2, 1998

[10] Auto/Oil Air Quality Improvement Research Program (AQIRP)

[11] The European Programme on Emissions, Fuels, and Engine Technologies (EPEFE)

[12] Japan Clean Air Program (JCAP)

[13] A. Takei, et al.: Fuel Property Requirement for Advanced Technology Engines, SAE 2000 - 01 - 2019

[14] Y. Takei, et al.: Effects of California Phase 2 Reformulated Gasoline Regulations on Exhaust Emission Reduction: Part2, SAE 952502

[15] A new CRC cold-start and warm-up driveability test and associated demerit weighting procedure for MPFI vehicles, SAE 962024

[16] 3rd China/Asia 2002 Clean Fuels May, 30, 2002, Toyota

[17] ASTM D613 Standard Test Method for Cetane Number of Diesel Fuel Oil

[18] ACEA Report: Influence of Diesel Fuel Quality on Heavy Duty Diesel Engine Emissions, March 1997

[19] Based on AAM North American Fuel Quality Survey Report, 2003 summer

[20] CEC (PF - 023) TBA または，Cummins L10 IDT

[21] 各添加剤メーカ資料より筆者がまとめ

[22] エネルギー総合工学研究所「第 220 回月例研究会」，平成 16 年 1 月 30 日

[23] 塚崎之弘：自動車技術会ディーゼル機関部門委員会，No. 01 - 03 シンポジウム，2003 年 1 月 23 日

[24] ブラジルアルコール規格，http: //www. distill. com/specs/Brazil1. html

[25] トヨタ社内データ

[26] 欧洲规范 EN14214

[27] 平成 15 年度「JHFC 総合効率検討結果」中間報告書，平成 16 年 3 月

[28] JHFC 総合効率検討特別委員会，財団法人日本自動車研究所のデータをベースに抜粋，追加，http: //www. jhfc. jp/topics/pdf/h15houkoku. pdf

[29] 各国規格の抜粋，ASTM D4814，JIS K 2202，EN 228

[30] 各国規格の抜粋，ASTM D975，JIS K 2204，EN 590

[31] JIS K 2269，原油及び石油製品の流動点並びに石油製品曇り点試験方法 JIS K 2288：軽油目詰まり点試験方法

[32] ILSAC, http: //api-ep. api. org/search/AdvancedSearch. cfm

[33] ACEA, http: //www. acea. be/ACEA/20020618 PublicationsOilSequences. pdf

[34] JASO 規格，http: //www. jalos. or. jp/onfile/jaso_j. htm

[35] Y. Yamamoto, et al: . Tribology Trans, 32, No. 2, p. 251 (1989)

[36] GM6417 DEXRON? -III Automatic Transmission Fluid Specification, Appendix H

[37] Ford MERCON? -V Specification, Appendix4

[38] Plate Friction test (GM6417 DEXRON? -III Automatic Transmission Fluid Specification, Appendix C)

[39] Band Friction Test (GM6417 DEXRON? -III Automatic Transmission Fluid Specification, Appendix D)

[40] Cycling Test (GM6417 DEXRON? -III Automatic Transmission Fluid Specification, Appendix F)

[41] Ford MERCON?/MERCON? -V Specification, Appendix5

第5章 安全技术

5.1 概述

“安全”这个词的用途非常广泛。这里的汽车安全技术，是指与交通事故有关的安全技术，即避免汽车事故的发生以及在不幸发生事故时如何减轻伤害所涉及的安全技术。

1769年诞生了世界上第一辆实用的蒸汽汽车，在试运行过程中转向盘还没有完全转过来就撞到了墙上，成为世界上首例汽车交通事故，而同时也迈出了追求汽车安全性的第一步。时至今日，汽车技术有了长足的进步，像上述这种因汽车基本性能不完善以及故障所引发的事故已经非常少见了，但是随着汽车保有量的大量增加以及交通流量日益加大的环境下，事故数量及死伤数量非常多，成为严重的社会问题。

在国家层面，真正开始讨论安全问题并实施各种法规，始于20世纪60年代的美国。当时由于美国的交通事故主要源于正面碰撞或车辆滚翻，因此，汽车成为造成乘员死亡的“箱子”，而被称为“行驶的棺材”。当时在法庭上就汽车制造缺陷是部分导致事故发生以及死伤发生的原因进行了辩论。

5.1.1 建立安全汽车社会的观点

交通事故的发生、事故引起的人身伤亡，离不开人、车辆和道路环境3个要素。

“人”，从驾驶员这个角度来讲，具有对周边情况进行认知、判断、操纵车辆和承担着安全驾驶的责任。事故发生后的伤害情况及程度，与人的体格、年龄、健康状态等身体条件有关，也与是否系好安全带等人身安全防备状态有很大的关系。

“车辆”不能妨碍驾驶员认知、判断和操纵，或者应具有辅助驾驶的作用。良好的驾驶视野、易于辨别的仪表、便于操纵的转向盘、踏板、开关、各种报警装置以及避免事故的辅助装置等，对于防止交通事故起到至关重要的作用。从伤害原因方面需要考虑到，即使发生了事故，能否保证足够的乘员空间，以及需要采用安全带、安全气囊等装置来减轻伤害。

“道路环境”包括道路结构及当时的自然环境，比如便于行驶的道路、易于识别的前方标志、信号灯、不易打滑且明亮的路面等。在安全方面，可以采取防止滚翻的防护栏、防止正面碰撞的中央隔离带、吸能栏杆等来减轻受损程度。

如上所述，我们的任务不仅仅是减少事故，还要从人、车辆和道路环境3个方面来采取措施，达到减轻伤害的目的。而这些对策各具特色，因此可以充分发挥各自的优势，采取完善的三位一体的综合对策显得至关重要（图5-1）。

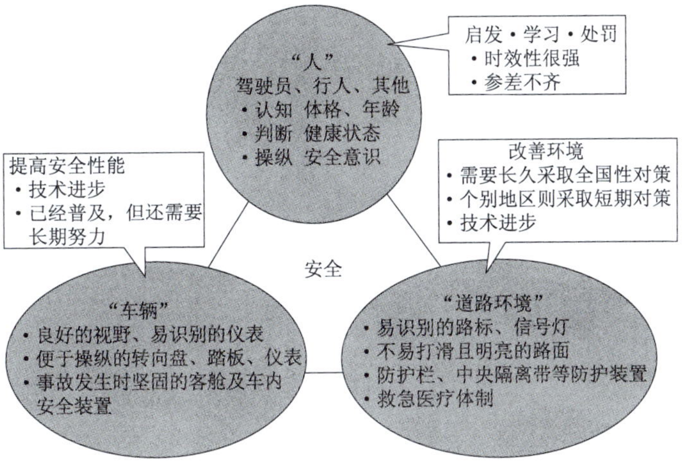

图5－1　人・车辆・道路环境

5.1.2　制造安全汽车的观点

汽车安全技术可以分为主动安全技术和被动安全技术。主动安全技术是指在事故发生之前采取的预防事故的技术，被动安全技术是指发生事故后减轻伤害及人身伤亡的技术。在英语中，由于前者具有在事故发生前能够积极或能动地防止事故发生的意思，因此称为"Active safety"，而后者具有事故发生后被动采取措施的意思，因此称为"Passive safety"。在主动安全与被动安全之间的安全技术，即近年来随着传感器技术的发展，可以预见、预测事故的发生，并自动地操作汽车上的有关装置，如使制动器制动的"减轻碰撞程度的技术"、收紧安全带的"减轻伤害的技术"等"预碰撞的安全技术"也开始实用化。

为了使制造安全汽车的理念贯穿到具体的对策中，应充分认识到与安全相关联的车辆、人和道路环境因素，在事故发生前到事故发生后的急救医疗为止的每一个阶段，分别发挥着不同的作用，这一点是非常重要的。

从安全行驶转入危险状态直到发生事故，人和道路环境在这个阶段发挥着主要的作用；但事故发生后，人的作用就很小了，这时主要是车辆本身发挥着安全作用（图5－2）。

从以上汽车安全技术的思路出发，本书在第6章介绍被动安全、第7章介绍主动安全、第8章介绍ITS的内容。

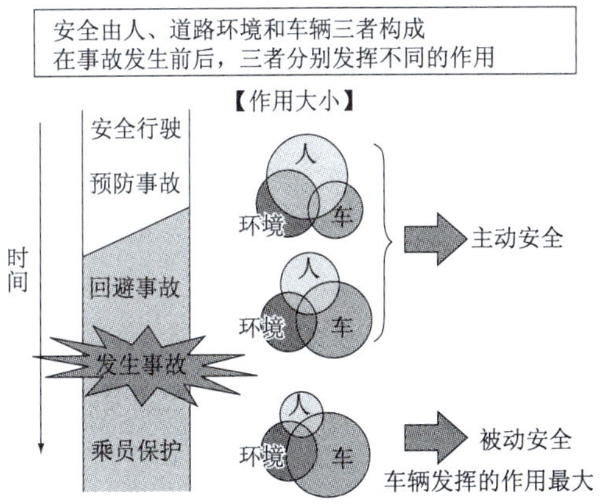

图5－2　事故发生前后三要素发挥作用的大小

5.1.3　主动安全、被动安全、预碰撞安全

主动安全以前主要是指车辆故障少、视野良好、可以很顺畅地进行行驶、转向、制动等基本行驶的技术。近年来，随着传感器技术和控制技术的进步，对各种危险状态发出警告以及辅助驾驶成为可能，如"主动安全"字面意义那样，正朝着预防事故、回避事故发生的"主动"方向发展，并且可以期待它对提高车辆安全性作出更大贡献。

车辆安全技术按照功能可以分为如图5－3所示的几种类型。

主动安全（Active Safety）
- 预防事故技术
- 避免事故技术

预碰撞安全（Pre-crash Safety）
- 减轻碰撞程度技术
- 减轻伤害程度技术

被动安全（Passive Safety）
- 减轻伤害程度技术
- 防止碰撞后伤害扩大技术

图 5－3　车辆安全对策技术分类

5.2　交通事故概述

因为对全世界的交通事故未进行全面统计，所以到底有多少事故人们并不清楚。根据联合国世界卫生组织（WHO）的不完全统计，2000 年在世界上有超过 100 万以上的人口死于交通事故。因此，从人、车辆、道路环境三位一体推进交通安全是全世界面临的重大课题。

（1）日本交通事故情况

日本的交通事故死亡人数在 1970 年为 16 765 人，达到了高峰，然后经过减少、再增加的过程。近 10 年出现了减少的趋势，2003 年死亡 7 702 人，自 1957 年以来 46 年后再次控制在 8 000 人以下（图 5－4）。但现在仍有近 8 000 人因交通事故被夺走了宝贵的生命，并且，受伤人数自 1997 年以来一直呈上升的趋势，2003 年达到了 118 万人，付出了巨大的代价。因此，不仅要减少死伤人数，而且还需要不断减少交通事故数量。

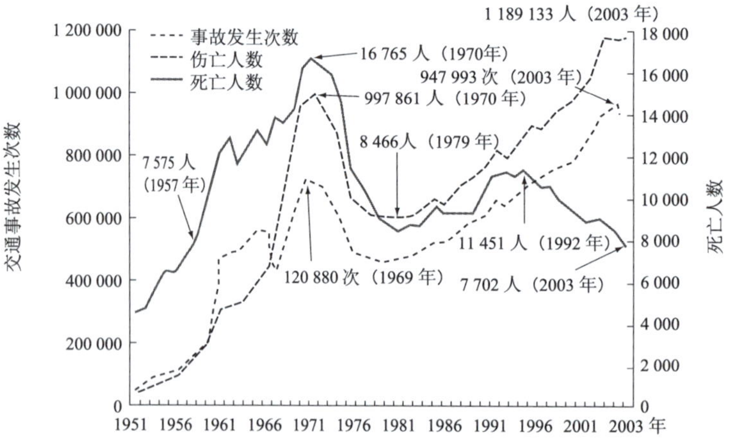

注：1　资料来源为警察厅；
　　2　1966年以后的统计中不含物损事故；
　　3　1971年之前的统计中不含冲绳县的事故

图 5－4　日本交通事故统计[1]

（2）交通事故的国际比较

从万人死亡率（图 5－5）来看，日本低于德国、美国等国家，属于世界顶级水平，但是从车辆行驶千米死亡率（图 5－6）来看，明显差于上述国家，而英国一直保持着良好的水平。

从事故状态来看，欧美的死亡事故有半数甚至半数以上发生在轿车乘坐过程中，而日本则以行人和自行车骑行者的死亡居多（图 5－7）。

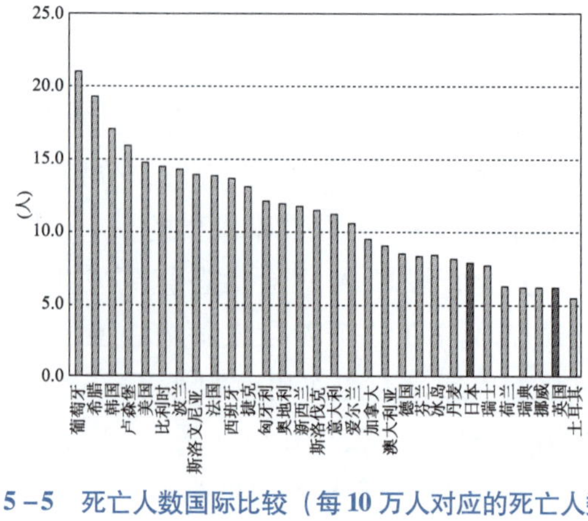

图 5－5　死亡人数国际比较（每 10 万人对应的死亡人数）

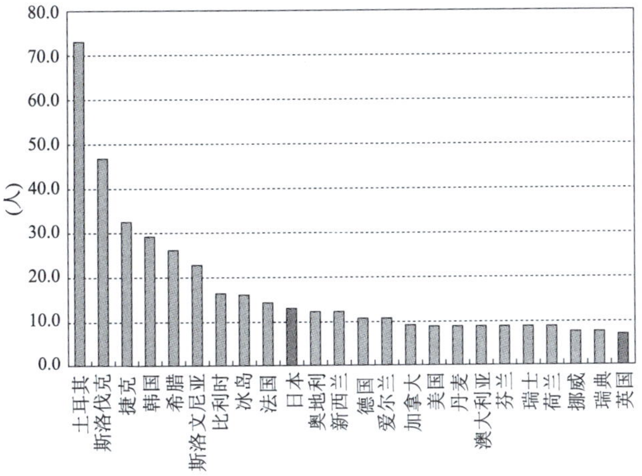

图 5-6　死亡人数国际比较（每辆车每行驶 10 万千米所对应的死亡人数）[3]

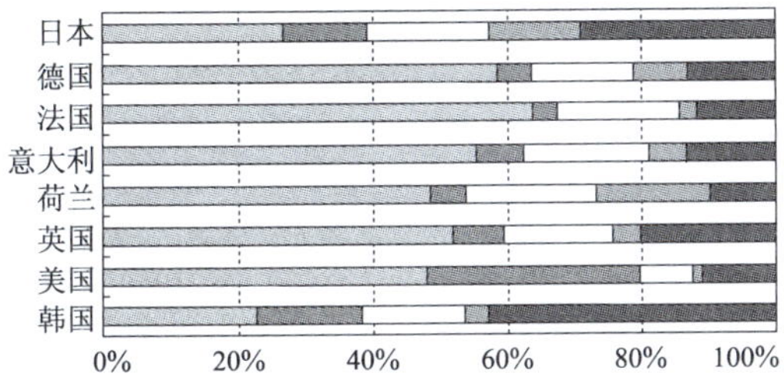

图 5-7　不同状态下死亡率的国际比较[2]

▨ 轿车行驶中　▨ 其他　□ 电动摩托车骑行中
▨ 自行车骑行中　■ 步行中

5.3　事故调查和分析

为了减少交通事故、减轻事故损害，需要了解实际交通事故在何种条件下发生、有哪些状况、事故发生后人员在什么部位受到了怎样的伤害、这样的事故发生了几次等现场情况，并将它们反馈给人、车、道路环境是很重要的。这种调查称为事故调查（图 5-8）。

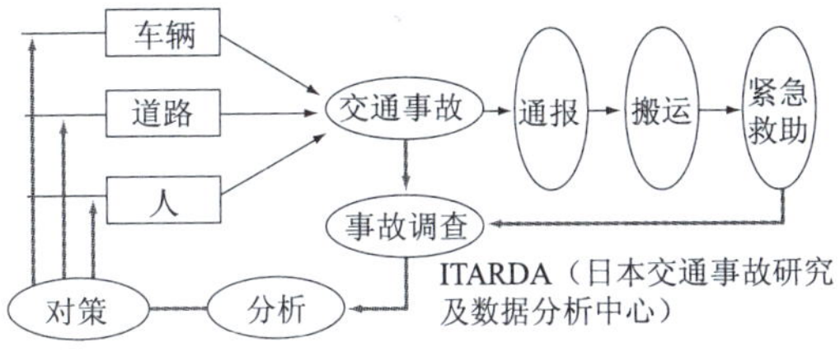

图 5-8　事故和对策反馈体系[5]

5.3.1　调查体制

（1）调查方式

事故调查大体上可以分为两类，在日本称为“宏观调查”和“微观调查”（这是日本特有的称法，在英国前者称为“警察统计数据库” statistical data based on police reports，后者称为“深度案例数据” in depth case data）。

宏观调查是指以警察填报的规定格式事故调查表为基础构建的数据库进行的调查。虽然调查表的内容简单，但数量很大，从中可以了解各种事故的统计分布。

微观调查是指包括事故现场图、车辆变形状况测量值及图表、照片、人身受伤部位、受伤程度、医生诊断结果等的详细调查。这类调查需要很多专家共同进行，因此调查次数是有限的（图 5-9）。

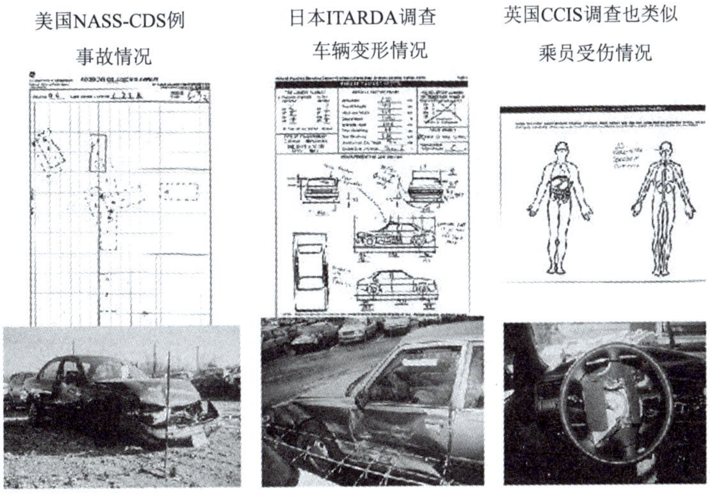

图 5-9　通过微观调查收集数据的例子（根据 NASS-CDS 数据编制）

如果将两者结合起来，有助于更深、更广泛地了解事故的实际状态。

微观调查的调查项目及结果的分类填写方法，在国际上已经标准化和代码化，因此可以对世界上的交通事故数据直接进行比对分析。例如，表示车身变形部位以及范围的 SAE CDC 代码（图 5－10）和表示乘员受伤程度的 AIS 代码已经得到广泛普及。在事故现场或医院的诊断过程中可以对各个身体部位的损伤情况和程度，用 AIS 代码表示为表 5－1所示的等级。如一条肋骨骨折属于 AIS1，2～3 条肋骨骨折属于 AIS2，4 条以上肋骨骨折属于 AIS3，称为血气胸，4 条以上的肋骨骨折并出现两处塌陷，则定义为 AIS4。

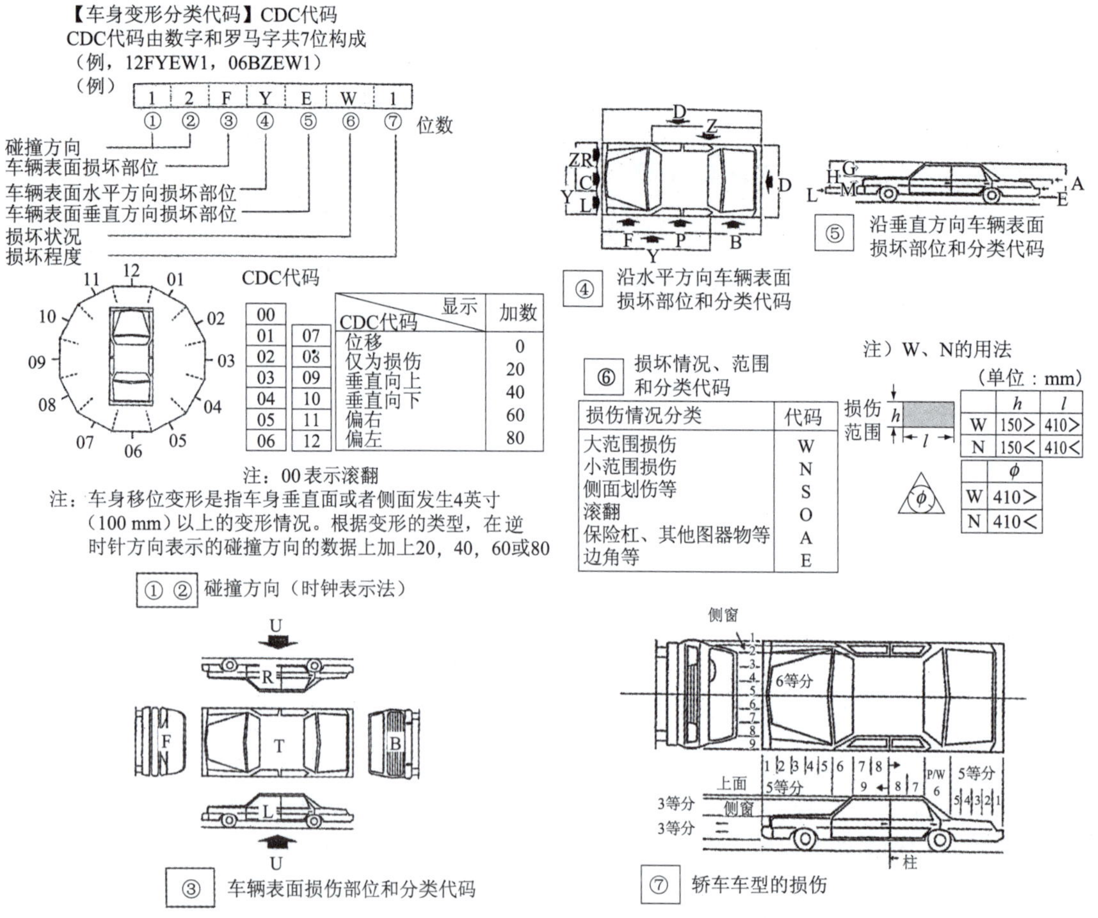

图 5－10　车身变形分类代码 CDC

表 5－1　AIS 代码等级

AIS＝0	没有受伤
AIS＝1	轻度伤
AIS＝2	中度伤
AIS＝3	较重伤（无生命危险）
AIS＝4	严重伤（无生命危险）
AIS＝5	危重伤（具有死亡可能）
AIS＝6	极重伤（基本无法抢救）
AIS＝9	有无受伤不详

（2）日本事故调查体制

宏观调查是日本交通事故研究及数据分析中心将除去警察调查表中的个人信息后的其他事故数据建成数据库，并供其分析。这个数据库不仅收集了全日本所有的人身事故数据，而且项目也相当多，是世界上可以称道的数据库。

微观调查以调查组所在的特定地区（现在为筑波市周边）为中心，以比较严重的事故为对象进行的调查，每年调查 300 件左右（图 5－11）。

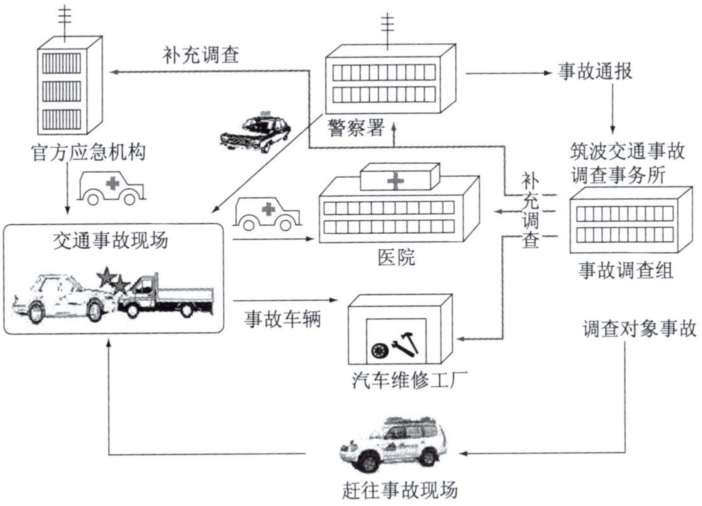

图 5－11 事故调查流程（以 ITARDA 为例）[5]

(3) 美国事故调查体制

在美国将宏观调查被称为“死亡分析报告系统”FARS（Fatality Analysis Reporting System），并不包括全部人身事故，而只统计死亡事故。在死亡事故中，对无伤人员也进行了登记，因此对事故统计分析起到了非常重要的作用。而且，可以通过网络存取数据，因此可以快速得到分析结果。

微观调查在美国被称为“国家汽车抽样系统”NASS（National Automotive Sampling System），采取抽样统计的方式详细调查事故情况。另外，在 NASS 中也有被称为 GES 的宏观调查统计，因此，美国很早就构建了不仅可以从宏观统计而且可以从微观把握全美事故的三位一体调查体制。

(4) 欧洲事故调查体制

全欧洲或 EU 没有通用的事故调查体制，但是从 2003 年起开始建立被称为 PENDANT 的八国数据库。以往各国采用的体制各不相同，但英国和德国的事故调查体制广为人知。在英国，由政府组织、汽车厂家赞助，拉夫巴勒大学和伯明翰大学具体实施“协作碰撞调查研究”CCIS（Cooperative Crash Investigation Study），每年的调查量达 1 000 件。德国则在德国联邦高速公路研究所 Bast 主导下，由汉诺威医科大学和德雷斯顿大学实施“德国深入调查事故研究”（German Indepth investigation Accident Study，GIDAS）微观调查，年调查量达 2 000 件。

5.3.2 事故分析

为了有效地采取安全对策，需要对实际事故形态进行调查分析，了解和掌握可能出现的问题。下面简单叙述一下分析方法。

(1) 事故形态和伤害程度

从死亡事故、重伤事故、轻伤事故的发生率统计来看，在轻伤事故中人车碰撞事故只占 8%，而在死亡事故中却占到 30%，充分地体现了人是弱者。在轻伤事故中车辆单独事故（图 5－12）只有 5%，而在死亡事故中占到 22%，这种车辆单独事故一般多发生在高速行驶的时候。

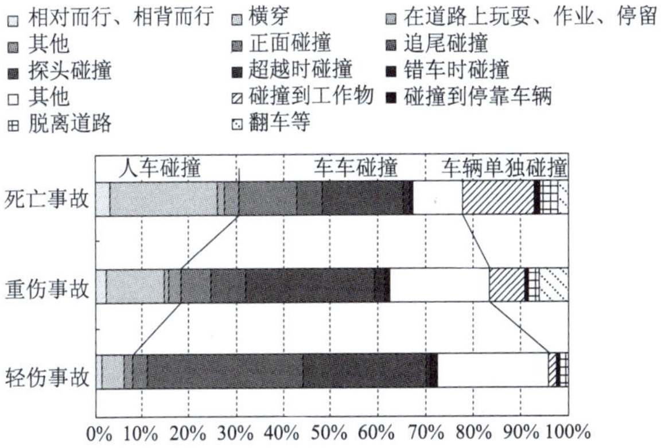

图 5－12 死亡、重伤、轻伤事故分布

在车车碰撞事故中，车身受损部位分布情况如图 5－13 所示，在死伤人数分布中，后面即时钟 6 点的位置仅次于正面即时钟 12 点的位置。

但死亡事故中，后面时钟 6 点的位置方向约为 3%（仅为 2.9%），比例非常小。

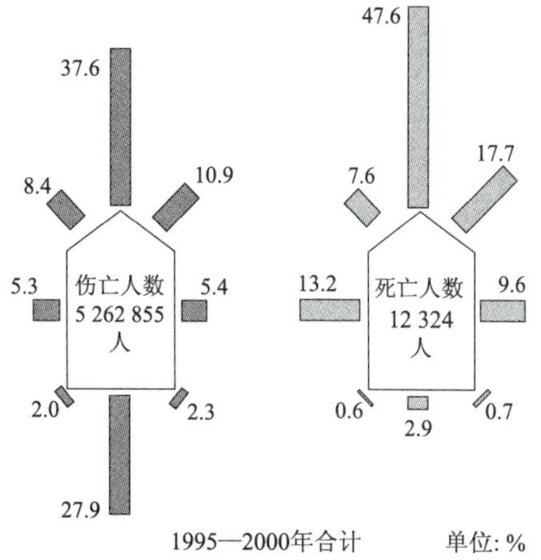

图 5－13　按车身受损部位进行分类统计的伤亡人数分布（车车碰撞事故）

这表明追尾事故所占比重较大，但在追尾事故中造成死亡的事故不多。死亡事故中，在时钟 11、12、1 点位置的正面碰撞死亡事故达到了 72.9%，2～4 点位置以及 8～10 点位置的侧面碰撞为 22.8%，5～7 点位置追尾碰撞为 4.2%。

(2) 事故发生原因

若要采取主动安全对策，需要对事故原因进行剖析。如图 5－14 所示是死亡和重伤事故中对驾驶员行为进行分析的例子。

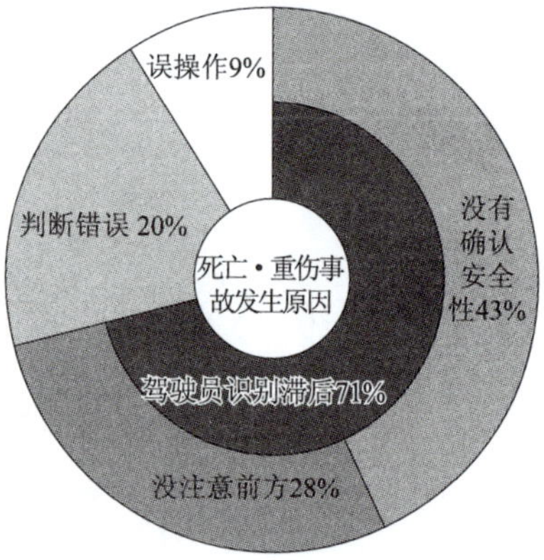

图 5－14　死亡和重伤事故发生原因（ITARDA 报告书　2001 年）

分析结果表明，因驾驶员识别失误造成死亡和重伤事故的比例较高，所以希望能够通过改善视野，或者采用报警提示的方式达到减少事故的目的。

(3) 安全带系用率

根据日本 2003 年交通事故统计，在伤亡人数中，有 647 691 人系用了安全带，而 82 487 人没有系用，扣除不知道是否系用的外，系用率达到了 88.7%。在死亡人数中有 1 224 人系用，1 675 人没有系用，系用安全带后的死亡率为 42.2%。因此，系用安全带的死亡减少效果可达 40%～50%，如果所有乘员全部系用安全带的话，至少可以挽救很多人的生命。

本章出现的相关缩略语如表 5－2 所示。

表 5－2　有关缩略语一览表

AIS	Abbreviated Injury Scale	简易伤害度指标
CCIS	Co-operative Crash Investigation Study	英国事故微观调查数据库
CDC	Collision Deformation Classification	SAE recommended pratics J224 标准规定的事故车辆变形状况、变形量分类标准
EU	European Union	欧盟
FARS	Fatality Analysis Reporting System	美国全死亡事故宏观调查数据库
GIDAS	German In-Depth Investigation Acci-dent study	德国微观调查数据库
ITARDA	Institute for Traffic Accident Research and Data Analysis	财团法人交通事故综合分析中心
ITS	Intelligent Transport System	智能道路交通系统
NASS-CDS	National Automotive Sampling System-Crashworthness Data System	美国微观调查数据库
NASS-GES	National Automotive Sampling System-General Estimate system	美国宏观调查数据库之一，对从物损事故到死亡事故进行抽样调查
PENDANT	Pan-European Co-ordinated Accident and Injury Databases	EU 统一事故调查数据库系统开发及实施要领开发的三年规划

参 考 文 献

[1] 交通安全白書平成 16 年版，国土交通省

[2] 交通統計平成 15 年版，財団法人交通事故分析センター

[3] 豊かなクルマ社会の実現に向けて 安全と環境への取り組み，社団法人日本自動車工業会

[4] 第 4 回自動車安全シンポジウム 高齢者のための車両安全対策，国土交通省自動車交通局（平成 15 年 10 月）

[5] 第 6 回交通事故調査・分析 研究発表会，財団法人交通事故総合分析センター（平成 15 年 9 月）

[6] 交通事故例調査・分析報告書（平成 13 年度報告書），財団法人交通事故総合分析センター（平成 14 年 3 月）

[7] 研究報告書 交通事故と運転者と車両の相関についての分析結果平成 14 年度，交通事故総合分析センター（平成 15 年 3 月）

[8] 交通安全に関する施策の効果評価に関する調査，三菱総合研究所（2004 年 3 月）

[9] 自動車と安全人と地球にやさしい車づくり，トヨタ自動車

第6章 碰撞安全技术

6.1 概　　论

碰撞安全对策的分类如图6－1所示。

按照时间序列，分为减轻事故发生时的伤害和防止事故后的伤害扩大。最近采用的预挤压安全技术，是当预知到危险性或者判断出会发生不可避免碰撞时，将采取发出警报、进行制动等主动安全操作行为，以及采取收紧安全带、将座椅移动到安全位置等以减轻碰撞时伤害的被动安全操作行为。

从伤害的对象方面来说，分为乘员安全性和被汽车碰撞对象的安全性（减低碰撞加害性）两个方面。被碰撞对象的安全性不仅包括了对行人、自行车和摩托车，也包括了如何减轻大型车对小型车的碰撞加害程度。

所谓碰撞安全性，就是要使因碰撞使车速急剧变化的过程中，作用到人身上的负荷即加、减速度或载荷等减少到最小。定性地说，碰撞速度或车速变化小时就安全。当相同车速变化时，通常的制动（即多用点时间慢慢制动）比紧急制动要安全一些。换句话说，就是尽可能地用更长的距离使车速降低下来，就会更安全一些。

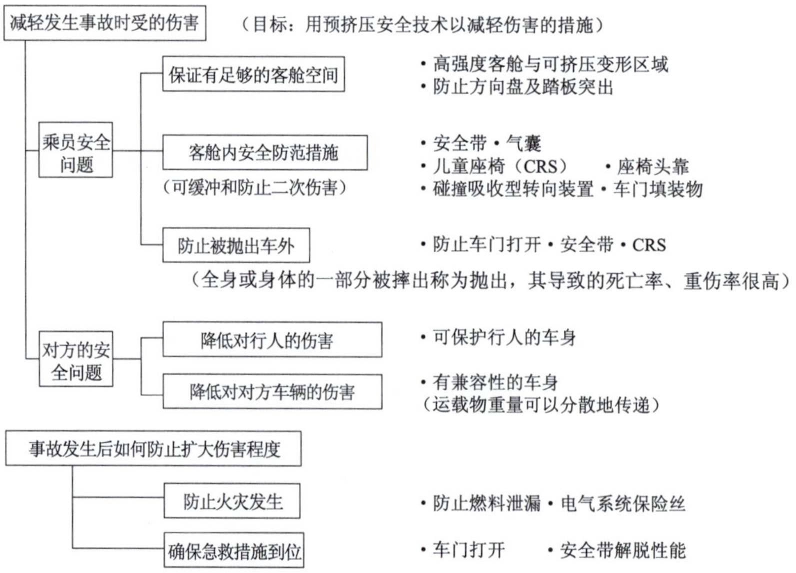

图6－1　碰撞安全技术项目

加（减）速度的大小通常用是重力加速度 g（$1g=9.8\ m/s^2$）的几倍来表示。

另外，像安全带、安全气囊等这类以缓和碰撞为目的，而主动地与人接触或约束人的装置，我们把它们称为乘员约束装置。

6.2　碰撞安全基础

6.2.1　法规与新车评价规程（NCAP）的历史

汽车的安全性是目前汽车生产厂家之间进行车型开发竞争的一个项目，相关的法规及评价在此过程中起到了很大的作用。表 6－1 为现在美欧日和澳大利亚的碰撞安全法规项目，图 6－2 为最近 20 年间的法规、评价和乘员约束装置的变迁图。下面对汽车成员保护技术具有特别大影响的美国 FMVSS208 法规的变迁和新车评价规程（New Car Assessment Program，NCAP）规定的安全性能等级进行介绍。

（1）正面碰撞标准

美国的 FMVSS208 法规规定从 1968 年起汽车厂家有义务装备安全带。但由于安全带使用率低，美国道路安全局（NHTSA）在 1970 年 5 月修改法规，规定从 1973 年 8 月 15 日起，汽车厂家有义务装备即使乘员不操作也能自动发挥约束功能的非被动约束系统（如安全气囊、自动安全带）。

表 6－1　各国碰撞安全法规项目

分类	相应项目	美国·FMVSS	欧洲－ECE	欧洲－EU	日本－安全标准	澳洲
束紧装置	安全带	208，209	16	77/541/EEC	22 条之 3 款	4
	安全带锁紧器	210	14	76/115/EEC	22 条之 3 款	5
	儿童用束紧装置（CRS）	213	44		22 条之 5 款	34
	CRS 固定锁紧器	225	14.16			34
	气囊	208				
冲撞时对乘员的保护	室内二次冲撞（上部及室内试验）	201				
	室内二次冲撞及突出点（以上除外）	201	21	74/60/EEC	20，44，45 条	42
	试验障碍	Part 572	（＊1）	（＊2）	（＊1）	
	防止甩出车外（安全带固定装置）	212				
	防止甩出车外（门锁，铰链）	206	11	70/387/EEC	25 条	2
	商用车（厢体强度）		29			
	正面撞击（实车试验安全带固定装置）	219				
	正面撞击（实车试验控制向后移动）	203，204	12	74/297/EEC	11 条	69
	正面撞击（室内冲击试验方向盘的冲击）	203，204	12	74/297/EEC	11 条	69
	正面撞击（实车试验假人伤害值）	208	94	96/79/EC	18 条	73
	正面撞击（试验生存空间）		33			
	侧面撞击（车门静强度）	214				
	侧面撞击（实车试验假人受伤害程度）		95	96/27/EC	18 条	72
	后面撞击（防止燃油泄漏等）	301	32		15 条	
	车辆倾覆（车顶静强度）	216		2001/85/EC		
板材	板材固定装置	207	17	74/408/EEC	22 条	3
	板材接头强度	202	25	78/932/EEC	22 条之 4 款	22
行人保护	车轮护件	州法		91/226/EEC 78/549/EEC	9 条，18 条	42
	车轮轮盘		26，61	92/114/EEC 74/483/EEC	18 条	42

续表

分类	相应项目	美国·FMVSS	欧洲－ECE	欧洲－EU	日本－安全标准	澳洲
行人保护	外部凸起物		26，61	92/114/EEC 74/483/EEC	18 条	42
	冲击试验			2003/102/EC	18 条之 4 款	
保险杠	保险杠	Part581/ CMVSS215	42			
	商用车侧面保护装置		73	89/297/EEC	18 条之 2 款	
	商用车前部防护装置		93			
	商用车后部防护装置	FMVSS223/224	58	70/221/EEC	18 条之 2 款	
车辆火灾预防	采用难燃性内饰材料（公共汽车）	302		95/28/EC	20 条	
	燃料箱	FMVSS301	34	70/221/EEC	15 条	
	燃料箱（大型车）					17
	燃料系统安全性（LPG）	CMVSS 301. 1	34	70/221/EEC	17 条	
	燃料系统安全性（CNG）	303，304，CMVSS 301，2	34	70/221/EEC	17 条	
	燃料系统安全性（氢）*4	303，304，CMVSS 301，2	34	70/221/EEC	17 条	

注：（＊1）（＊2）（＊3）（＊4）：各相关法规中有规定，CMVSS 为加拿大法规

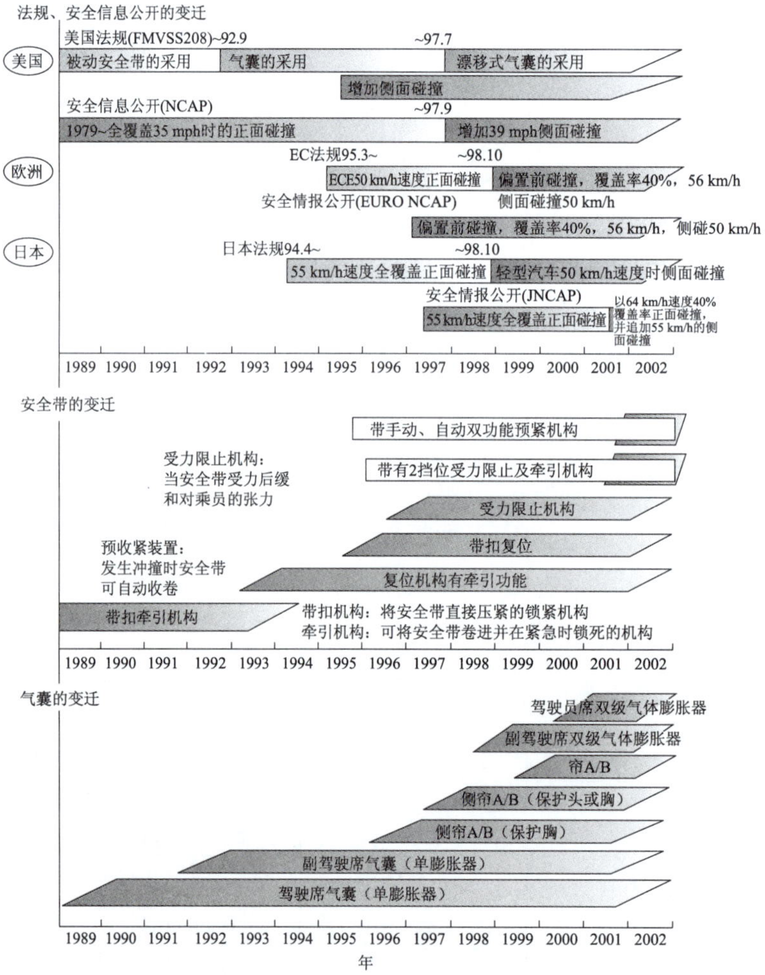

图 6－2　法规、评价及乘车约束装置的变迁[3]

法规要求的内容广泛，其要点是：第一，在驾驶员和副驾驶员座椅上安装假人，以48.3 m/h（30 m/h，以下用 mph）以下的车速，对固定壁障进行正面碰撞；第二，将安装有同样假人的车辆，放置在左右倾斜23°的台车上，以48.3 km/h（30 mph）的速度进行侧翻试验；第三，在碰撞侧驾驶员席和后排座椅安装假人，用移动壁障以40 km/h（25 mph）的速度对安装假人侧车身进行侧面碰撞试验。但由于当时假人的技术很难满足伤害标准，经过厂家和政府反复讨论后，1972年美国联邦法院对克莱斯勒提出诉讼进行了判决，在满足性能评价指标的假人技术开发出来之前，法规将延期。

为此，NHTSA 从法规方面明确了系安全带是实质性的义务，即1973年8月15日之后的车辆，有义务安装如果不系安全带，发动机就不能启动的启动锁止装置。但这个装置，在紧急时会引起混乱，遭到了用户的恶评。因此，1974年10月由议会发布中止命令而被废除。

其后，经历了召开多次安全气囊听证会等波折，1984年9月1日从法规方面规定，1987—1990年的车型（在美国对某年车型，如1990年车型，是指1989年9月1日—1990年8月31日生产的汽车）应有义务安装能够满足正面碰撞要求的被动安全保护装置。因此，众多厂家提供了自动安全带或安全气囊。法规进一步进行了修改，规定在1993年的之后车型，安全气囊应达到被动安全基准（即使没有系安全带，也能够满足正面碰撞要求），致使安全气囊在今天得到了普及。

但是，1996年在较低车速发生的事故中，安全气囊导致乘员死亡的事故暴露出来后，成为美国的社会问题，造成了很大的负面影响。死亡人员中，很多是坐在靠近装有安全气囊的转向盘的小个子女性驾驶员；也有坐在副驾驶座上的儿童，制动时因没有系安全带而被向后抛向前面造成的；也有固定在副驾驶座的儿童座椅上的幼儿（把不是处于正规坐姿的这些状态称为非正装 Out Of Position，OOP）。为此，NHTSA 修改了法规。以前的法规，不管假人系不系安全带，都要求同样的安全性能。其结果是强有力地推进了安全气囊的使用，暂时也符和了不系安全带时的试验条件，并使盆字型安全气囊的使用成为了可能。同时，通过各种宣传材料进行宣传警告，如就座时应远离安全气囊，小孩应坐在后排座椅上，向后的婴儿安全带决不能装在副驾驶员座位上，并且汽车厂家有义务在车辆上粘贴大的警示标牌。通过这些政府和民间的协作努力，使事态得到了平息。

其后，在现在已得到彻底修订的 FMVSS208 法规中，要求厂家有义务在2004—2007年的车型中逐步实施有关规定。在此法规中，小孩和个子较小的女性坐在靠近安全气囊的座位时，安全气囊应处于关闭状态；或者小孩和个子较小的女性即使在此状态下，也应符合碰撞伤害基准；亦即要求应保证安全气囊的副作用不大以及符合碰撞伤害基准两方面的规定。在正面碰撞时，对系用安全带的乘员要求以 0 ~ 48.3 km/h（0 ~ 30 mph，2008年车型以后应按56.3 km/h = 35 mph）进行碰撞，对于非系用安全带的乘员要求以32 ~ 40 km/h（20 ~ 25 mph）进行碰撞，并满足其伤害基准。其结果是，原来根据碰撞程度只进行打开或不打开控制的系统，进一步发展到根据乘员的体重、乘坐位置、乘坐姿势等，对安全气囊打开或不打开、较低的打开能量或较高的打开能量等方面的智能安全气囊技术。

日本、欧洲与美国不同，从开始就是以系用安全带为前提进行法规制定的，日本对1994年4月1日后的新车型，要求适用50 km/h 的正面碰撞速度；欧洲对1998年后的新车型，要求适用56 km/h 的偏置变形壁障正面碰撞。

（2）侧面碰撞标准

在上述 FMVSS208 法规中，原来也包括侧面碰撞乘员保护规定，但根据1972年联邦法院作出的在满足侧碰撞性能评价的合适假人开发出来之前，该法规将延期执行，该法规实质上变成了正面碰撞乘员的保护基准。由于当时的假人是为正面碰撞而研发的，其侧面碰撞的响应与人体完全不同。因此，NHTSA 开发了适用于侧面碰撞用的新型假人 SID（Side Impact Dummy），厂家有义务在1994—1997年车型中分阶段实施。该法规在 FMVSS214 法规当时规定的侧车门刚度基准的基础上，进一步规定了侧面碰撞的整车碰撞试验标准。

以 SID 的生物真实性低为由，欧洲政府研究机构 EEVC（Europern Experimental Vehicle Committee）另行完成了 Euro SID－1。使用此假人的侧面碰撞标准适用于 1998 年 10 月后的新车型，2003 年 10 月以后的老车型也继续适用；日本 1998 年 10 月以后的新车型采用与欧洲同样的侧碰撞安全基准，并且继续适用于 2000 年 9 月以后的老车型。

（3）NCAP 评价

1979 年 NHTSA 公布了最初的 NCAP 结果。采用了比法规 48.3 km/h（30 mph）高 8 km/h（5 mph）的车速，对很多轿车进行了固定壁障正面碰撞试验和移动壁障后面碰撞燃油泄漏量的试验，并调查其是否满足法规规定的有关标准，得到了碰撞能量超过法规规定值 36% 引起轰动的结果。进行 NCAP 是因为碰撞安全性能不为一般用户知道，作为政府发布的试验结果可以作为用户选择购买车辆的信息，并把汽车安全性能提升到作为汽车的商品性能之一。在满足法规规定的基准条件下，虽然汽车都是合格的，但是其性能有差别，现在通过采用比法规规定高的车速进行试验，可以给用户提供汽车在安全性能差别上的附加信息。几经修改，现在对 NCAP 的结果采用最高为 5 颗星的星级标识。近年来，安全性能成为厂家技术开发竞争最主要的项目，美国的这个 NCAP 星级评价在其中发挥了很大作用。其后，美国道路安全保险协会（Insurance Institute Highway Safety，IIHS）实施了 64 km/h 的偏置可变形壁障正面碰撞试验（ODB 正面碰撞试验），并将碰撞试验结果分为 4 个等级。

在欧洲，德国汽车用户俱乐部 ADAC（Allgemeiner Deutscher Automobile Club. V.，相当于日本的 JAF）和 AMS（Auto Motor and Sport）杂志将对汽车进行的偏置正面碰撞和侧面碰撞试验结果发布在俱乐部机关报纸和杂志上，1997 年起成为了包含政府在内的团体 Euro NCAP 性能评价标准。在采用与 IIHS 相同的 64 km/h 正面碰撞的基础上，综合欧洲侧面碰撞结果，确定其碰撞安全性能等级。另外，虽然还没有法规，但对行人安全保护性能评价也进行了试验并公布了试验结果。

日本从 1995 年开始对汽车进行 NCAP 性能评价，当时通过 55 km/h 的正面碰撞试验和制动停车距离试验进行评价。现在是增加了 64 km/h 的 ODB 正面碰撞试验、侧面碰撞试验，采用 3 种试验进行综合评价。从 2003 年开始，将增加保护行人头部的保护性能试验。

6.2.2 碰撞基础理论

（1）质点对刚性壁的碰撞现象

作为最简单的例子，质量为 m 的质点以速度 V_0 碰撞质量无限大的刚性壁时的运动［图 6－3（a）］，质点 m 有一个其反作用力与变形成正比的弹簧刚度 k 的弹簧。但 k 在反弹区域具有如图 6－3（b）所示的偏向低载荷 CD 侧的偏置特性。

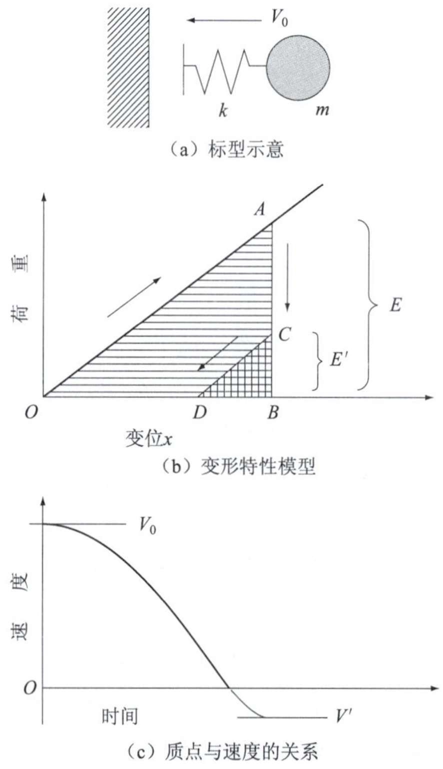

图 6－3 质点碰撞刚性壁

设质点的变形为 x，对时间的微分为速度，对时间的二阶微分为加速度，则其运动方程式如下。

$$m\ddot{x}+kx=0$$

$$t=0\text{ 时}，\dot{x}=V_0，x=\ddot{x}=0$$

$$x=V_0\sqrt{\frac{m}{k}}\sin\left(\sqrt{\frac{k}{m}}t\right)$$

$$\dot{x}=V_0\cos\left(\sqrt{\frac{k}{m}}t\right)$$

$$\ddot{x}=-V_0\sqrt{\frac{k}{m}}\sin\left(\frac{k}{m}t\right)$$

此时，质点 m 初始具有的动能 $E=(1/2)mV_0^2$，在质点速度为0的瞬间，能量全部被弹簧 k 吸收，即相当于图6-3（b）中的△OAB 的面积。k 为完全弹性时，弹簧反力从 A 按原路返回 O 点。一旦被弹簧吸收的能量 E 释放出来，变成质点的动能时，质点将以初速度 V_0 逆向运动，此时的反弹系数为1。当 k 为完全塑性，即反弹因数为0时，从最大变形时的反力 A 开始，即使有一点变形回弹，其反力也为0。即质点的动能 E 完全被弹簧 k 的变形所吸收、消耗，而使质点的速度变成0。汽车车身高速碰撞时，主要是塑性变形，一般只有0.1左右的反弹因数，此时的状态如图6-3（b）中的 $OACD$。但达到最大变形后，反力从 A 降低到 C，变形减小时，反力从 C 沿着 CD 线，到 D 点时变形的恢复也结束了。此时的△CBD 面积相当于反弹能量，其平方根相当于反弹速度。即质点的速度变化 ΔV 不再是 V_0，而变成了以下公式。

$$\Delta V=(1+e)V_0=\sqrt{\left(\frac{2}{m}\right)}(\sqrt{E}+\sqrt{E'})$$

变形必须吸收的最大能量取决于初速度，而不取决于 ΔV。

（2）两个质点之间的碰撞现象

质量 m_1、m_2 的质点分别以初速度 V_{10}、V_{20} 进行碰撞，求碰撞时的速度变化（图6-4，速度为矢量）。

为了求最大变形时的速度变化、能量吸收量，我们以碰撞后两者以同一速度 V' 运动（相当于反弹因数为0）的瞬时进行分析。根据运动量守恒定律

$$m_1V_{10}+m_2V_{20}=(m_1+m_2)V'$$

$$V'=\frac{m_1V_{10}+m_2V_{20}}{m_1+m_2}$$

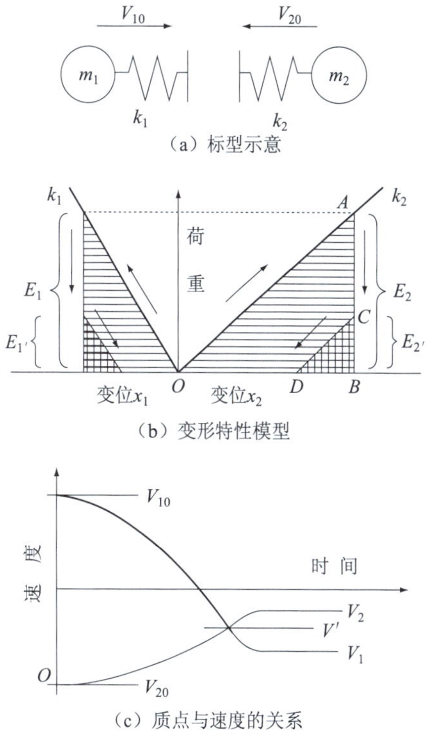

图6-4　两个质点间的碰撞现象

m_1、m_2 的速度变化 ΔV_1、ΔV_2 为

$$\Delta V_1=V'-V_{10}=\frac{m_1}{m_1+m_2}(V_{20}-V_{10})$$

$$\Delta V_2=V'-V_{20}=\frac{-m_1}{m_1+m_2}(V_{20}-V_{10})$$

速度变化等于相对速度乘以质量比，不受其弹簧的硬度和特性的影响。即1 t重车辆与2 t重的车辆均以50 km/h的速度进行正面碰撞的话，1 t重的车辆将承受66.7 km/h、2 t重的车辆将承受33.3 km/h的速度变化，越轻的车辆将会承受越严重的碰撞。

求变形时所吸收的能量 E_d。因为碰撞前的动能之和与碰撞后的动能以及变形所吸收的能量之和应相等。因此

$$\frac{1}{2}m_1V_{10}^2+\frac{1}{2}m_2V_{20}^2=\frac{1}{2}(m_1+m_2)V'^2+E_d$$

$$E_d=\frac{1}{2}\frac{m_1m_2}{m_1+m_2}(V_{20}-V_{10})^2$$

$$=\frac{1}{2}(m_1+m_2)\Delta V_1\Delta V_2$$

从此公式也可以看到，所吸收的能量不受弹簧硬度的影响，各自弹簧所吸收的能量只受弹簧

间的相对硬度的影响。

(3) 矢量 V 与壁障换算速度

在车辆事故分析中，通常采用矢量 V (ΔV) 和壁障换算速度 (V_B) 等来表示车辆的碰撞程度。ΔV 为速度变化量，V_B 为将车辆之间的碰撞转化为车辆与等价的壁障碰撞的速度，也将 V_B 称为对定壁障换算速度 (Equivalent Barrier collision Speed, EBS)。如图 6-4 所示一次碰撞的 ΔV 和 V_B 如下式所示。

根据相对速度进行计算时：

$$\Delta V_1 = V_1 - V_{10} = \frac{m_n}{m_1}(1+e)(V_{20}-V_{10})$$

$$\Delta V_2 = V_2 - V_{20} = \frac{m_n}{m_2}(1+e)(V_{20}-V_{10})$$

其中，$m_n = \frac{m_1 m_2}{m_1+m_2}$，$m_n$ 是碰撞时两辆车的换算质量。

根据车辆的变形能量进行计算时：

$$\Delta V_1 = V_1 - V_{10} = \frac{1}{m_1(1+e)}\sqrt{2(E_1+E_2)m_n} \tag{1}$$

$$\Delta V_2 = V_2 - V_{20} = \frac{1}{m_2(1+e)}\sqrt{2(E_1+E_2)m_n}$$

根据等价壁障碰撞时的定义，V_B 也有两种计算方法。一种是车身变形所吸收的最大能量（反弹时最大变形的能量）的等价计算方法，另一种是碰撞时的速度等价计算方法。

在图示的一次碰撞时，按照前一种计算方法求取 V_B 如下所示。

$$V_{B1} = \sqrt{\frac{2E_2}{m_1}},\quad V_{B2} = \sqrt{\frac{2E_2}{m_2}}$$

另外的一种计算方法为：

$$V_{B1} = (V_{20}-V_{10})\sqrt{\frac{m_n k_n}{m_1 m_2}} \tag{2}$$

$$V_{B2} = (V_{20}-V_{10})\sqrt{\frac{m_n k_n}{m_2 m_2}}$$

其中，$k_n = \frac{K_1 K_2}{K_2 - K_2}$

k_n 是两辆车的合成车身刚度。

相同车型之间进行碰撞时 ($m_1 = m_2$, $K_1 = K_2$)，有以下公式成立。

$$V_{B2} = -\frac{1}{2}(V_{20}-V_{10})\,V_{B1} = \frac{1}{2}(V_{20}-V_{10})$$

从公式中可以看到矢量 V 与壁障换算速度之间的关系，$\Delta V_1 = \alpha V_{B1}$，从 (1)、(2) 式可如下所示求出 α 值。

$$\alpha = \frac{\Delta V_2}{V_{B2}} = (1+e)\sqrt{\frac{1+\frac{K_1}{K_2}}{1+\frac{m_1}{m_2}}}$$

如果 $\alpha = 1$，即矢量 V 和壁障换算速度相等，亦即是 $e=0$，$\frac{K_1}{m_2} = \frac{K_2}{m_2}$ 的时候，即车辆之间碰撞时，反弹因数为 0，而且两辆车单位质量的车身刚度相等时，矢量 V 和壁障换算速度也相等。

6.2.3　乘员保护的基础理论

(1) 正面碰撞

通过速度历程图可考察装载乘员的车辆以初速度 V 碰撞水泥壁障的情况。在速度历程图中，速度下面的面积是速度对时间的积分，表示的是变形，速度的斜率是对速度的微分，表示的是加速度。这个图对理解碰撞现象是十分有用的。

如图 6-5 (a) 所示是乘员没有系用安全带时的碰撞模型。实际车辆在乘员进行二次碰撞为止，可以使用的变形量为车辆车身前部的碰撞变形量 D_f 与乘员前面室内空间的简单相加。首先考虑坚固车辆以 13.9 m/s (50 km/h) 的速度碰撞固定壁障的情况。为了简化，假定车身变形弹簧是以发出矩形波固定反弹力的弹簧，车身变形量为 250 mm；车内弹簧是向右上方发出反力的普通弹簧，通过变形 50 mm 来吸收乘员的能量。

如图 6-5 (b) 所示，从 0 时刻车身碰到壁障时起，车身以 386 m/s^2 (39.4 g) 的定减速度减速得到车速为 0，T_1 时刻的时间为 36 ms，这个 V_{VH} 下面的面积相当于 250 mm 的变形量。另一方面，由于成员没有系用安全带，乘员以未减速的初速度在室内向前运动，车身逐渐减速，乘员在逐步减少 250 mm 室内最初距离的过程中继续向前运动，直到 T_C = 36 ms时与室内障碍物发生第二次碰撞。V_{OH}与V_{VH}之间的面积与V_{VH}下面的面积相同，相当于250 mm的变形。即乘员在36 ms的瞬间以50 km/h的速度碰撞到刚好停止下来到室内障碍物上。此种状态下，乘员最初具有的动能必须全部通过室内弹簧k_c的变形来吸收。初速度为50 km/h的物体仅通过弹簧变形50 mm来使其停止，其最大减速度将达到3 838 m/s^2（394 g），使车身10倍的减速度作用在乘员身上。即在此情形下，在车身变形250 mm、乘员前部室内空间250 mm，合计500 mm，均在乘员相对于地面完全没有减速的运动过程中，毫无帮助地被浪费掉了。

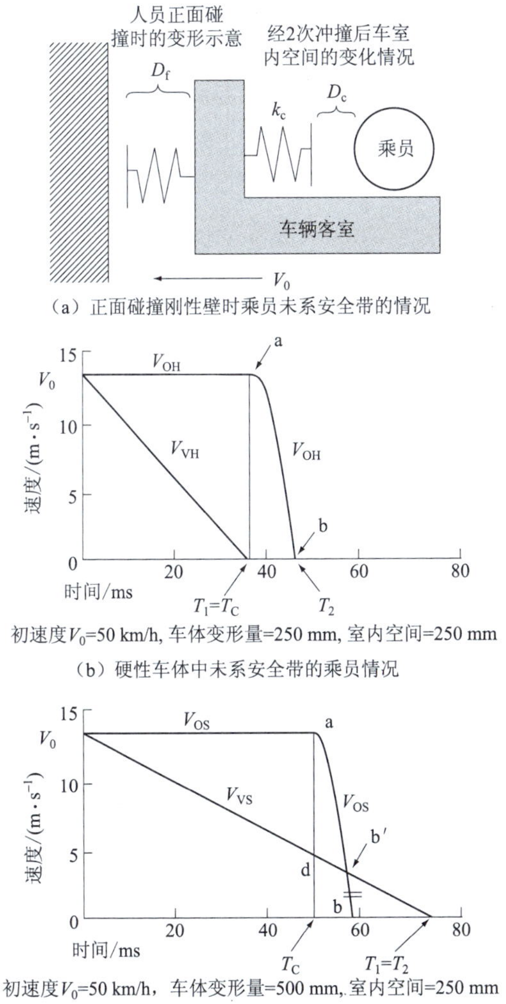

（a）正面碰撞刚性壁时乘员未系安全带的情况

初速度V_0=50 km/h, 车体变形量=250 mm, 室内空间=250 mm

（b）硬性车体中未系安全带的乘员情况

初速度V_0=50 km/h，车体变形量=500 mm, 室内空间=250 mm

（c）软性车体中未系安全带的乘员情况

图6－5 正面碰撞刚性壁时的速度变化图

如图6－5（c）所示为在相同条件下，车身变形量D_f为500 mm，车身矩形反弹力减半的情形。乘员使用完室内空间距离D_c为250 mm刚好碰撞到室内弹簧上所需要的时间为50.9 ms，此时车身还具有4.08 m/s（14.7 km/h，d点）的速度，即乘员往室内障碍物进行二次碰撞的速度为35.3 km/h，比前面的碰撞状态大大地得到了缓和。随后，以车身相同的速度减速，在72 ms时与车身一起停止。简单地说，乘员具有的能量中，有14.7 km/h的部分被车身变形所吸收。这样前车身（不是室内，而是室内前面的车身外部）的变形量大，乘员被缓慢地减速，可以使其比急剧减速所承受的载荷要小。虽然室内空间与前面的示例一样完全没有得到利用，但车身的变形量在某种程度上得到了利用。

即使车身变形量相同，如果乘员的可移动空间和时间减少，也会发生同样的情况。作为极端的事例，从一开始就将乘员牢固地绑在车身上，与车身一起运动，加在乘员身上的减速度也与车身一样。如果如上例所示，只要车身减速度低，在一定状态下，乘员也可能只承受较低的减速度，这时乘员所具有的能量将全部由车身的变形所吸收。因此，把有效地利用室内空间D_c，按照此思路进一步灵活地应用车身变形的（如安全带、安全气囊等）约束装置。

如前面所述，乘员在车辆行驶过程中所具有的动能，不仅通过与乘员直接接触的安全带转移载荷，而且也通过车身吸收，这种情况称为减低效果。

我们以乘员在碰撞时具有的动能被车身所吸收的比例，通过以下公式来表示降低效果的大小。

$$\eta = \frac{\int F_0 \mathrm{d}x_B}{\int F_0 \mathrm{d}x_0} \quad \left(\eta = \frac{\int \ddot{x}_0 \mathrm{d}x_B}{\int \ddot{x}_0 \mathrm{d}x_0} \right)$$

其中，x_B是车身相对于地面的移动量，x_0是乘员相对于地面的移动量；F_0是乘员所受的力，一般用量纲为1的减速度$\ddot{x}_0$来表示。

分子是乘员所受力对车辆移动量的积分。乘员胸部所承受的实际能量值，为汽车评价车速55 km/h对固定壁障碰撞时的0～60%的能量，剩余的部分则必须由安全带和安全气囊等约束装置来吸收。该值的大小，如上述例子所示，根据车辆的不同有一半的差别。碰撞初期，因为初速度接近，单位时间的车身移动量也大，安全带的载荷较小，由车身吸收的乘员能量在初始阶段一般也比较小。因此，为了使乘员能量减低效果明显，不仅使车身的变形量要大，而且乘员的约束装置要尽早发挥作用，这也是非常重要的。对安全带进行预张约束、车身减速的特性在初期较高以及在后期较低等，也具有很大的效果。

在减低效果解析中，以作用在乘员身上的载荷或减速度为纵轴，在横轴上画上三个变形曲线，就很容易理解了。如图 6-6 所示，一个是乘员相对于地面的位移，表示碰撞时乘员的全部能量被车辆综合吸收的特性。第二个是车身的移动量，它表示乘员的动能被车身吸收的越大，其减低效果也越好。第三个是相对于车身的移动量，表示安全带、安全气囊等约束装置吸收能量的特性。根据减低效果的大小，其曲线的面积大小也随之变化。当然，减低效果大时，乘员的载荷未必就小，只能理解为具有使乘员载荷减小的可能性。

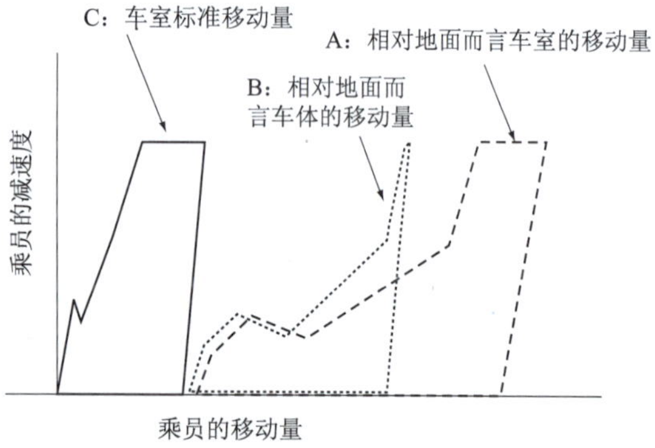

图 6-6 乘员受碰撞时撞击力衰减效果解析

(2) 侧面碰撞

侧面碰撞示例，如图 6-7 所示。图 6-7（b）是图 6-7（a）侧面碰撞时间历程的标准曲线，为了简化，速度均采用直线表示（加速度为一定值）。加害车辆（这里把碰撞车辆称为加害车辆，速度为 V_{bar}）从碰撞的瞬间开始随着时间历程速度逐步下降，同时被碰撞车辆（重心，速度为 V_{veh}）开始逐渐地加速，直到 T_1 时刻达到与加害车辆相同的速度。$\triangle V_0OA$ 的面积相当于加害车辆与被碰撞车辆变形量之和。车门等侧面结构（这里用车门的内装饰表面的速度，V_{dor}）如直线 OB 所示，比被碰撞车辆重心更快地加速。$\triangle V_0OB$ 的面积相当于加害车辆与被碰撞车辆车门内装饰之间的变形量。在 T_2 时刻车门被碰撞，乘员沿着直线 T_2-C 被加速；在 T_3 时刻，乘员与加害车辆达到同一车速 C，它是乘员达到的最大加速度。$OBDT_2$ 面积为车门内饰接触到乘员所移动的距离，换言之也就是开始时乘员与车门内饰之间的距离。如果乘员坐的离车门越远的话，乘员被车门碰撞到的时刻 T_2 就会往右偏离而滞后，点 C 也向右偏离，乘员的最大加速度也越小，即坐得越远其速度变化也越小。图 6-7（c）表示增强了车身侧面结构和重心之间的强度时的情况。最终点 A 的速度与前例相同，仅取决于初速度和质量。相当于车身

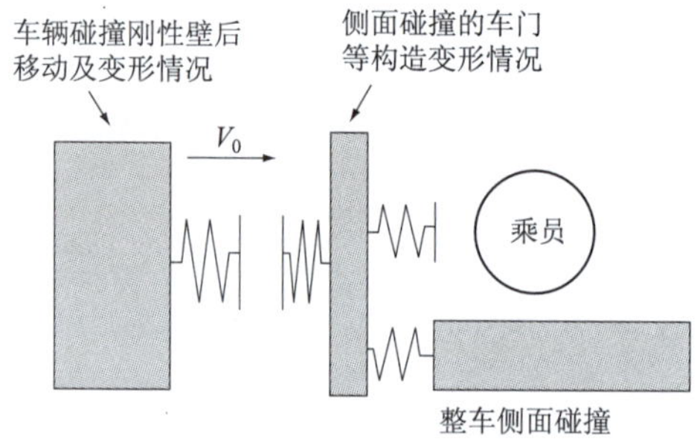

（a）侧面碰撞标型

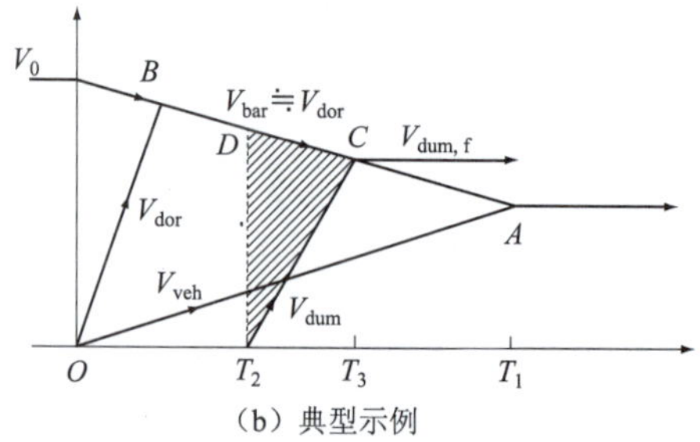

（b）典型示例

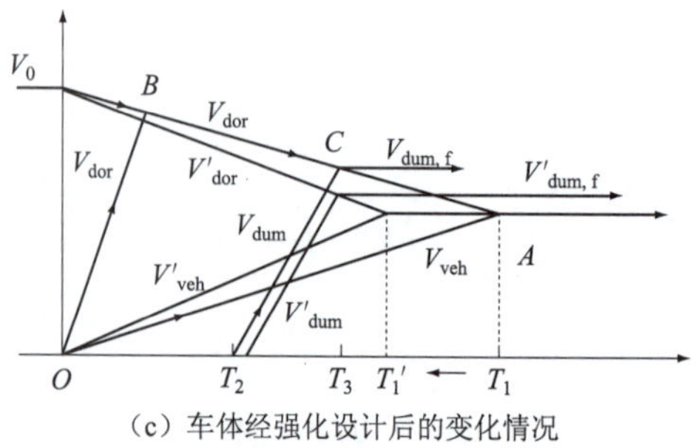

（c）车体经强化设计后的变化情况

图 6-7 侧面碰撞刚性壁时速度变化情况

变形量$\triangle V_0OA$的面积越小，达到最终速度的T_1就越早到达T'_1，它使V_{dor}车门速度快速下降，其结果使乘员的最大速度从V_{dum}下降到V'_{dum}。车身的侧面强度增加，乘员的速度变化就越小。这个速度历程图对于理解侧面碰撞现象很有帮助。

(3) 兼容性与加害性

大车与小车相碰撞时，一般小车的乘员受的伤害比较大。这种被害程度尽可能减小的要求称为兼容性（Compatibility，或称共生性），这也是近年来改进碰撞性能的研究开发的方向。

改善兼容性，不仅要求小车具有更高的安全性能，而且也要求降低大车对小车的加害性能。在事故统计中，车辆本身的安全性用单位车辆登记台数或单位乘员负伤事故台数的乘员死亡数量或重伤数来表示，加害性用单位车辆登记台数或单位事故台数对被碰撞车辆造成的乘员死亡数量或重伤数来表示。

如6.2.2所阐述的两质点碰撞现象那样，质量不同的车辆碰撞其速度变化之比是由质量比决定的，因此，要它们具有相同的速度变化，这在物理上是不可能的。无视其速度变化差，强求具有相同的安全性能是困难的。首先，无论如何要确保与其速度变化量相适应的安全性能是很重要的。正面碰撞时，用于吸收主要能量的骨架材料、前保险杠（相当于前横梁的部分）的安装高度不同，将会出现不产生任何变形而骑到对方车辆上的“骑上”现象，相反也有钻入对方车底的“钻入”现象（图6-8）。

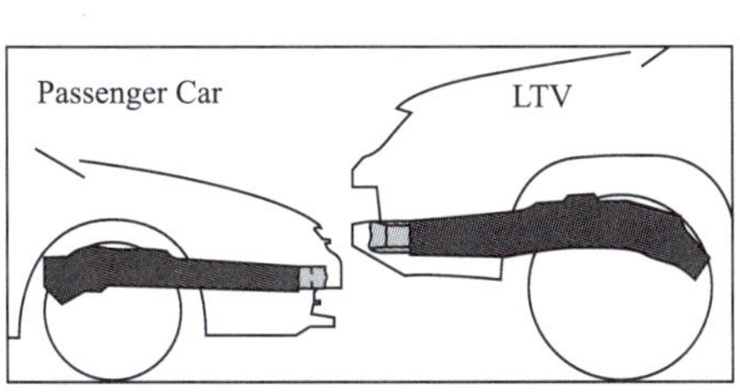

图6-8 骨架材料（保险杠）高低不同的示例图

此时，即使有变形量，但由于吸收的能量很小，白白地浪费了尺寸空间。因此，重型车的后保险防撞入装置和前保险防撞入装置都是所采取的对策措施。中型车和小型车也在努力地增高骨架材料的位置。大车和小车碰撞时，大车几乎不变形，小车不仅前车身而且连室内都会被撞溃的这种情况并不是希望出现的。小车的室内至少应该在两车的前车身碰撞挤压溃变形之后才开始进行变形，以有效地利用尺寸空间。提高小型车的客舱强度和使重型车前车身具有适当的强度都是值得研究的课题。另外，分散承受载荷的多路径传力结构也是今后前车身结构的发展方向，并且对前碰撞的平均载荷中心高度和分布载荷的均匀性测量方法及其定义也正在进行研究。

6.3 碰撞试验等的评价方法

进行碰撞安全性能评价时，一般利用实车模拟碰撞事故的碰撞试验等方法进行。根据不同的评价目的，采取不同的试验方法。一般的座椅安全带、安全气囊、座椅等试验是将其搭载在台车上，模拟实际车辆碰撞时的加速度和减速度的速度变化进行试验。这种试验被称为二次碰撞动态试验（sled）。这种试验方法不需要破坏车身结构，只需要更换零部件即可反复进行试验，应用较为广泛。另外，将碰撞现象特化的试验称之为组合（component）试验，分为评价碰撞反应的动态试验和施加静态载荷时对强度进行评价的静态强度试验。动态试验的典型试验是利用头部模型、碰撞仪表板和头枕等，计算头部模型g值的头部碰撞试验。静态试验的典型试验是座椅安全带固定装置强度试验。在实车试验的时候，需要用假人替代乘员进行碰撞试验，而且需要能够对试验的安全范围进行判断的评价标准。

6.3.1 人体耐受性

在研究人的安全问题时，需要对人的外力承受能力以及负荷程度和伤害程度进行描述。这就是所说的人体耐受性（Human Tolerance）。

1946年，美国空军上校John. P. Stapp亲自乘坐固体燃料推进式试验车辆，以$25g$的加速度进行了试验。自此开始了对交通事故伤害时的人体耐受性研究。John. P. Stapp还利用猪、熊等动物进行了试验，并总结了人体全身的加速度耐受性。另外还对汽车安全研究的必要性进行了阐述，定期召开研讨会。现在研讨会已经发展成了汽车碰撞安全—生物体工程学领域最具权威的国际会议“Stapp Car Crash Conference”。

人们一直在通过志愿者或者利用尸体或动物等对人类耐冲击性进行研究。由于受到研究手段的制约、不同体格和年龄的人的耐受性的差别以及其他各种因素的限制，试验的次数非常少，还需要很长的试验探索时间。

在对死亡、重伤、中等程度伤害等伤害程度，生物体的反应等研究方面，提出了各种研究方案及研究对象，如解剖学反应、生理反应等，以及引起上述反应的加减速度、载荷、变形量等各种物理因素。下面对法规中所规定的人体各个部位的碰撞耐受性进行说明。这里需要说明的是进行评价的数据是利用假人试验收集的，即伤害标准和人体耐受性有可能存在偏差。由于假人的举动和真实的人的举动不可能完全一致，因此在使用假人进行评价的时候，大多需要一个假人和真人进行换算的换算系数，不同假人的伤害标准也有所区别。表 6－2 为日美欧地区正面碰撞使用的假人及其伤害标准，表 6－3 为侧面碰撞使用的假人及其伤害标准。

表 6－2　日美欧正碰标准使用的 HYBRID－Ⅲ假人的伤害标准

标准 / 部位	伤害值	安全标准 旧 FMVSS208	ECE94	新 FMVSS208	新 FMVSS208
	假人体型	AM50	AM50	AM50	AF05
头部	HIC	1 000（36 ms）	1 000（36 ms）	700（15 ms）	700（15 ms）
	重心 G 3ms	—	80 g	—	—
胸部	胸 G 3ms（胸椎 T1 位置）	60 g	—	60 g	60 g
	胸变形量（mm）	（美国为 76mm）	50 mm	63 mm	52 mm
	VC	—	1.0 m/s	—	—
大腿部	大腿骨载荷	10 kN	9.07 kN（0 ms）*2 7.58 kN（10 ms）	10 kN	6.95 kN
小腿部	轴向压缩力	—	8 kN	—	—
	Tibia Index（T.I）*1	—	1.3	—	—
	膝下位移	—	15 mm	—	—
颈部	Nij（四个项目）*3	—	—	1.0	1.0
	拉伸负荷	—	3 300 N（峰值*2）	4 170 N	2 620 N
	压缩负荷	—	4 000 N（峰值*2）	4 000 N	2 520 N
	前后剪切力	—	3 100 N（峰值*2）	—	—
	后倾弯曲力矩	—	57 Nm	—	—

注：*1：Tibia Index = $M(t)$ /225N·m + $P(t)$，$M(t)$ 和 $P(t)$ 为时间 t 时的弯曲力矩和轴向压力；

*2：持续时间越长数值越小，此处为最大值；

*3：$N_{ij}=F(t)/F_{ij}+M(t)\ M_{ij}$，$F$ 为轴向力，F_{ij} 为 ± 方向的两个标准值，M 为前后倾弯曲力矩，同样 M_{ij} 也有两个值，这样组合后 N_{ij} 有四个值（此处省略 F_{ij} 和 M_{ij}）

表 6－3　日美欧侧碰标准使用的假人伤害标准

标准 / 部位	安全标准 ECE95	FMVSS214
假人	Euro SID－1（AM50）	SID（AM50）
头部	HIC（36 ms）≤1 000	无（可用 FMVSS201 对应）

续表

标准 部位	假人	安全标准 ECE95 Euro SID－1（AM50）	FMVSS214 SID（AM50）
胸部		肋骨变形量≤42mm（三个肋骨其中一根）VC≤1.0 ms	TTI≤85 4门车 TTI≤90 2门车 TTI（thorasic trauma index） =［（上肋骨 G 或者下肋骨 g）max＋胸椎下 G（T12位置）max］/2
腹部		腹部负荷≤2.5kN	无
腰部		耻骨负荷≤6.0kN（人体耐受性为10kN，Euro的骨盆为树脂材料，需更改）	骨盆 G≤130g

（1）头部

头部碰撞耐受性的基础数据如图6－9所示（WSTC：Wayne State Tolerance Curve），该曲线由三部分数据构成。尸体的脑损伤和头盖骨线性骨折试验（持续时间1～6 ms）；利用动物头部加速度值和头盖骨内的压力值的关系推测人类头部加速度值试验（持续时间6～15 ms）[7]；Stapp志愿者的Jet Ejection Seat试验（持续时间100～200 ms）[8]。图6－9中的虚线部分是根据后来的Patrick等试验数据修订后的曲线[9]。该曲线为评价头部伤害的主要数据，也是各种判断标准的参考依据。现有的FMVSS208乘员保护性能的头部判断标准HIC（Head Injury Criteria）即是由该曲线发展而来的。见公式（1）。

$$\mathrm{HIC}=\left[(t_1-t_2)\left\{\frac{1}{t_2-t_1}\int_{t_1}^{t_2}a(t)\,\mathrm{d}t\right\}^{2.5}\right]_{\max} \tag{1}$$

式中，$a(t)$ 表示头部重心的三轴合成加速度；t_1、t_2 表示HIC取最大值的时间。在二次碰撞持续时间很短的时候，上述WSTC的可靠性较高，因此一直只适用于二次碰撞。为此很多的标准将 t_2-t_1 定为36 ms以内，HIC值定为1 000以内。2003年9月生效的FMVSS208将其改为了 t_2-t_1 为15 ms以内，HIC值定为700以内。欧洲及日本的正面碰撞标准以及美欧日的NCAP现在仍然使用36 ms的标准。美国没有关于HIC的侧面碰撞试验。欧洲和日本采用与正面碰撞同样的36 ms、HIC 1 000以下的标准。图6－10为美国NCAP采用的HIC 36 ms值和AIS≥4AIS伤害概率曲线（AIS参照5.3.1的表5－1）。

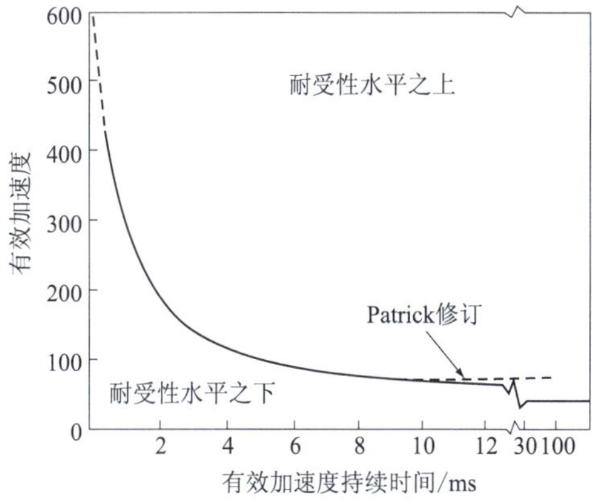

图6－9 前头部碰撞耐受性曲线[1]

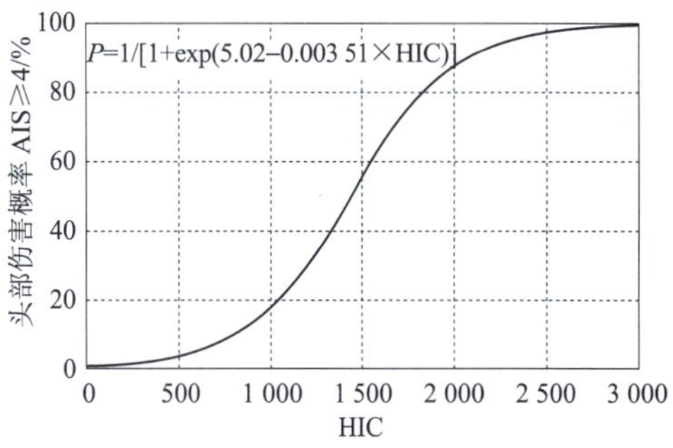

图6－10 HIC和头部伤害AIS≥4的概率[21]

（2）胸部

胸部的耐受性主要与胸腔内的脏器损伤以及保护胸腔内脏器的胸骨和肋骨有关，以往的研究重点大都集中在后者。对于胸骨的位移量（变形量）的评价，图 6－11 为达到 AIS3 以上的重伤概率实例[11]。欧洲及加拿大的正面碰撞伤害标准为 AIS≥3 伤害概率的 50%、压进量 50 mm。由于假人胸骨的变形—载荷特性以及变形位置与真人存在一定差别，且变形的测量位置也很难选择，因此 FMCSS208 采用脊椎上部加速度在 60g（累计 3ms）以下的判断标准。图 6－12 所示为美国 NCAP 采用的胸 G 3ms 和伤害概率曲线。通过对软组织的伤害研究，发现伤害程度受变形速度的影响。因此提出了关于变形量和变形速度的黏性标准[12]。利用公式（2）计算 VC，欧洲的正面碰撞和侧面碰撞采用了胸部 AIS4 的 1.0m/s 伤害标准。

$$VC=V(t)\times C(t) \tag{2}$$

式中，$V(t)=\mathrm{d}[D(t)]/\mathrm{d}t$ 表示变形速度；$C(t)=D(t)$/初期胸廓厚度表示变形；$D(t)$表示胸部挠度。

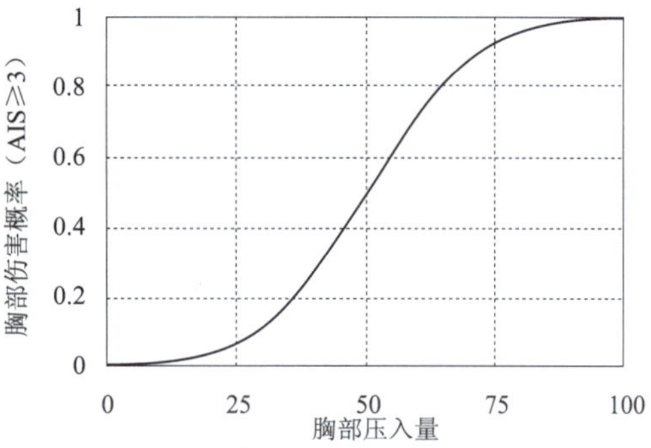

图 6－11　胸部压入量和胸部伤害 AIS≥3 的概率[11]

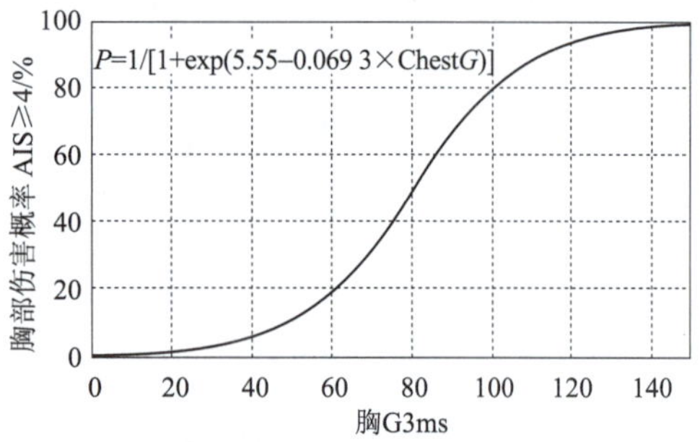

图 6－12　胸部压入量和胸部伤害 AIS≥3 的概率[21]

（3）膝盖、大腿骨、骨盆

关于大腿部的耐受性，大多是利用尸体进行试验，验证护膝垫碰撞到膝部时的伤害水平。特别是二次碰撞试验时，膝部沿大腿骨方向的冲击负荷、大腿骨、膝盖骨以及骨盆的骨折等的耐受性研究数据[13][14]已经作为了 FMVSS208 大腿骨负荷判断标准 10 kN（2 250 磅）的基础数据。另外，当外力未直接作用于膝盖，而是作用于小腿时，可以对膝部韧带以及膝关节的伤害进行预测[15]。

（4）其他

颈部及下腿部等相关的耐受性研究也已进行了很多，而且部分标准中也已经开始采用。这里不再进行介绍，可以参考耐受性以及伤害标准等相关的文献资料[16]。

6.3.2　假人（Dummy）

进行碰撞试验时，为了对乘员的安全性进行评价而使用的人体模型统称为假人（学名为 Anthropomorphic Test Dummy：人体试验假人）。由于假人无法全方位地模拟人的动态等，因此，分别针对正面碰撞、侧面碰撞以及头颈碰伤（后面碰撞）等开发了不同用途的假人。另外，为了正确地模拟人体动作状况，新的模型也要与技术共同发展。现在正面碰撞使用的成年假人 HYBRID－Ⅲ是目前国际化标准及评价中使用最广泛的，如图 6－13 所示。关于假人的尺寸，各国使用最多的标准尺寸是以成人男子的平均身材 AM50% ile（按百分位数排列的）为中心，身材较大的成人男性为 AM95% ile，身材较小的女性为 AF05% ile，儿童分为 6 岁、3 岁、1 岁及 6 个月儿童（AF05% ile 是指美国成年女性从小身材开始计算的第五个百分点的身材，

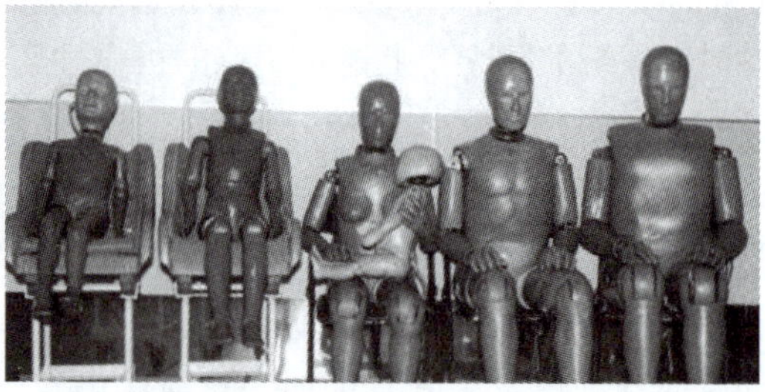

12个月
3岁　6岁　AF 05%ile　AM 50%ile　AM 95%ile

图 6－13　正碰用 Hybrid－Ⅲ假人（丰田）

AM95% ile 是指美国成年男性从小身材开始计算的第九五个百分点的身材，即大身材开始的第五个百分点的身材）。由于开发周期和开发地域的差别，相同的使用目的和相同尺寸的假人也有很多种类。由于不同地区的安全标准不同，用于儿童座椅评价的儿童假人和侧碰时使用的假人也不同。这样，需要根据不同的使用地区的假人进行有针对性的开发。因此业界也一直在呼吁能够实现假人的全球协调统一性。

在侧面碰撞标准中，美国使用 SID（Side Impact Dummy）假人，欧洲及日本使用的是欧洲开发的 Euro SID－1（图 6－14），两者无论是在结构还是测量项目上均存在很大差异。为了消除两者之间的差异，正在加紧开发统一的 ES－2 假人及 World SID。

后面碰撞事故与其他碰撞形态比较，死亡人数较少，但是头颈碰伤的比例非常高。因此专门开发了进行头颈碰伤评价的假人。碰撞时，真实模拟人的颈部动作是非常重要的，另外，后碰时模拟脊椎的弯曲伸长等动作也是不可缺少的。如图 6－15 所示为模拟脊椎构成的 BioRID（RID：Rear Impact Dummy）。

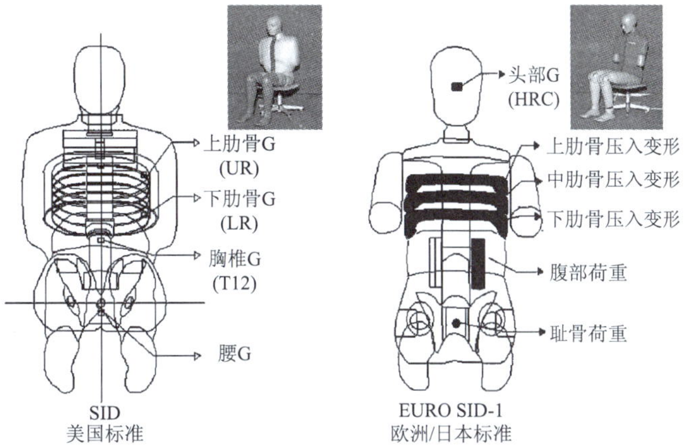

图 6－14　侧碰标准使用的假人种类及测量项目[22]

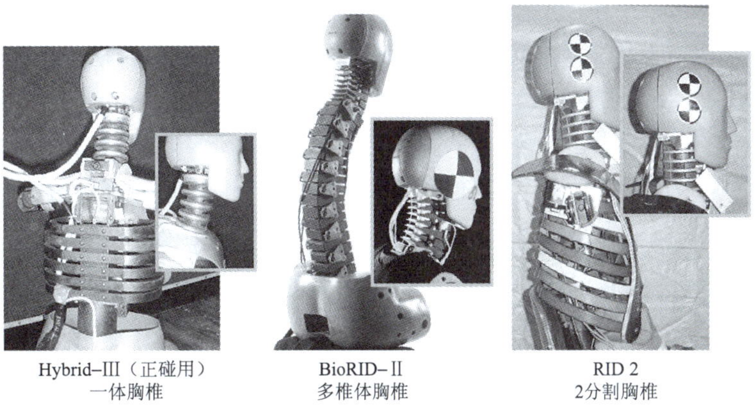

图 6－15　后碰用假人的种类及结构[22]

再现行人事故时，除了上述乘坐姿势的假人以外，还需要直立姿势的假人。但是由于没有相关的实车试验法规，因此目前还没有像乘员假人那样的标准假人。以往的行人事故研究使用的假人基本上都是在正碰假人的基础上进行相应修改后的假人，最近专门用来研究行人事故的假人 Polar Ⅱ已经开发成功（图 6－16）。该假人是在正碰假人 THOR 的基础上开发完成的。首先实现了站立姿势，并根据侧碰时的冲击力对肩部、胸部以及腰部进行了更改，膝部也可以进行伤害值测量。该假人由本田技术研究所、JARI、GESAC 公司联合开发。

图 6－16 行人用假人（Polar Ⅱ）[31]

6.3.3 人体模型

由于 CAE 的发展，假人的质量模型以及 FEM（Finite Element Method）模型也开始实用化，而人体 FEM 模型也在不断发展。目前，人体模型已经能够模拟出人类的骨骼及肌肉等组织，能够更加准确地预测人类的动作和伤害性。人体模型不仅在车辆开发中利用，在把握伤害结构以及完成伤害标准等方面也具有非常显著的效果，预计今后的使用将更加广泛。如图 6－17 为 THUMS（Total Human Model for Safety，丰田汽车和丰田中心研究所共同开发）的实例。

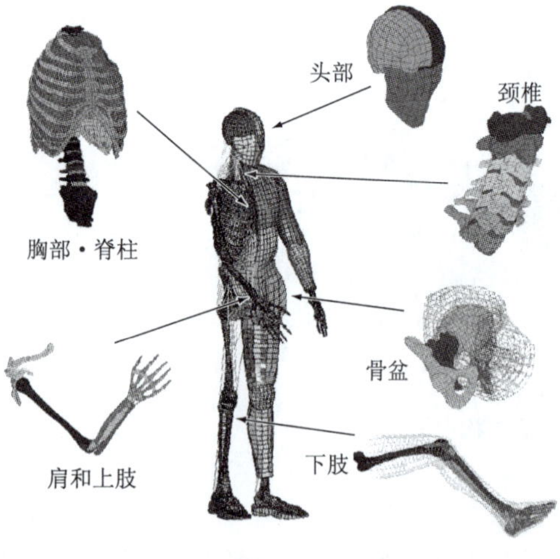

图 6－17 人体 FEM 模型实例（THUMS）

6.3.4 实车碰撞试验

实际的交通事故多种多样，因此在汽车性能评价、开发时需要有统一的评价方法。另外，车与车的碰撞事故非常多，但是要对发生事故的每一辆车都进行评价是非常烦琐的事情，理想的评价方法是仅对其中一辆车进行评价即可达到目的。如图 6－18 为各个国家的标准、评价以及研究中最常使用的碰撞形态。大致可以分为两类，一种是固定障碍壁碰撞试验，另一种是利用台车进行碰撞试验活动的障碍壁碰撞试验。障碍壁为刚性体时称为刚性障碍壁试验，装有模拟碰撞对象车辆变形特性等的变形障碍壁称为可变形障碍壁。

（1）障碍壁碰撞试验

试验车辆加速到指定的碰撞速度，碰撞混凝土固定障碍壁（Barrier）。

（a）刚性障碍壁试验

被撞物体为固定刚性体，再现性好，在实车碰撞安全性评价中应用最为广泛。除了普通的平面障碍壁之外，还有倾斜障碍壁、偏置障碍壁、刚性立柱等多种试验方法。

（b）可变形障碍壁试验

在车与车碰撞时，与模拟对象车辆硬度的蜂窝铝进行碰撞。刚性障碍壁碰撞时，前纵梁能够合理变形，吸收碰撞能量。但是在实际的车与车碰撞时，由于撞到对方车辆较弱的地方而没有变形直接穿透的情况时有发生。也就是说无法用刚性障碍壁的碰撞来评价车与车碰撞时的变形特性。为解决上述问题开发了可变形障碍壁碰撞试验。可以模拟 50% 重叠度（车宽 50% 重叠）的 50 km/h 车与车正面碰撞时的变形形态。欧洲法规采用的是 40% 重叠的 56 km/h 偏置可变形障碍壁试验（ODB 试验），欧美日的评价标准采用的是模拟 40% 重叠的 56 km/h 车与车碰撞的 64 km/h ODB 试验（图 6－19）。另外，蜂窝式障碍壁在碰撞时配合变形量要提高碰撞速度，因此速度变化量要比实际的车与车碰撞大，无法模拟整体碰撞现象。

（c）设备

试验车辆加速方法有牵引式和自行式。牵引式根据动力源的不同又分为绞车式、直线电动机式以及重锤下落式等，图 6－20 为绞车式的实例。除此之外还需要控制试验车辆向目标位置碰

障碍壁前面碰撞			移动障碍壁		
前碰（全面）	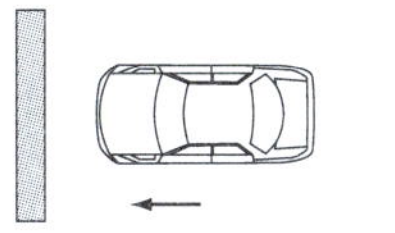	日美标准 日本NCAP 乘员伤害值 燃料泄漏等	直角侧碰	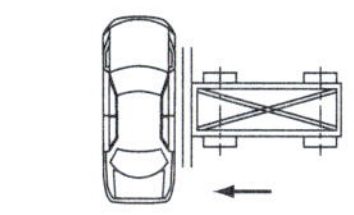	美标准 燃料泄漏等
斜碰	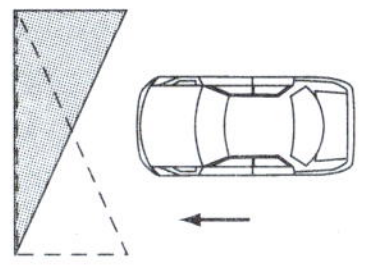	美标准 乘员伤害值 燃料泄漏等	移动的可变形障碍壁侧碰（MDB侧碰）	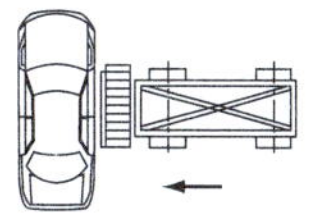	日欧标准 日欧NCAP 乘员伤害值 燃料泄漏等
偏置	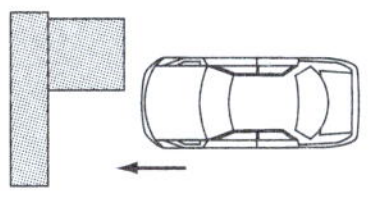	15 km/h低速车辆保险维修费用计算	MDB横碰撞 （模拟两车行驶时的横撞）	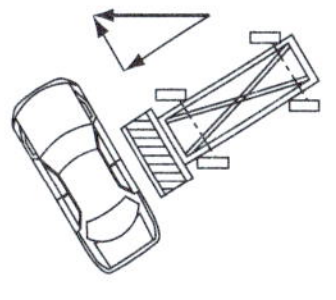	美标准，NCAP 乘员伤害值 燃料泄漏等 {速度比1:2 偏移角度：27°}
立柱	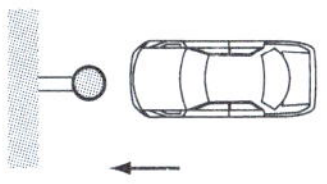	安全气囊感应性能等	立柱侧碰	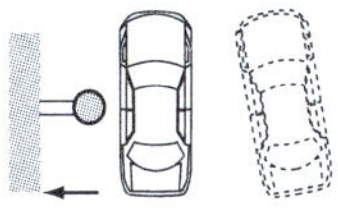 90° 或75°	美国任意标准 乘员伤害值
钻撞	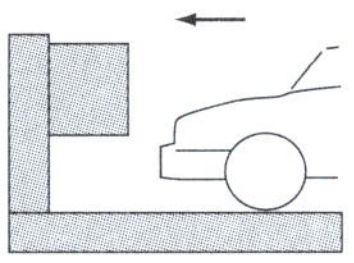	安全气囊感应性能等	后碰	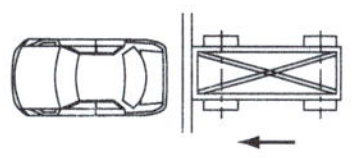	日标准 燃料泄漏
偏置可变形障碍壁（ODB前碰）	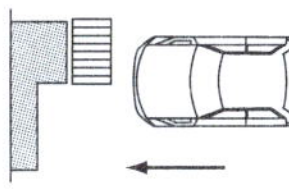 40%覆盖率	欧洲标准 日欧NCAP 美IIHS 乘员伤害值 燃料泄漏等	ODB后碰	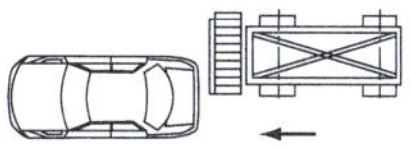	美标准 燃料泄漏

图 6－18 典型的试车碰撞试验形态（障碍壁）

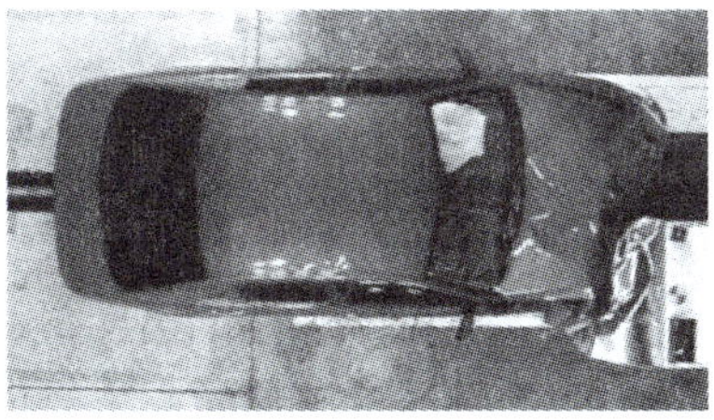

图 6－19 ODB 正碰试验实例[32]

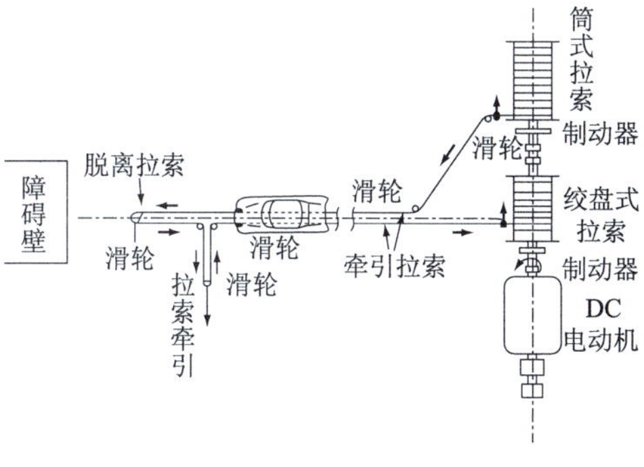

图 6－20 碰撞牵引装置布置实例[1]

撞的方向控制方法以及碰撞之前将试验车辆从牵引以及方向控制装置上分离的脱离装置。

在规划设备的时候需要注意试验车辆向目标速度加速时的加速度。助跑距离过短则加速度过大，搭载的假人姿势变化剧烈，无法达到预期的碰撞目标。

另外，为了测量试验车辆的变形载荷，一般多在障碍正面安装载荷传感器。关于障碍壁碰撞试验方法，现有多种不同的标准[17]~[20]，对试验设备以及试验顺序等进行了详细的规定。

利用障碍壁碰撞试验进行评价的项目包括座椅安全带、安全气囊等方面的对乘员的保护性能、车内变形、风窗保温・方向盘后退等车身碰撞性能以及燃油系统渗漏等方面。

(2) 移动式障碍壁碰撞试验

移动式障碍壁碰撞试验是对车与车的碰撞进行模拟的试验方法。具有一定面积碰撞面的行驶台车称之为移动障碍壁，一般用于对追尾碰撞、侧碰时的乘员保护性能以及燃料泄漏等的评价。各个国家的法规等对移动障碍壁的尺寸、质量以及惯性力矩等规格进行了规定。与障碍壁试验一样，碰撞面的种类分为刚性面和可变碰撞面。侧碰乘员保护试验时，受障碍壁面的硬度影响很大，因此一般使用可变碰撞面（图 6－21）。试验时先将试验车辆静止放置，然后移动障碍壁以指定速度对其进行碰撞。在模拟行驶过程中两车相撞的模拟试验中，美国侧面碰撞标准 FMVSS214 中采用的是带倾斜角度的移动障碍壁试验（碰撞车辆与碰撞车辆的速度比为 1∶2，错车角度为 27°）。

图 6－21　移动 MDB 侧碰试验实例[32]

(3) 其他实车碰撞试验

车与车的碰撞试验中还包括两车行驶状态的正碰试验、偏置正碰试验、各种角度的侧碰以及追尾碰撞试验等，可再现多种事故形态的试验。由于受到碰撞位置误差、设备产生速度比和碰撞角度的限制，一般采用一方停止，另一方移动碰撞的方法。

由于事故的多样性，翻车试验也有很多种形态。比如横向侧滑时车辆撞到路边石台而发生翻转的倾翻、转弯时单侧轮胎驶上倾斜道路而发生的坡路翻车、脱离车道冲入河床等低地的翻落等。目前唯一对翻车试验进行了规定的碰撞安全法规是 FFMVSS208，且应用较为广泛。具体方法是将试验车辆沿与行驶方向垂直的方向成 23°角倾斜置于台车（图 6－22）上，按照规定速度行驶的台车突然停止，将试验车辆抛出，致其翻转。

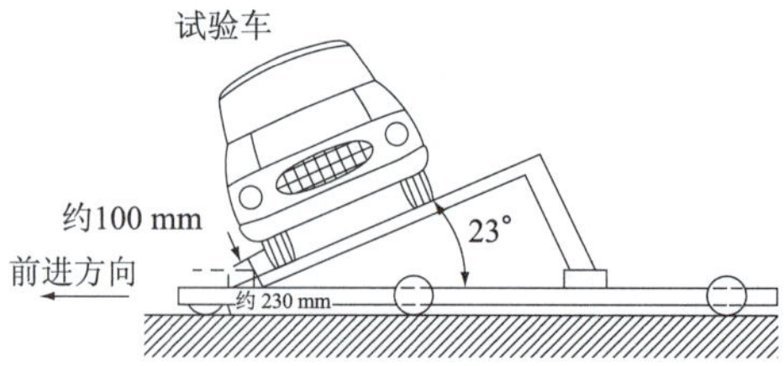

图 6－22　FMVSS208 台车翻转试验

其他的碰撞形态还包括模拟向载货车等相对较高位置的障碍物进行碰撞的钻撞形态、向较低障碍物碰撞的骑越形态以及向护栏碰撞的形态等。

对保险杠的车身保护特性以及修理费用预算等进行评价的试验除了低速碰撞以外，还有很多项目与正面障碍壁、偏置障碍壁、立柱碰撞试验等共同的项目。保险杠试验一般使用模拟保险杠形状的摆锤撞击保险杠，然后进行评价。

6.3.5　台车试验

作为实车碰撞的替代品，利用台车模拟实车碰撞时的加速度和减速度等速度变化进行的试验称之为台车试验。不需要破坏车身，只需要更换零部件，可以反复进行试验，应用较为广泛。试验目的有两个，一个是按照规定完成试验后确认座椅、儿童座椅以及门锁等在受到一定惯性力后是否保证具有一定的性能。另一个是以一定的减速度行驶后，确认是否在受到一定惯性力后仍具有一定的性能。试验设备分为碰撞式和发射式两种。

(1) 碰撞式

台车（倾斜）以一定的速度加速，向减速装置碰撞。减速装置包括液压减震装置、铅管、铝管、硅酮橡胶管以及钢板等。另外，为台车加速的装置一般利用重锤下落、电动机、橡胶张力等。碰撞式的优点是设备较简单，台车重量比较自由，缺点是需要一定的加速距离，因此需要一定的试验空间。

(2) 发射式

将积蓄了一定能量的静止台车沿着与车辆行驶相反的方向射出，发射的能量一般有高压气体、液压、飞轮惯性力等。很长一段时间内，高压气体一直占据着主流位置。气体方式一般采用的是利用高压缸内的计量针阀进行减速控制，因此需要根据不同的波形采用不同的计量针阀。最近能够简单且详细地模拟实车减速度的液压控制式已经得到普及，(图6-23)。发射式的优点是便于反复进行试验，减速度波形再现比较好，而且设备需要的空间面积较小。缺点是设备的维修保养比较复杂且设备价格昂贵。

图6-23 台车实验室里（液压控制发射式）

6.3.6 部件试验

(1) 撞击试验：行人保护试验

行人保护试验还没有合适的假人且碰撞位置范围较广，因此一般的标准和评价都采用组合试验等辅助系统试验进行车身评价。撞击器分为头部、大腿部以及脚部用。行人头部碰撞的位置根据行人的身高、车辆的形状以及碰撞速度而不同。车辆前端正下方向上、向后测量的距离称为头部碰撞的环绕距离（Wrap Around Distance）用于确定碰撞范围。

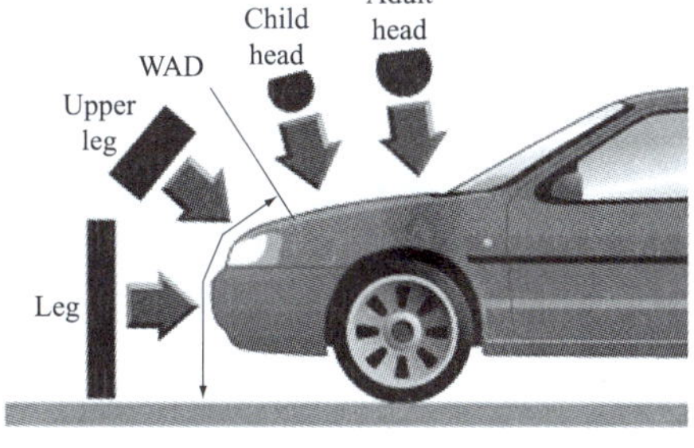

图6-24 行人保护试验（Euro NCAP 实例）

(图6-24)。车速为40 km/h碰撞时，6岁到成人之间的头部碰撞范围，WAD为1 000～2 100 mm。日欧汽车评价将此范围作为头部碰撞区域。

(2) 撞击实验：其他撞击试验

欧美日的安全标准对仪表盘、座椅靠背、方向盘等的试验方法也进行了规定。测量人体各部位模型以一定速度向碰撞对象撞击时产生的加速度。代表性的仪表盘座椅靠背的头部碰撞试验如图6-25所示。用质量为6.8 kg、直径为165 mm的半球形金属制头模型撞击。另外较新的美国标准FMVSS201的内饰上部撞击试验使用的是自由状态的Hybrid-Ⅲ假人的头部（表面被罩住）进行的撞击试验。行人保护的头部试验是使用表面被罩住的自由状态头部模型进行的试验。方向盘的车身撞击试验使用的是模拟人上半身的胸部模型进行的试验。具体的试验方法在SAE标准及JASO标准中均有相关规定。

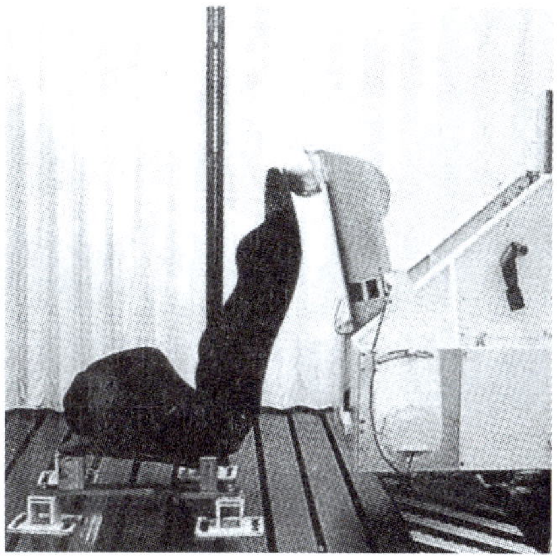

图6-25 座椅靠背撞击试验实例[32]

(3) 静态强度试验

一般对速度的依赖性较低的现象或对极限强度进行确认时采用该方法。下面介绍一下典型实例。

(a) 侧门强度试验

侧面碰撞时对车门强度进行评价。使用圆柱或者半圆柱状的施压体对侧门中央位置施加载荷，对达到指定变形量时的载荷及能量进行评价，美国的FMVSS214中有相关规定。图6-26所示为试验装置典型示例。

(b) 车顶强度试验

为确保翻车事故中乘员的生存空间，需要对

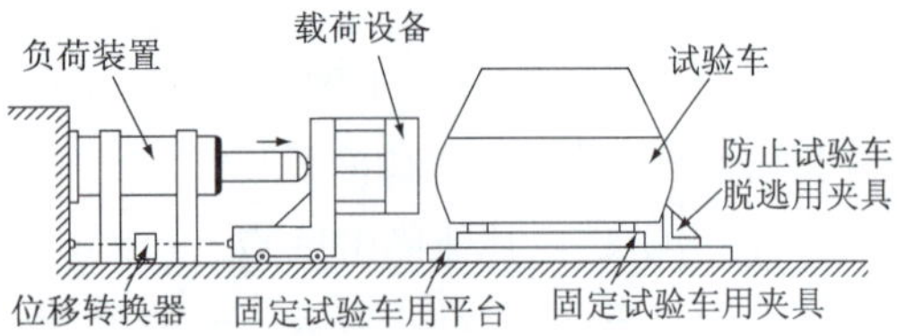

图 6-26　侧门强度试验[1]

顶盖的变形强度进行确认。试验如图 6-27 所示，使用平面施压体向前立柱上部的顶棚施加载荷，测量达到指定变形量时的压缩载荷，对顶盖强度进行评价。美国的 FMVSS216 中有相关规定。

图 6-27　顶盖强度试验实例[32]

(c) 安全带固定座强度试验

发生事故时，相对于座椅安全带的负荷，需要对安全带固定座所需要的强度进行评价。根据安全带的具体形式分为腰部安全带固定座和肩部安全带固定座或两者相组合的强度试验。相关法规有 FMVSS210、ECE14、安全标准等。具体的试验方法参照如图 6-28 所示的负荷法。车身在固定状态下，向车身施加载荷，对安全带固定系统的强度进行确认。

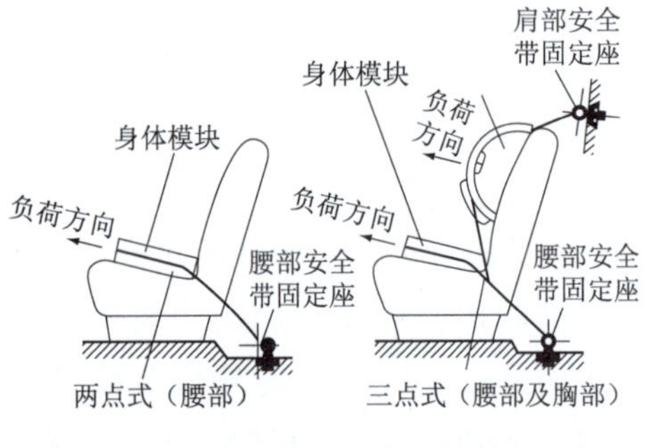

图 6-28　座椅安全带固定座强度试验[1]

(d) 其他

撞击试验还有座椅、座椅固定座强度试验（FMVSS202 及 207）、车门锁死及车门铰链强度试验（FMVSS206）等。

6.3.7　模拟技术

进行车辆开发时，试制车辆的成本非常昂贵，因此要尽量减少实车的碰撞试验。从这一角度考虑，在碰撞领域内积极地利用模拟计算是非常有效的方法。车辆的性能不仅仅指碰撞性能，在越来越复杂且高度化的过程中，利用 FEM（Finite Element Method）模型进行模拟分析可以说是缩短开发周期的至关重要的手段之一。实际的分析计算时经常使用的求解器有 LS-DYNA、Pam Crash、Radios 等。假人及人体 FEM 模型也在逐步实用化。在对安全带等的规格以及相关现象进行把握的时候，一般都会使用质量模型，且现在的普及率也较高。如图 6-29、图 6-30为具有代表性的乘员动作状况分析模型 MADYMO。

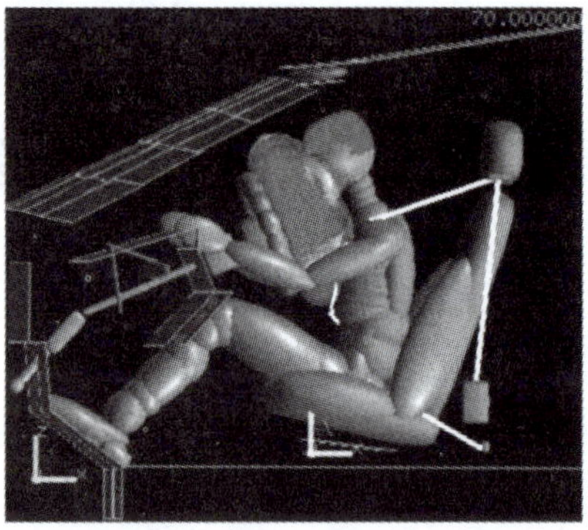

图 6-29　MADYMO 乘员模型使用实例[30]

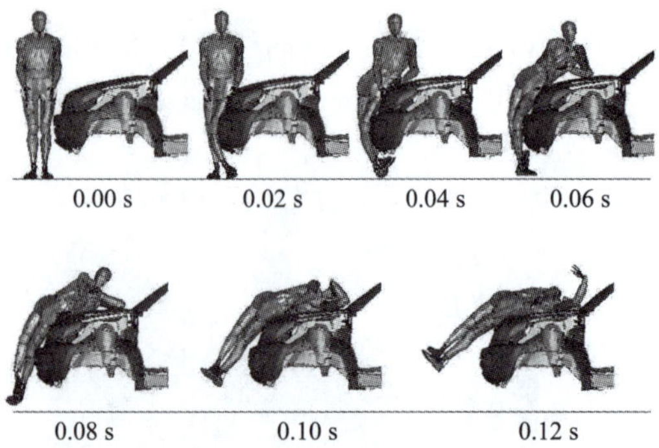

图 6-30　人体 FEM 模型应用实例（THUMS）（丰田）

6.4　碰撞安全结构和装备

在此，对车辆的车身安全结构及安全装备进行说明。

6.4.1　车身

(1) 确保驾驶室的空间

碰撞时车身最大的作用是确保驾驶室的空间。驾驶室一旦崩溃则无法保证乘员的安全。

碰撞能量需要通过车身的变形来吸收。以正面碰撞为例，理想状态是驾驶室在最后阶段变形，在此之前，通过前部车身的变形来吸收碰撞能量。因此，前部车身的强度要比驾驶室的强度小。但是前部车身的强度如果太小，则吸收的碰撞能量也很少。为了能够吸收目标能量，就需要保证前部车身具有一定的强度，而驾驶室的强度要比前部车身还要大。碰撞能量与变形行程成正比例关系，因此要在将驾驶室的侵入量控制在一定程度的前提下确保变形行程。对于车辆来说，在有限的车长下保证足够大的驾驶室空间是非常重要的。因此不仅要将发动机及悬架等不变形的零部件小型化，而且在布置的时候尽量不要让其影响到变形行程，这一点是非常重要的。特别是小型车辆，使悬架以及副车架等硬质材料在变形后期与车身的固定点脱离，以此来减小对驾驶室的冲击（图6－31）。

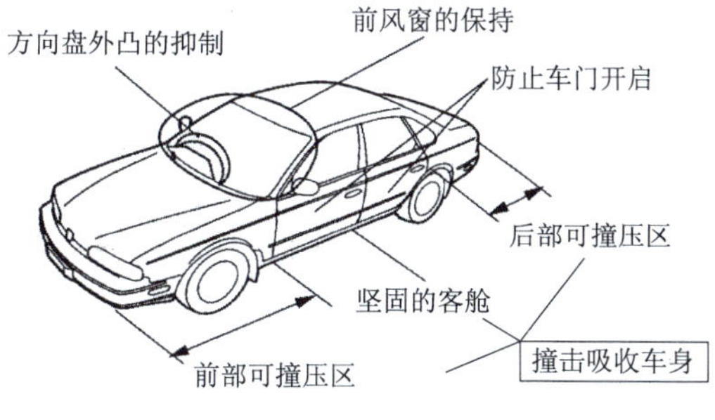

图6－31　车身安全技术概要[2]

从兼容性角度考虑，驾驶室的强度不能仅超过自身车身前部的强度，还要超过碰撞对方车辆的前部车身的强度。另外，为了降低车辆的攻击性，还经常采用多路径碰撞能量传递的结构（图6－32）。

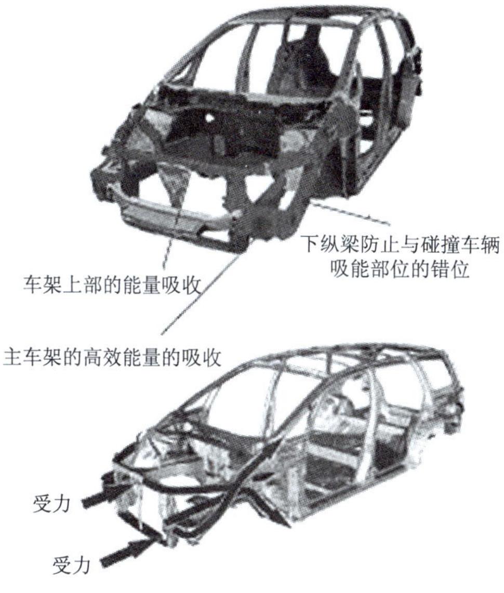

图6－32　正碰时，多负荷传递路径实例[25]

考虑到侧面碰撞的问题，由于车辆侧面仅有车门厚度吸收能量，不具备与正面碰撞同等的能量吸收能力。因此需要用横梁牢固地支承驾驶室侧面（包括车门及门铰链、门锁、ABC柱、支承门上下部位的上边梁及门槛等）。

(2) 防止方向盘及踏板向车内撞出

方向盘主轴前端在发动机舱内。这样当发生正面碰撞的时候，发动机舱发生变形，则方向盘主轴被向后推压，有可能直接撞入客舱内。为防止出现上述现象，应在驾驶室内A柱等距离人比较近的区域牢固地固定方向盘，另外，还有的采用了方向盘主轴沿轴向收缩的结构，或采用万向节，改变其位移角度等。这样，即使发动机舱发生变形，也不会大量侵入客舱内。另外制动踏板等也采用了防止向客舱内撞出的结构（图6－33）。

图6－33　防止制动踏板撞出实例[24]

（3）车门及门锁

为了防止碰撞时乘员飞出车外以及确保碰撞时客舱内的足够空间这两项要求出发，要求车门不能在碰撞时自己开启，且铰链也不能损坏。而且为了确保碰后的逃生方便性和救助性，车门在碰撞之后要尽量容易打开。为确保客舱的空间，正面碰撞时车门也作为 A 柱和 B 柱之间的吸能结构来分担碰撞力。侧面碰撞时侧门要保持较小的变形量，并将受到的碰撞能量传递给各个立柱。车门锁被称作“内部锁”那种销头和锁块之间被全方向锁紧的形式是一般常用的。如果像家庭用锁那样，那么只要对车门加以强力推压，由于变形，门就会被打开。因此采用了车身与车门发生小量变形，还是能够紧密锁紧，保持一定力度的全方向锁紧结构。再就是碰撞所引起的惯性力，不仅对车锁，联结系全体，也即车内外的把手以及与之相关的门锁及联结系，这个惯性力会不会等于操纵手把而把车门打开的可能性也要加以考虑。另外，相关法规对碰撞时产生的惯性力也进行了规定。为了在碰撞后便于车门的开启，很多车门在端部形状上下了很多的工夫，防止间隙减小后的前后车门咬入（图 6－34）。

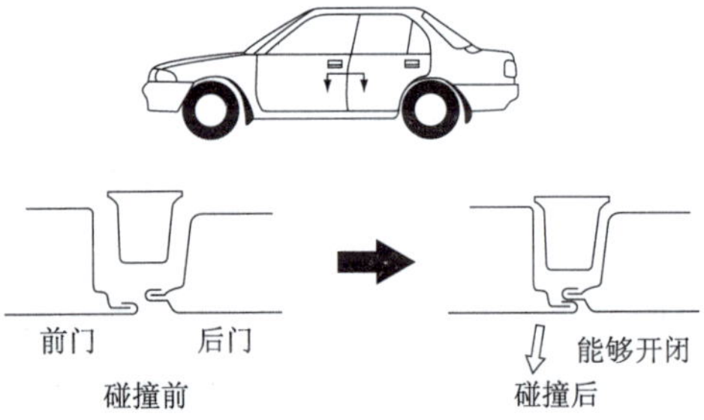

图 6－34　防止门咬入结构实例[32]

（4）前风窗玻璃

侧面玻璃一般使用强化玻璃。而前风窗玻璃一般使用两片普通玻璃中间夹软树脂膜的夹层玻璃。玻璃周边与车身一般采用黏结固定的方式。这样即使风窗破损也会残留在夹层膜上，对防止乘员头部冲出车外有一定的作用。

（5）防止燃料泄漏

为了防止碰撞后发生火灾，需要对油箱和油管等进行合理布置。关于乘用车前面已经讲过，确保足够的驾驶室空间是最重要的，因此油箱布置在下面也可以说是最安全的。现在大部分的车都是将油箱布置在驾驶室后座椅的下方。另外，还有的车安装了安全装置，能够感知到碰撞的冲击，自动停止燃油泵工作。

消除火源：由于碰撞使布线短路时，利用保险丝等易熔接线切断电源供给，进行保护。

（6）行人保护结构

与头部直接碰撞的发罩、翼子板、前围等与其下方的发动机、悬架之间需要留有一定的空间用来吸收碰撞能量，对造型设计会有一定的影响。而且为了降低头部伤害标准（HIC），还需要具备一定的变形特性。提高翼子板的高度，用可变形的支架来固定，刮水器枢轴的轴采用可伸缩或者易断裂的结构。

前风窗玻璃除了周边以外不会产生很大的 HIC，而前立柱为骨架结构，无法做得很细，如果太粗会影响视野。将来与行人碰撞时能够向上抬起的浮起式发罩以及能够覆盖前立柱以及前围等目前难以解决的部位的安全气囊也是非常值得期待的（图 6－35）。

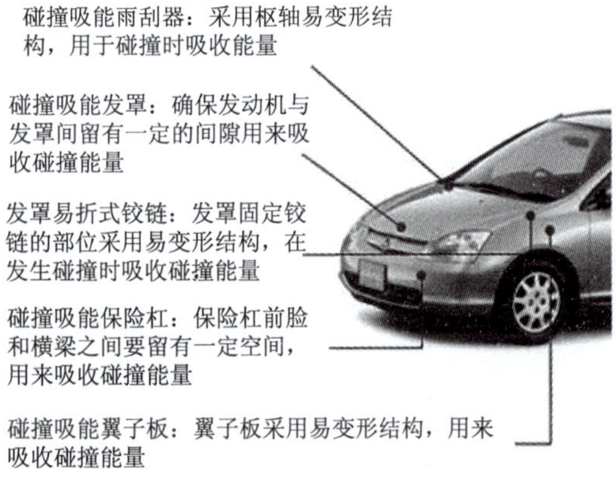

图 6－35　行人保护结构的项目实例[25]

6.4.2　座椅安全带和座椅

（1）概述

安全带是为了在碰撞时对乘员进行约束以及避免碰撞时乘员与方向盘及仪表板等发生二次碰撞或避免碰撞时冲出车外导致死伤的安全装置。安全带是公认的最廉价也最有效的安全装置，在车辆的装备中很多国家是强制装备安全带的。不过如果乘员不系安全带，那是无法发挥其作用的，因此很多国家也制定了相关的法律，强制乘员系安全带。另一方面，美国的被动式乘员安全约束装置要件（FMVSS208 的一部分）对车辆自动约束装置进行了规定。在安全气囊尚未普及的 20 世纪 80 年代，自动安全带曾普及一时。现在包括美国在内大多采用三点式安全带。

自动安全带：为了满足美国的安全标准 FMVSS208 的被动要件而采用的安全带。现在很少有车辆采用这种形式的安全带。该安全带是随着车门的开闭，自动紧或解除安全带，不需要乘员自己操作。一般采用的是三点式固定（图 6－36）、两点式固定以及电动形式的安全带（图 6－37）。

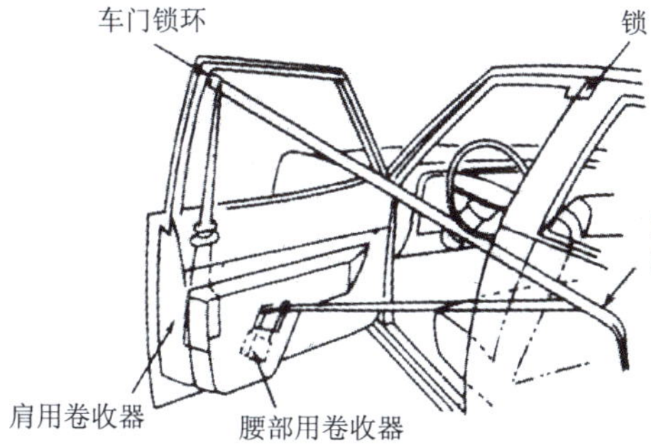

图 6－36　自动安全带三点式实例

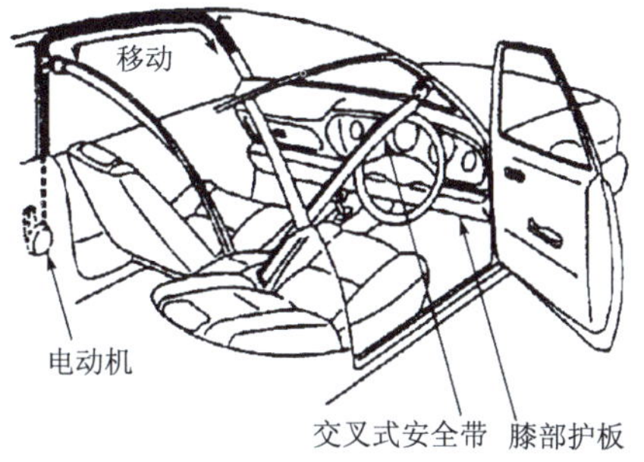

图 6－37　自动安全带电动两点式实例[1]

(2) 三点式安全带的构成

基本结构如图 6－38 所示，为当前最为广泛使用的三点式安全带的结构。在各种安全带（JISD4604）中，是实用性、舒适性以及乘员约束性结合得相当好的安全带形式。为了提高其约束能力，一般在前座椅增加预张紧器以及限力机构。

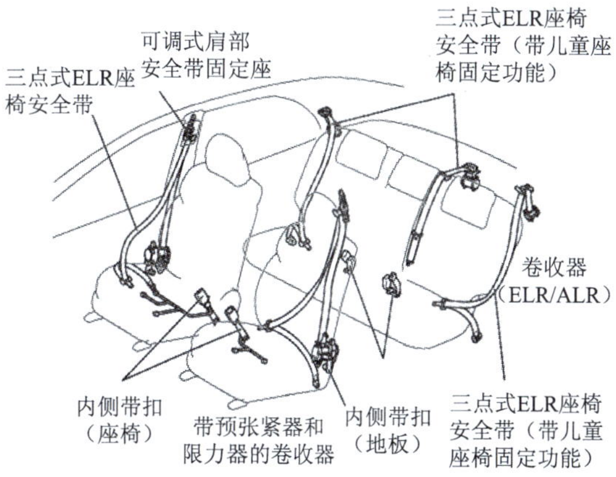

图 6－38　三点式安全带的基本构成[33]

(3) 座椅安全带的构成要素

(a) 软带

一般为尼龙或聚酯等合成纤维制成，宽约 50 mm，厚度约 1.2 mm，分为肩部用软带、腰部用软带以及连续安全带用软带，根据不同的用途选择不同的编制方法及热处理方法，确定其强度及伸缩性等特性。各个国家对其性能均进行了相关的法律规定。

(b) 带扣及锁舌

系紧和解开座椅安全带的装置。带扣一般采用与座椅一体化的设计，不受座椅位置的限制，使用性及配合性好。插入带扣的金属件称为锁舌。要求碰撞时不易脱离，碰撞后容易取下。

(c) 固定销和固定座

将软带一端固定于车身的称为固定板（锚），车身固定端称为固定座，固定用螺栓称为固定螺栓。肩部安全带固定销的位置对系安全带时的便捷性有很大的影响，因此为了适合各种身材的乘员，一般都选用可调节式固定结构，能够上下调节肩部安全带的位置。除手动调节式以外，还有电动式、座椅位置连动式以及记忆电动式等多种形式。

(d) 安全带卷收器

用于调节安全带长度和收纳安全带的装置，分为 ELR（Emergency Locking Retractor）和 ALR（Automatic Locking Retractor）。关于锁死性能及卷收力、耐久性等在 ECE Reg. 16，FMVSS209 中均有相关规定。

① ELR：碰撞及紧急制动时，冲击感知装置能够自动锁死，正常情况下可自由拉出。一般是通过车辆的减速度感知冲击量，有的是通过软带的拉出速度来感知，有的是二者结合的方式。

② ALR：拉出软带系紧安全带的时候，卷收器在适合乘员长度的位置自动锁死，无法再向外拉出。乘车过程中随着身体的动作而不断地卷收，由于不能向外拉出而使得对乘员的束缚越来越紧，现在普通的座椅很少使用。

③ 带儿童座椅固定功能的 ELR/ALR 座椅安全带：ELR 和 ALR 切换使用。通常情况下为 ELR，以确保乘员的舒适性和安全性，当固定了儿童座椅后一旦全部拉出则切换为 ALR 形式。ALR 可以牢固地固定儿童座椅。打开带扣后，安全带卷收起来后再重新由 ALR 切换到 ELR。多数乘用车的后座椅外侧装备该种形式的安全带。

④ 电动 ELR：一般的安全带是通过弹簧卷收，电动 ELR 是利用电动机卷收安全带。并增加了很多的其他功能。如防止产生压迫感、利用预碰撞安全系统感知碰撞危险并在碰撞前收紧安全带、疲劳驾驶警告等。现在电动 ELR 的应用已经越来越普遍了。

(e) 带预张紧器和限力器的安全带

为提高碰撞时对乘员的约束性能，减轻乘员的负担，应尽量使安全带在碰撞早期启动，有效利用车身的变形量（提高车损效果，参照 6.2.3 第一部分的内容）。当束缚力过大时略微放松一些安全带，减轻乘员的压迫感。前者即预张紧器，后者为限力器。从 1996—1997 年开始，限力器与预张紧器组合使用的安全带开始普及，如图 6－39 所示。预张紧器一般是利用安全气囊的传感器信号来启动，限力器目前主要是使卷收器在一定扭矩下发生塑性变形的扭杆式限力器。该系统大幅度提高了安全带对乘员的约束性能。一般预张紧器与肩部安全带的卷收器配合使用。现在也有一部分安全带采用的是在腰部安全带一端也装备预张紧器的双预张紧器安全带。另外欧洲很多国家采用带扣拉入式预张紧器（图 6－40）。带扣被拉入时，肩部安全带和腰部安全带均被拉入，能够充分发挥双预张紧器的作用。不过由于带扣被拉入，碰撞后带扣不容易被取下。

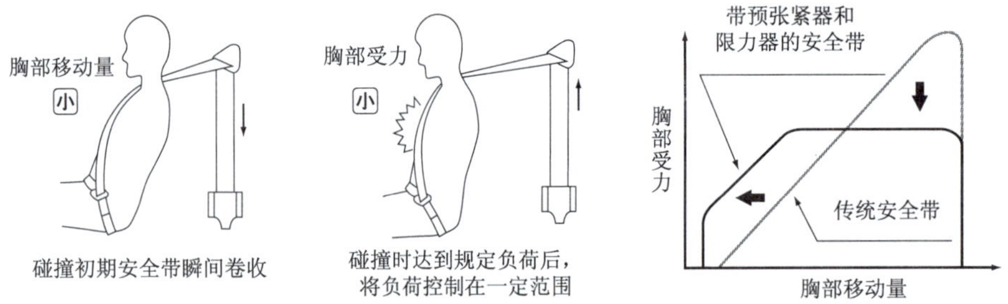

图 6－39 预张紧器和限力器的工作原理[32]

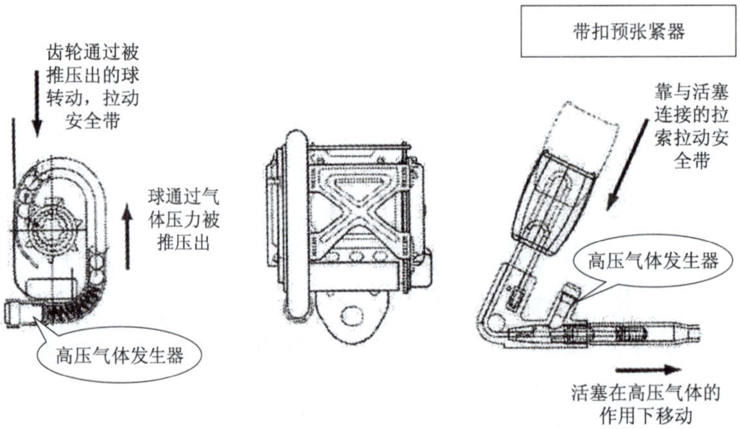

图 6－40 预张紧器和限力器（负载限止器）的构成实例[3]

两级限力器：乘员一次碰撞时的受力主要来自安全带和安全气囊。在碰撞中后期，配合安全气囊的反作用力，安全带的束缚力降低一级，保持乘员的综合受力在一定水平上。（图 6－41）。

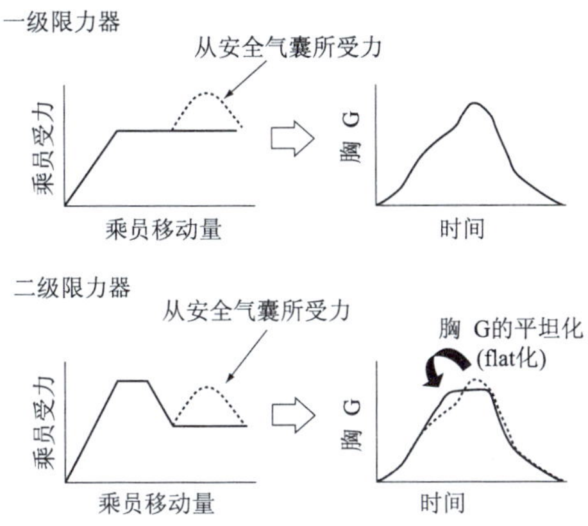

图 6－41 两级限力器的目标[3]

（4）座椅安全带的性能

（a）安全带设计要素

安全带的设计目标是对乘员具有保护性能、舒适性以及便捷性。下面对安全带的乘员保护性能进行说明。各个国家对固定座的位置及强度均有相关规定（与安全带分开）（ECE Reg. 14，FMVSS210、其他规定）。图 6－42 为具有代表性的法律规定的固定座位置要素。

腰部安全带固定座的位置其大部分对臀点和固定座的连线与水平线的夹角有一定要求。该角度过小的话则碰撞时腰部安全带会从骨盆上滑移到腹部，即所谓的潜水艇（Submarine）现象。相反如果该角度过大，则碰撞初始时安全带载荷的相对应的应变性劣化，从而需要从整车的角度确定其最合适的数值。一般该角度在 50°～60°。另一方面，肩部安全带的固定座的位置则在 ECE、JIS 等标准中根据乘员落座中心与固定座中心的横向距离的不同而有所变化的三坐标加以规定的比较多。这是由于在使用安全带时，要考虑到，不能使安全带绕在乘员头颈部位的缘故。

（单位：mm，a~s）

记号 / 标准	a	b	c	s	α	β
安全标准	120	120	350	140	20°	75°
FMVSS 210	—	—	165	—	—	20° ~ 75°
ADR 5 B	—	—	165	—	25°	80°
ECE Reg. 14	120	120	350	140	30°	80°
82/318 EEC	120	120	350	140	30°	80°
JIS D 4609	120	120	350	140	20°	80°
注：上面的尺寸表示的是最小尺寸						

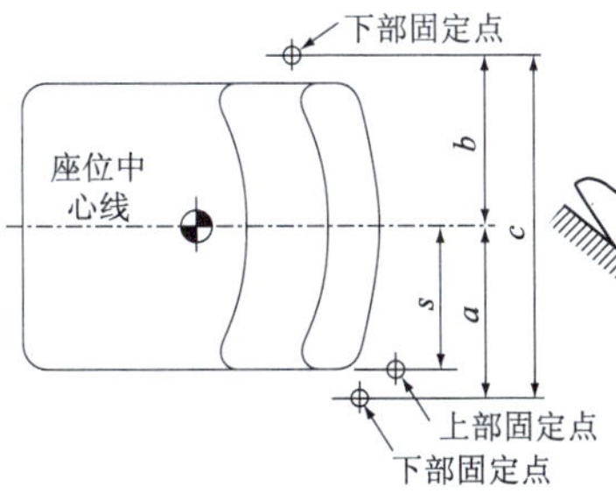

（a）平面图

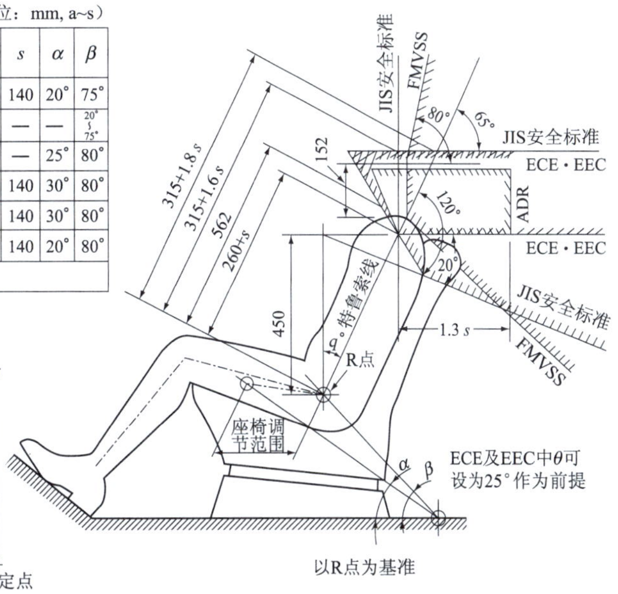

（b）侧视图

图 6－42 安全带固定座的位置要素

世界各国对固定座的静态强度试验进行了相关规定。不同国家对强度的要求也不尽相同。一般肩部安全带为 13.3 kN（3 000 磅①），腰部安全带为 22.2 kN（5 000 磅）左右。

（b）乘员保护性能

座椅安全带的乘员保护性能要求如下：尽早对

① 1 磅＝0.453 6 千克。

乘员进行约束；尽量减小约束时乘员受到的压力；保持约束位置不变，以使约束力避开人身体较脆弱的部位。作为实现上述目的的手段，前述的预张紧器及限力器的使用，使这些方面的性能得到显著的提高。为了进一步发挥其成果，作为基本性能，安全带的布置（包括带扣位置及固定座的配置等），以及身体与安全带的紧密结合以使身体各部得以有效的约束，这些安排是很重要的。另外，还要兼顾到系紧安全带时乘员的舒适性问题。

6.4.3 安全气囊（前面碰撞用）

(1) 安全气囊的发展历史

安全气囊是在碰撞时，乘员发生二次碰撞之前气囊膨胀以保护乘员安全的装置，最早由伊顿公司在1967年发表，分为两个阶段进入市场。第一阶段是在1974年GM将其与安全腰带组合构成的安全系统。第二阶段是在1981年，奔驰公司将其作为防止驾驶员面部受害的三点式安全带的辅助装置（Supplemental Restraint System，SRS）引进的安全系统，并在美国的被动安全要件生效后迅速普及开来。而1996年，在美国出现的副作用问题成为社会问题（参见6.2.1项），对不系安全带的乘员的保护能力很低。现在新的FMVSS208已经重新对副作用要件进行了整合，被称为高级气囊（Advanced Air Bag），并与乘员状态感知系统组合使用的多级式气囊的导入已经开始。侧碰安全气囊最早用于保护乘员的胸部，后来进一步发展成为能够同时保护头部和胸部的胸部头部一体式侧碰安全气囊，后来进一步发展成为头部专用的、覆盖范围更大的侧气帘。现在的侧气帘以前后座一体式气帘为主，三排座椅车专用的三列气帘也已经成功导入。另外，侧气帘对防止翻车事故时乘员被甩出车外也有一定的效果。目前已经引进了专门针对翻车用的改良型侧气帘（图6-43）。

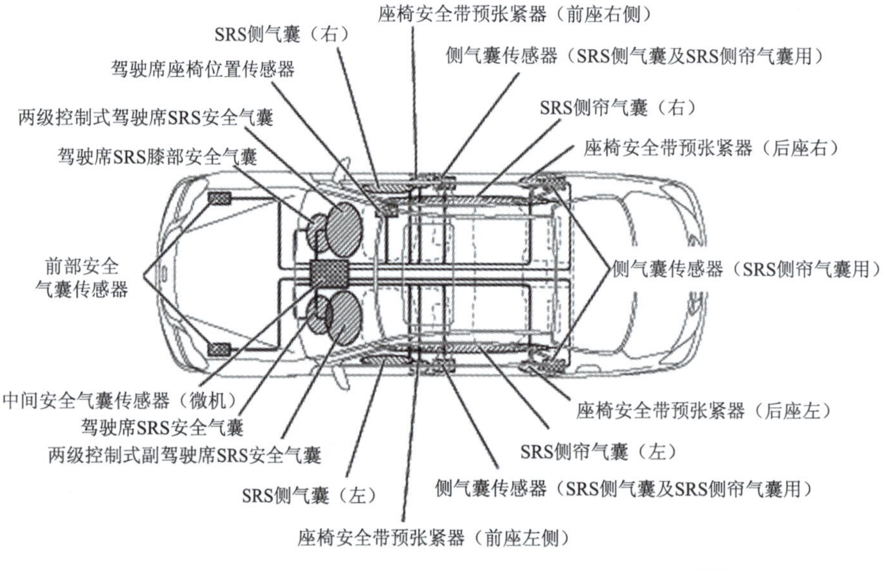

图6-43 安全气囊及安全带系统的主要部件布置实例[34]

(2) 正碰用安全气囊的种类

如图6-44所示为目前使用最广泛的四个前撞安全气囊的展开情况。

(a) 驾驶席用（图6-45）

由方向盘上装备的安全气囊模块（气体膨胀器及气囊）、装于车身上的碰撞传感器以及诊断回路等构成。一般气囊的容量为45~60 L。早期曾分为对应美国标准的以不系紧安全带为前提的

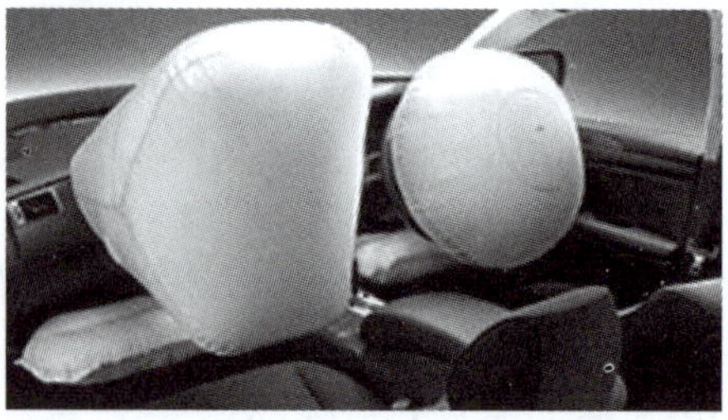

图6-44 正碰安全气囊展开情况实例（4气囊）[27]

系统和以系紧三点式安全带为前提的欧洲气囊系统。后来美国标准有所变化，目前二者基本上没有差别。

(b) 副驾驶席用（图6-46）

最早的气囊有仪表板下侧展开和正面展开两种形式。现在基本上都是将气囊模块设置在仪表板上面，即所谓的上支承，展开方向为斜上方。容量为90~200 L。

(c) 膝部安全气囊（图6-47）

防止乘员下肢受到伤害的同时可以分散人体受到的冲击力。

(d) 先进安全气囊（图6-48，图6-49）

将结合了防止安全气囊副作用条件的美国标准FMVSS208 2003—2006年法规称为先进安全气囊。与以往的系统最大的区别是新配备了两级输出的充气泵，将感知乘员的存在、身材体重或姿势等的传感器和安全气囊的输出分为两级，可根据乘员的具体状态以及碰撞条件对安全气囊的展开条件进行合理控制。

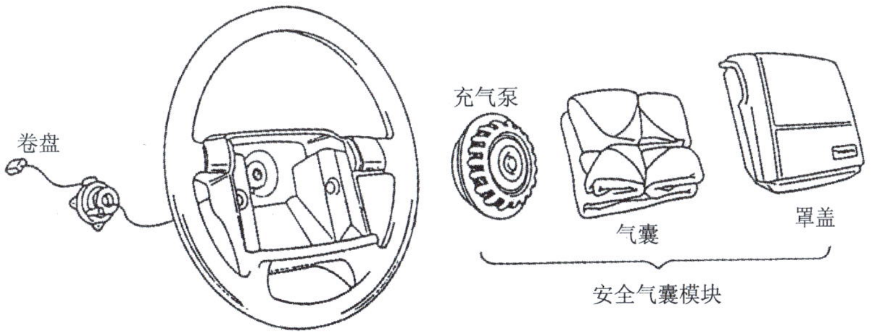

图6-45 驾驶席安全气囊模块的构成[2]

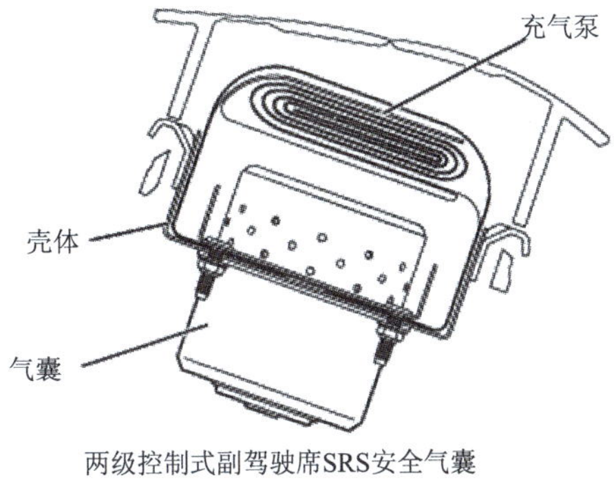

图6-46 副驾驶席安全气囊模块实例（两级式）

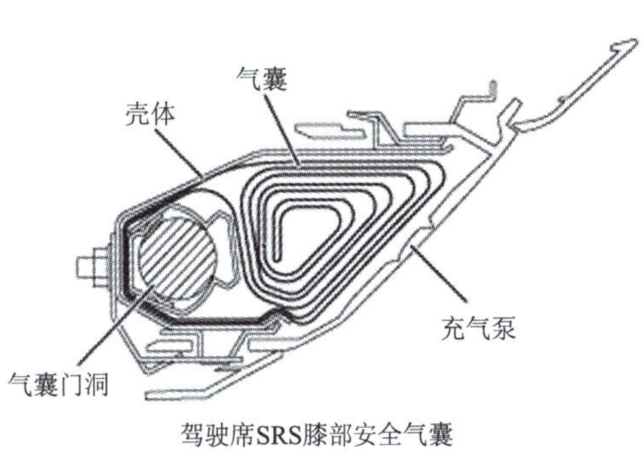

图6-47 膝部安全气囊模块实例

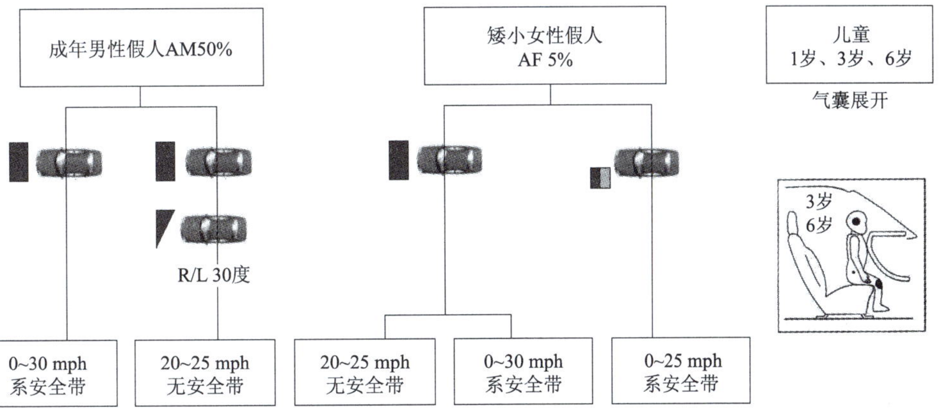

图6-48 新FMVSS208先进安全气囊的项目要求[4]

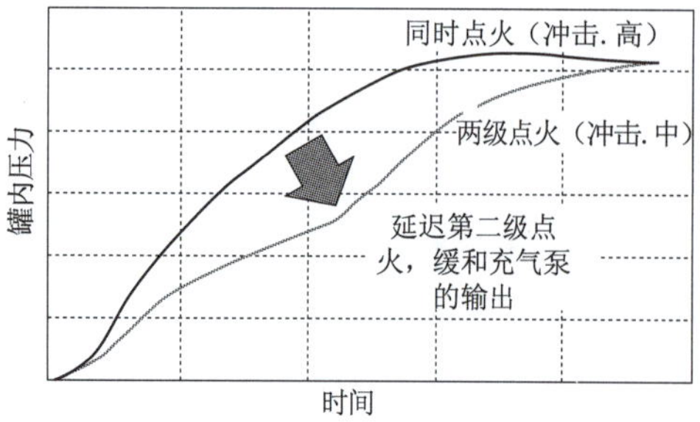

图 6－49　两级安全气囊压力特性[25]

(3) 正碰用安全气囊的构成要素

(a) 碰撞传感器

碰撞感知传感器有两种形式。第一种是单纯主传感器（通常室内）；第二种是主传感器与碰撞区域内的一个或两个辅助传感器配合使用（图 6－43）。以往的传感器以机械式传感器为主，现在大部分的主传感器均为电子式加（减）速度传感器。前部车身的辅助传感器很多也采用机械式传感器。为防止外界干扰等造成的错误信号，很多都在主传感器的附近安装机械式 G 传感器，只有机械传感器检测到一定的 G 后才输出信号，最近该辅助传感器也逐渐过渡为电子式传感器。

(b) 充气泵（驾驶席用）

大部分的充气泵均是利用火药工作的盘式气体发生装置。利用中央位置的点火器点燃助燃剂和气体发生剂，再通过周围的过滤器对产生的气体进行冷却并去除气体的杂质。外部壳体一般为冲压钢板以及铝合金等材料（图 6－50）。

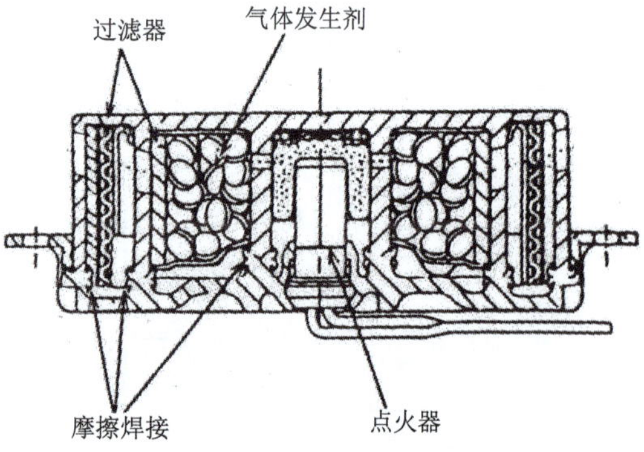

图 6－50　驾驶席安全气囊充气泵断面（火药式实例）[1]

(c) 充气泵（副驾驶席用）

与驾驶席用的充气泵比较，容量更大，形状有盘式和汽缸式两种。气体发生方式除了火药式以外，还有利用火药对高压气体加热使其膨胀的混合充气泵的方式（图 6－51）。正碰用安全气囊内压一般为 120～140 kPa，储存气体为 30 MPa 左右。

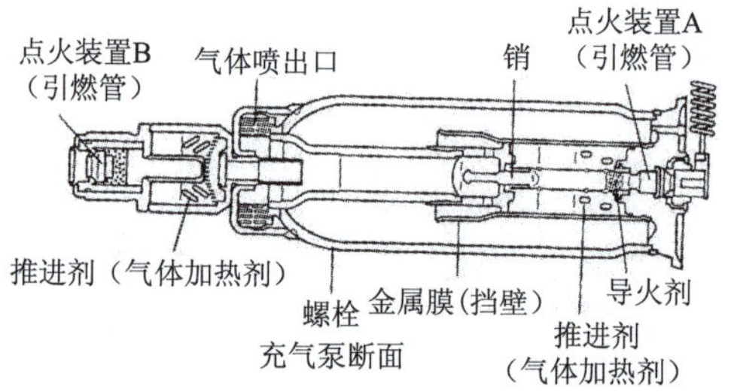

图 6－51　副驾驶席安全气囊充气泵断面（HYBRID 式两级充气泵实例）（丰田提供）

(d) 气囊

气囊基布一般为平织尼龙涂布氯丁橡胶或者硅酮橡胶，也有省略涂层的气囊。驾驶席用气囊一般为旋转椭圆形，为对其展开形状进行控制，一般内部设有绑带。副驾驶席用气囊一般为立体形状，容量较大。为了在碰撞时进行压力控制，多设有排气孔，也有的气囊没有涂层，利用基布自身的透气性进行压力控制。

(e) 旋转连接器

转向柱准确地向方向盘内传递电信号是非常重要的。现在大部分的安全气囊都使用卷盘式旋转连接器，将螺旋式电线收纳在电线盒内。

(f) 诊断回路

FMVSS208 要求具有能够监督安全气囊工作情况的指示装置。一般诊断回路的备用电源以及辅助传感器等均为一体化设计。

(4) 安全气囊的性能

(a) 传感器性能

不仅要求对气囊展开的必要性进行判断，还要能够及时地做出判断，使安全气囊能够及时展开。要求的感知时间（Requested Time To Fire，RTTF）因碰撞对象、碰撞形态以及车身的减速性能不同而不同，一般是乘员受到束缚之前在驾驶室内移动的时间减去安全气囊展开所需的时间。例如 50～55 km/h 的障碍壁正碰试验，检测时间在 8 ~ 15 ms 之间，气囊展开所需的时间为 25 ~ 35 ms。车身的减速度由于碰撞速度和碰撞对象的不同会产生很大差别。车辆正面与较硬的混凝土障碍壁的正面碰撞试验（模拟与墙或车辆发生的碰撞）显示初期的减速度较高。50% 的偏置碰撞或者中央立柱碰撞以及倾斜碰撞的初期减速度较小。能够准确判断低速度高减速度（气囊 OFF）以及高速度低减速度（气囊 ON）等不同情况是非常重要的，需要在判断逻辑上下工夫。一般使用在测量的减速度值的基础上组合多种特定时间间隔的减速度积分值（相当于区间速度变化）以及碰撞区域传感器信号等逻辑。

（b）吸能性能

副驾驶的安全气囊系统通过气囊的约束力来吸收能量，驾驶席除了安全气囊以外还利用转向柱的溃缩吸收能量。气囊的约束力主要由气囊压力及与乘员的接触面积决定，随着乘员侵入气囊的量的增加而急剧增大。因此一般气囊均设有排气孔对气压的上升进行控制。驾驶席还会结合气囊特性来优化转向柱的吸收特性。不过在乘员不系安全带的情况下吸能转向柱需要具备更强的吸能能力，因此在美国组合了安全气囊的转向柱特性可以不满足一般的吸能转向系统的性能要求。

6.4.4　侧面碰撞乘员保护装置（缓冲垫及侧气囊）

侧面碰撞时，由于没有和正面碰撞时那样的碰撞缓冲区域，车舱室侧壁直接与对方车辆碰撞。因此通常考虑的方法是通过坚固的车舱室即车辆侧面坚强的支撑来降低车门等侧壁的侵入速度，以此来减小乘员的速度变化。而且车辆侧面内侧与乘员发生碰撞的位置还要布置吸收能量的材料。通过吸能材料来分散作用于乘员腰部、胸部以及腹部等位置的碰撞能量（图 6 - 52）。另外，较大的载货车和客车侧碰及立柱碰撞时，乘员的头会被甩到车窗外部，直接与碰撞对方碰撞。针对这一问题开发了侧气帘，收效显著（图 6 - 53）。一般的侧气帘用于前后两排座椅，也有的小型厢式车也用于三排座椅。同样，为了保护头部，将胸部安全气囊向上扩大，将头部胸部保护一体式侧碰气囊也被广泛采用（图 6 - 54）。由于侧气帘的普及率越来越高，一体式气囊主要用于无法装备侧气帘的活顶轿车中。

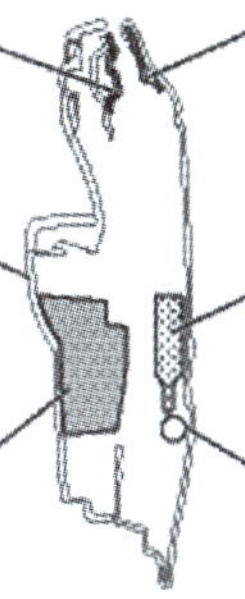

图 6 - 52　侧碰门缓冲材料的布置实例[34]

图 6 - 53　侧碰安全气囊展开情况实例（胸部用及侧气帘）[27]

图 6 - 54　胸部头部一体式侧碰安全气囊实例[24]

胸部左右用气囊一般为 6 ~ 13 L，侧气帘为 25 ~ 30 L（前后两排座椅用），充气泵一般装在 A 柱下部或者 C 柱下部。

传感器系统：侧碰用安全气囊传感器最早曾使用过机械火药式传感器（撞针和导火线），不过仍然以电子式传感器居多，使用最多的是装备在左右 B 柱下侧的加速度计。另外也有的车辆在车门内布置压力传感器。发生侧碰时，乘员和车门等二次碰撞部位的间隙要比正碰时候的小，因此需要安全气囊展开时间更快，相应地也需要对展开时间进行早期判断。

6.4.5 其他安全装备

(1) 翻车乘员保护装置

翻车的死亡者很多是由于乘员将整个身体或者身体的一部分伸出车外造成的。避免翻车的首要对策是系紧安全带或使用儿童座椅。上述的侧气帘也具有非常显著的效果。在侧气帘中增加翻车传感器系统，使其在翻车时候也能够展开，这种侧气帘被称为翻车侧气帘。这种侧气帘与侧碰专用的侧气帘的主要区别是展开持续时间长（翻车需要5 s左右）。

有的没有顶盖的活顶轿车装备侧倾稳定杆。也有的采用主动侧倾稳定杆，仅在需要的时候发挥作用（图6－55）。

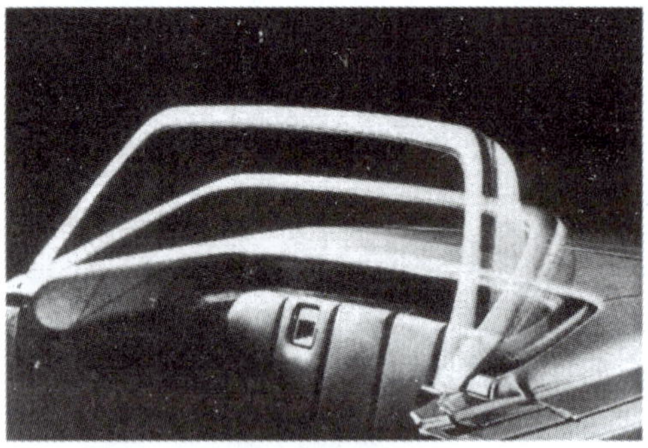

图6－55 主动侧倾稳定杆实例[2]

(2) 儿童座椅

身高在135 cm以上的乘员可以使用安全带，135 cm以下的儿童要使用儿童座椅，其正确的名称应是儿童约束系统（Child Restraint System）。根据约束对象的体格分为婴儿用、幼儿用以及学龄儿童用三种。固定方法除了普通的安全带固定以外，近年来，ISO－FIX方式已开始普及（图6－56，图6－57）。ISO－FIX顾名思义是由ISO确定的标准，在座椅坐垫和靠背之间设有左右两个コ形的6 mm铁长架，用该铁长架压紧儿童座椅锁，结构简单且锁得牢固。但是正碰时上述两固定式儿童座椅会以锁为中心向前向下旋转，因此有的增加支撑支架或者在上部增加一根固定用安全带。

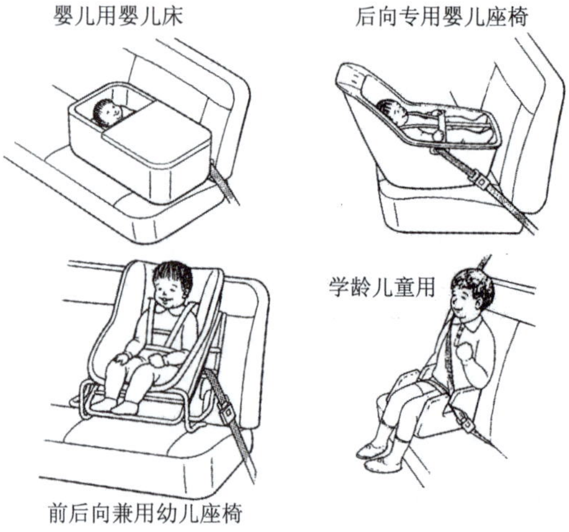

图6－56 儿童座椅种类（按体格分类）[2]

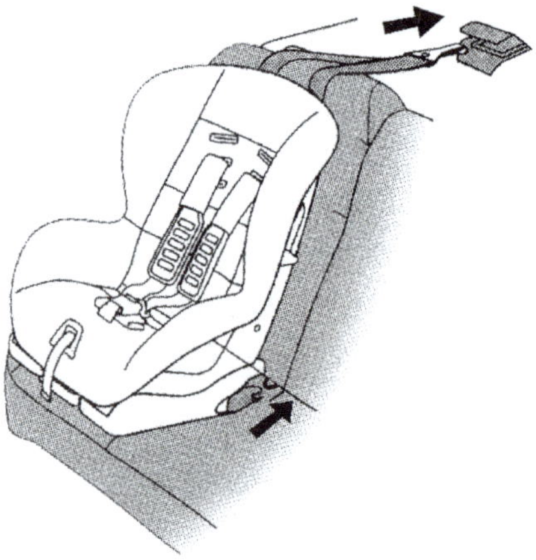

图6－57 ISO－FIX固定儿童座椅实例

(3) 降低颈部碰伤的座椅和头枕

为减轻乘员的颈部碰伤导入了头枕后，仍然存在很大的伤害，为此开始了对伤害的根本原因的分析及更加有效的头枕的开发。其成果之一即是主动安全头枕。当乘员后背向后压迫座椅靠背时，利用杠杆原理头枕能够向前伸出及早对头部进行约束（图6－58）。在主动头枕尚未出现之前，座椅靠背上部曾采用较软的设计，发生碰撞时后背上部会一定程度地陷入靠背中，其效果与主动头枕基本相同。

(4) 其他减缓撞击的对策

头部保护内饰（图6－59）：碰撞时，乘员头部撞击到车室内的立柱以及侧梁等大多会导

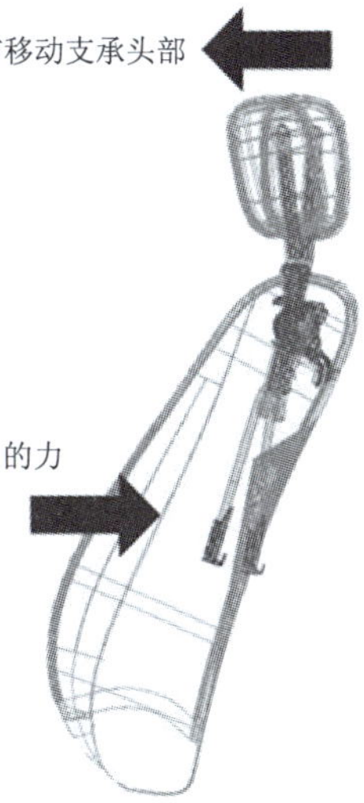

图 6-58 主动头枕实例[29]

致严重的伤害。美国的侧面碰撞保护乘员标准FMVSS214 中的实车试验时，没有头部保护的条文。由于侧碰时头部二次碰撞的范围很大，很难通过相同条件的碰撞试验进行评价，因此美国的侧碰乘员保护标准 FMVSS214 的实车试验虽然在前后座椅均搭载了试验用假人，但是并没有关于头部保护的要求。虽然假人在前后座席都有搭载，而并无头部保护的要求，其理由是，因为侧面碰撞时，头部二次碰撞的位置分布广，从而认为不能在一个条件下的碰撞试验中就可以加以评价。作为补充法规，FMVSS201 对上部内饰相关内容进行了规定。利用类似于 Hybrid-Ⅲ假人的头部模型进行 24 km/h 的碰撞试验，对可能发生二次碰撞的上部内饰的各个位置进行了 HIC 值的规定。为达到上述目的，在车室内部头部碰撞范围内也相应增加了吸能结构的情况较多。

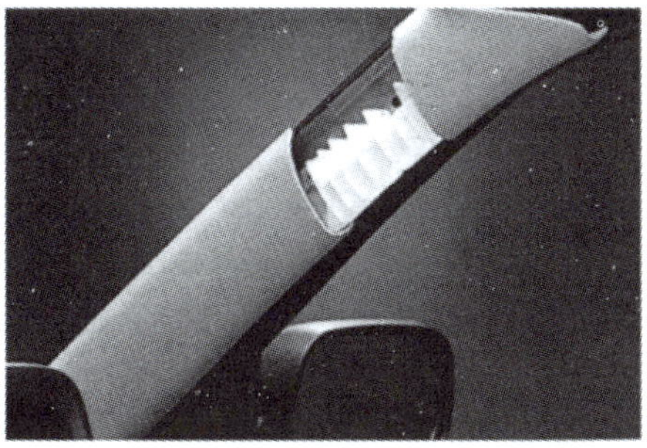

图 6-59 内饰的碰撞吸能结构实例[32]

6.5 预碰撞安全

6.5.1 概述

处于预防安全和碰撞安全之间，通过预测碰撞来降低伤害的预碰撞安全技术在 2003 年开始实用化，各种预碰撞安全系统陆续进入市场。

6.5.2 现状

图 6-60 为最近的系统构成实例。利用受雨雾等天气影响很小的毫米波雷达（或与照相机并用）检测障碍物的位置、距离以及速度等，结合自己车辆的速度、转向角以及横摆情况判断碰撞的可能性。当系统判断碰撞无法回避时，拉紧安全带或者将座椅位置调到最佳位置，做好保护乘员的准备，进行制动等防止点以缓和碰撞对乘员的撞击程度。在达到无法回避的碰撞之前，即碰撞可能性非常大的阶段通过警报器或断续拉动安全带来提醒驾驶员注意，并启动辅助制动功能，等待驾驶员进行回避操作。另外，在无雷达时，有的预碰撞安全系统是通过制动防抱死系统及防侧滑稳定系统的工作状态来判断是否处于危险状态，以此作为启动预碰撞系统的依据。

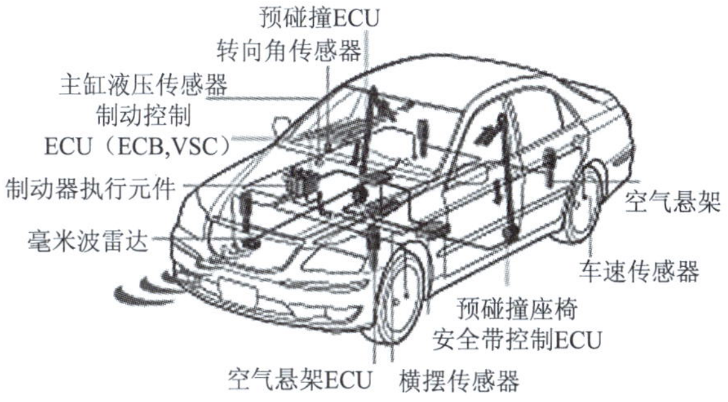

图 6-60 预碰撞安全系统构成实例[27]

6.5.3 未来的期待

预碰撞系统虽然是刚刚兴起的技术，但是其未来的发展大可期待。在预见碰撞可能性的车外监视技术的基础上，如果能够提高对车内情况的监视，特别是对驾驶员疲劳驾驶、注意力分散等情况进行识别判断的话，能够及早地对驾驶者提出警告，大大降低事故的发生率。在系统判断碰撞无法避免的情况下，各种乘员保护装置能够比以往更快地做好准备并容易作出最合适的动作等。可见，驾驶室内的环境监督技术的进步也将对安全性有很大的推进作用。

相关外文缩略语一览表

ADAC	Allgemeiner Deutscher Automobile Club e. v.	德国汽车用户俱乐部（相当于日本的 JAF）
AIS	Abbreviated Injury scale	简易伤害度指标
CDC	Collision Deformation classification	SAE recommended praticsJ224 中关于事故车辆变形情况、变形量分类标准的规定
CRS	Child Restraint System	儿童约束装置，儿童座椅
EBS	Equivalent Barrier collision Speed	等效障碍壁碰撞速度，同等变形量的障碍壁碰撞速度
EEVC	European Experimental Vehicle Committee	由欧洲政府所属研究机构构成的委员会，各个小组根据不同课题制定相关法案
EU	European Union.	欧盟
FMVSS	Federal Motor Vehicle Safety Standards	美国联邦汽车安全标准
H－Ⅲ	Hybrid three	Hybrid－Ⅲ正碰时使用的假人
HIC	Head Injury Criteria	头部伤害标准，利用头部加速度求得的伤害指数
IIHS	Insurance Institute for Highway Safety	美国保险协会的安全研究所
ITARDA	Institute for traffic accident research and data analysis	财团法人交通事故综合分析中心
ITS	intelligent transport system	高速公路交通系统
MDB	Moving Deformable Barrier	活动式柔性障碍壁
NCAP	New Car Assessment Program	关于新车碰撞试验安全性等的公示活动。以美国为首，欧洲、澳洲、日本、韩国等均在实施。单指 NCAP 时，可解释为该活动的整体情况或者美国的活动情况两种
NHTSA	National Highway Traffic Safety Administration	美国国家公路交通安全局（运输省下的组织）
ODB	Offset Deformable Barrier	可变形蜂窝铝偏置障碍壁
OOP	Out Of Position	非设置意图的乘坐位置（方向盘上或儿童在副驾驶席站立等）
RID	Rear Impact Dummy	后碰用假人的统称
SID	Side Impact Dummy	美国 NHTSA 开发的侧碰假人名称
Euro SID		欧洲政府开发的侧碰假人名称
WSTC	Wayne State Tolerance Curve	美国州大学发表的基于头部伤害标准（HIC）的头部耐受性曲线

参考文献

[1]（社）自動車技術会編集：自動車技術ハンドブック「基礎編」「設計編」「評価・実験編」

[2]（社）自動車技術会編集：自動車の安全技術 自動車技術シリーズ

[3] 千田淳ほか：シートベルト，エアバッグの最新動向，自動車技術，Vol. 56，No. 11，p. 59—63（2002）

[4] 杉本富史：衝突安全の現状と将来，自動車技術，Vol. 57，No. 1，p. 75—79（2003）

[5] H. R. Lissner，et al.：Experimental Studies on the Relation between Acceleration and Intracranial Pressure Change in Man，Surgery，Gynecology，and Obstetrics，Vol. 111，p. 329—338（1960）

[6] E. S. Gurdjian，et al.：Management of Skull Fracture Involving the Frontal Sinus，Annals of Surgery，Vol. 95，p. 22—32（1932）

[7] E. S. Gurdjian，et al.：Quantitative Determination of

Acceleration and Intracranial Pressure in Experimental Head Injury, Neurology, Vol. 3, No. 6 (June, 1953)

[8] J. P. Stapp: Tolerance to Abrupt Deceleration, Agardograph, No. 6, Collected Papers on Aviation Medicine, Butterworth Sci. Publ., London (1995)

[9] L. M. Patric, et al.: Survival by Design-Head Protection, Proceedings of 7th Stapp Car Crash Conference

[10] J. Versace: A Review of the Severity Index, SAE Paper 710881

[11] H. Mertz, et al.: Hybrid Ⅲ Sternal Deflection Associated with Thoracic Injury Severities of Occupants Restrained with Force-Limiting Shoulder Belts, SAE Paper 910812

[12] I. V. Lau, et al.: The Viscous Criterion-Bases and Applications of an Injury Severity Index for Soft Tissues, SAE Paper 861882

[13] L. M. Patric, et al.: Forces on the Human Body in Simulated Crashes, Proceedings of the 9th Stapp Car Crash Conference

[14] L. M. Patric, et al.: Cadaver Knee Chest and Head Impact Loads, SAE Paper 670913

[15] D. C. Viano, et al.: Bolster Impact to the Knee and Tibia of Human Cadavers and an Anthoropomorphic Dummy, SAE Paper 780896

[16] 水野幸治，一杉正仁共訳：交通外傷バイオメカニクス，（社）自動車技術会

[17] SAE J 850, Barrier Collision Tests

[18] ISO 3560, Road Vehicle-Frontal Barrier Collision Test Method

[19] JASO Z 103，乗用車の対固定バリア正面衝突試験方法

[20] ISO 3984, Moving Barrier Rear Collision Test Method

[21] Viano & Arepally, SAE Paper 902328

[22] 緒方健二：02 医学と工学から見た交通安全対策，日本交通医学工学研究会

[23] http://www.euroncap.com/content/test_procedures/introduction.php

[24] http://www.mercedes-benz.co.jp/safety/index.html

[25] http://www.honda.co.jp/safety/technology/car-safety/index.html

[26] http://www.honda.co.jp/auto-lineup/legend/safety/index.html

[27] http://www.toyota.jp/Showroom/All_toyota_lineup/crownmajesta/index.html

[28] http://www.toyota.jp/Showroom/All_toyota_lineup/markx/index.html

[29] http://www.nissan-global.com/JP/SAFETY/

[30] 伊藤紀明ほか：衝突性能開発におけるバーチャルテストの技術開発，マツダ技報，No. 20，p. 139—145（2002）

[31] 岡元雅義ほか：歩行者保護の対策技術，自動車技術，Vol. 56，No. 11，p. 64—69（2002）

[32] 自動車と安全（第4版），人と地球にやさしい車づくり，トヨタ自動車㈱

[33] マークX 新型車解説書，トヨタ自動車

[34] クラウンマジェスタ新型車解説書，トヨタ自動車

第 7 章

主动安全技术

7.1 概　　述

主动安全技术大致可区分为两种：一是使不易陷入危险场面的事故预防的技术，二是即使遇到危险场面也能避免事故发生的事故回避技术。

7.1.1 事故预防

驾驶员的驾驶行为可分为对环境以及汽车所显示状况的认识、判断以及基于判断所进行的驾驶操作。事故预防技术也可以说是使这些驾驶行为变得容易，而且可靠的技术。如图 7 - 1 所示为事故预防技术的概要。

(1) 视认性

驾驶员在行车中，从行驶环境和车内各种显示装置得到视觉信息。汽车驾驶中不仅要注意前方视野，而且也要注意后方和侧方。而行驶环境既有晴天，也有夜间，以及雨和雪等，即使在这样的环境下，需要更好的视野。

另外，为使交通顺畅，还必须使周围车辆知道本车的所在以及下一步的动作。为此必须安装后部反射板、尾灯、制动灯以及转向灯。并且建议安装能与周围车辆进行更多信息交换的装置。另外，在行车中也要求驾驶员能迅速理解车速等各种必要的显示装置而不耽误注意前方。

开发能达到这些要求的汽车视野和显示装置的技术，包括以对人的视觉特性的把握为基础技术，以及在此基础上出现的视认性评价技术和推行装置化所需要的种种技术。图 7 - 2 为提高视认性的有关技术。

(2) 听取性

驾驶员在行车中的几乎所有信息都是从视觉中得来的，但是有一个弱点就是视觉信息只有当人的视线向着其显示时才有，否则是无法取得的，听觉信息的传递与视线方向几乎无关。

(3) 操作性

对汽车操作系统的要求是，轻松、快速，在行车中也能正确地进行操作。操作系统可分为有关车辆操纵的操作系统和音响等开关类的操作系统。

有关车辆操纵的操作系统需从操作和车辆运动的关系等包括人在内的操纵系统整体进行考虑。另一方面，对开关类的操作，则要求开关位置恰当，操作容易掌握，从而减少对驾驶操作的影响，做到操作无误。关于操作性方面的技术也是以人的操作特性的把握作为其基础；而以此进行的评价以及装备化而使用的技术，也可以由各种不同的技术加以分类。

(4) 驾驶支援技术

(a) 驾驶员状态报警系统

视认性和操作性再好的车，如果驾驶员打瞌睡驾驶或是向两旁观望驾驶的话，也不能安全行驶。这本来是驾驶员应注意的事，汽车的智能化，至少可以从汽车方面帮助驾驶员，使其不易陷入上述危险状态的系统正在开发中。

检测驾驶员是否在打瞌睡的技术见表7-1，有很多技术正在讨论之中。

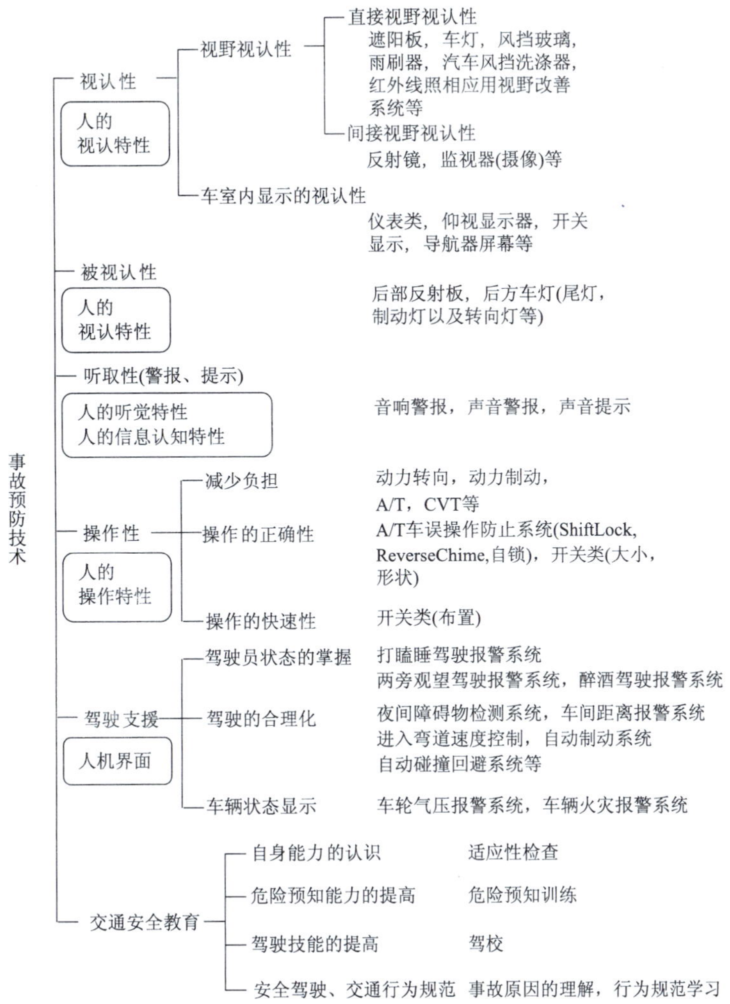

图7-1　事故预防技术的概要

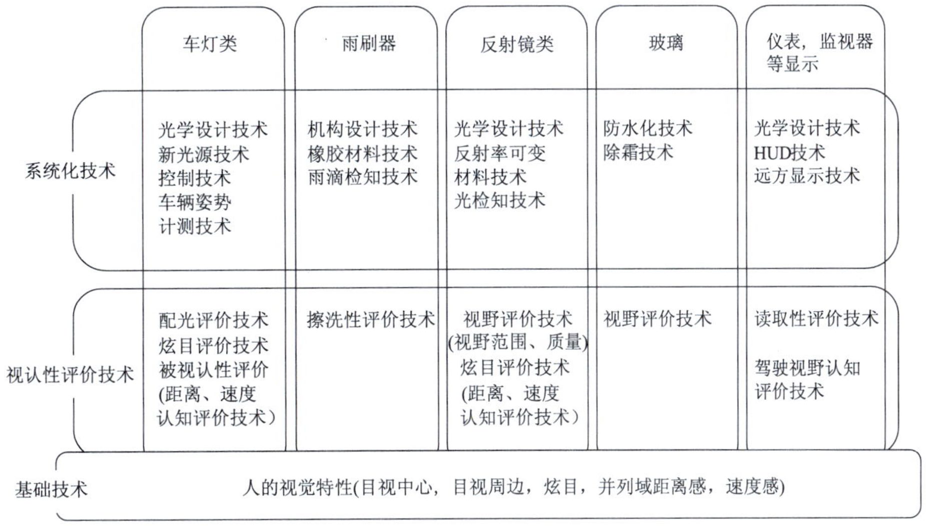

图7-2　视认性关联技术举例

表 7－1 打瞌睡驾驶检测技术

检测技术			检测方法
生理现象的感知	身体生理信号		脑波、眼电位、心跳、脉搏、皮肤电位等的变化的检测
	身体反应	接触型	头部的倾斜、姿势、推力等的变化的检测
		非接触型	闭眼发生频度的变化的检测（光传感器、图像认知技术的应用）
驾驶员操作的感知			转向、加速、制动、换挡杆等操作状态变化的检测
车辆状态的感知			车速、横向加速度、侧摆率、车辆动作（横向变位）等的变化的检测
驾驶员的应答			向驾驶员定期要求其应答，从而加以检测
行驶条件			根据驾驶连续时间，设定易打瞌睡的行驶状态而加以检测

另外也提出了这样的方案，就是不让驾驶员陷入打瞌睡驾驶或者即使打瞌睡驾驶了，也让其觉醒的方法。

（b）车辆危险状态警报技术

由于某种原因轮胎气压减小或者发生火灾等危险时，检测出这些危险状况并发出警报的技术也在开发之中。

（c）其他的驾驶支援装置

个人的驾驶能力因人而异，也因年龄、当时的身体状况、心理状况而不同。

通过汽车的智能化，辅助驾驶员使其操作更加简便，更加正确无误的技术也在开发之中。

现在，除了对汽车本身进行认识、判断、操作的环境认识技术、行驶状况判断技术、自动操作技术、信息提供技术等各种自动操纵关联技术外，一种新的辅助方式，即容易被人接受的人机界面技术的开发也在进行中。

（5）安全教育

减少交通事故的另外一个非常重要的因素是汽车驾驶员的安全驾驶和行人的安全行走。

为此，不仅要有安全意识，对人们易于陷入的事故原因的理解，提高事前觉察危险的能力、知识以及驾驶技能的提高还有对自身能力的正确认识都是重要的。促进这方面的教育活动正在展开。如图 7－3 所示，开发了采用最新电子技术的驾驶仿真器，用于危险场面的体验。

7.1.2 事故回避技术

从车辆通过性能方面考虑，可以把事故回避技术分为两种技术：通过性能提高技术和驾驶负担减轻技术。

图 7－3 用于安全行驶教育的驾驶仿真器

通过性能提高技术就是像“2WD 不能穿越的雪路，4WD 能通过”一样，将目前为止不可能行驶的情况变为可以行驶。另一方面，驾驶负担减轻技术则是像在雪路上紧急启动时，车轮打滑空转也不会发生的特性，由牵引控制系统来实施，那样，内行的驾驶员能做到而一般驾驶员则难以做到的，都变成任何人都可以像内行那样驾驶的技术。

每个技术元素，很少是不相关联的技术，也很难严格区别。但是，作为一种趋势，以前通过提高技术是主流，而现在逐渐转向驾驶负担减轻技术。

具体的技术在以后的章节中介绍，这里就这些技术和安全的关联性做一些阐述。

（1）通过性能提高技术

这种技术有利于提高事故回避性能自不待言，但是也不能说，只要这样就已经足够了。如图 7－4 所示是利用搭载各种通过性能提高技术系统的综合控制车辆所得到的实验结果。

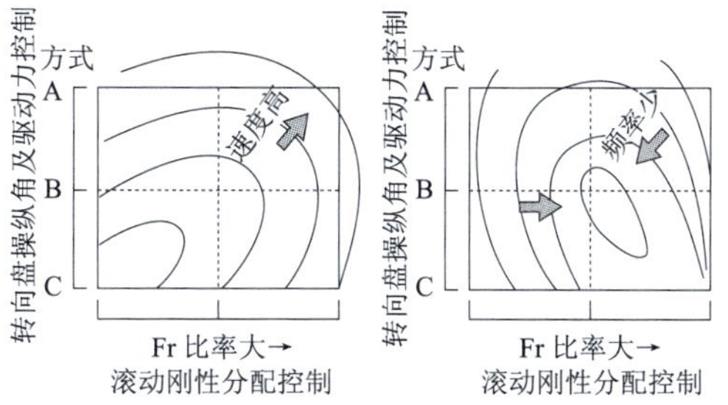

图 7－4 事故回避性能（平均车速和操纵转向盘频度）

以四轮转向而实施的转向控制以及以四轮驱动来实施的前后分配控制，这两种控制的组合变化而得到的 3 个方式（用 A、B、C 来区别），以此作为纵轴；并以滚动（ROLL）刚性的前后分配加以变化的 3 个种类作为横轴，上面的图 7－4 就显示了 3×3＝9 种控制方式推行之后的结果。行驶中的平均车速在左边图上，驾驶员的转向频度在右边图上，分别用等高线来表示。行驶的条件是：要求在规定的路线上尽可能快地开车。从这个结果来看，快速行驶的汽车应是左图中的 A 方式，滚动刚性分配的 Fr 的份额大的左图的上方的特性为好。而操纵转向盘频度少，驾驶员负担小的车，如右图中央，B 方式中 ROLL 刚性分配取得某种平衡。因此，能快速行驶的车和操纵转向盘频度小的车未必一致。

可以认为，影响通过性能提高技术的是平均车速的高与不高，影响驾驶负担减轻技术的是驾驶员操纵转向盘频度的低或不低。综合考虑事故回避性时，不仅要提高通过性技术，还要尽量减轻驾驶员的操作错误，因此驾驶负担减轻技术也可以说是重要的技术。

（2）驾驶负担减轻技术

在考虑驾驶负担之前，先整理一下驾驶时驾驶员的动作。

大致可分为认识、判断、操作这 3 种。如图 7－5 所示，进一步把判断分为下列两种，更容易理解。

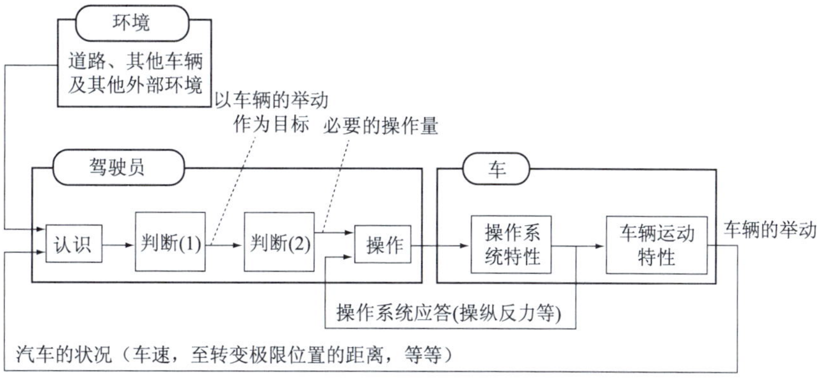

图 7－5 驾驶时驾驶员的认识/判断/操作

判断 1：线路选择判断。

判断 2：驾驶操作量判断。

线路选择判断就是从道路及其他车辆的外部环境和车速等车辆自身状况，判断行驶线路等和包括车速在内的自身车辆应采取的行驶状态。行驶操作量判断就是为了让汽车实现线路选择判断中所规定的动作而需要的行驶操作量的判断。

从事故发生的原因看，总是与驾驶员所进行的 4 个驾驶动作（认识、线路选择判断、操作量判断，操作）中某个动作的错误有关。其中认识错误的大部分属于事故预防技术的范畴，因此在这里省略。就以下三个驾驶动作进行论述。

（a）线路选择判断

交叉路口事故及追尾事故等都是自身车辆应有的行驶方式发生错误所致，可以归于线路选择判断错误。

为了使线路选择判断更容易些，协助驾驶员认识外部环境是有效的，但这也是事故未然防止技术的记述项目，在此省略。从车辆通过性能方面来说，把车辆自身的状况浅显易懂地告知驾驶员是它的任务。特别是在车辆的性能接近上限时加以告知，对避免不切实际的驾驶尤为重要。

但是，作为具体的方法虽然有诸如以操作转向盘时的反力提醒、增加车体的偏离角等说法，在理论上还不成熟，还停留在设计时的调整技术诀窍的范畴。

(b) 驾驶操作量判断

车辆在侧滑以及转弯时与公路两旁护栏的碰撞等，一般是操作错误所致，但也可能是驾驶操作量判断失误造成的。

为了使驾驶操作量能更容易判断，有“不为行驶条件或路面状态所左右，能经常维持安全的特性”“将汽车特性使之无非线特性，而使其单纯化，并易于预测”，提高车辆自身的稳定性，提高车辆的应答性，以及“人、汽车之间的安全性的提高，通过这些提高使车辆成为没有多余操作的汽车”。以上几条，相当于前面开头的要求。

其中，“能经常维持安全的特性”这一条，若把汽车轮胎的特性放进去，就成为不可能，必然存在行驶条件的变化。但是可以用以下的说法来代替：“特性的变化情况，为人们所能接受的。”

(c) 操作

为了简化操作，首先应考虑动力转向等动力辅助方法。然而现在已超过了单纯辅助的阶段，而进入“操作力特性最优化”阶段。特别是众所周知的，方向盘的操作力特性已经极大地使驾驶更加容易操作。

7.2　向驾驶员提供信息的支援系统[3]

7.2.1　放电前照灯

作为“追求明亮”的一个典型例子，可以举出前不久迅速普及起来的放电前照灯。这种灯，如图7-6所示，与以往的卤素灯不同，其光源是采用了高亮度的放电灯的高效型前照灯，其特征是具有青白色的接近阳光的发光色。

此外，以往的电灯只要对其灯泡直接通电就可以正常发光（图7-7），而使用放电灯时，必须要有启动电路、稳定化电路等电子部件。这样，一个

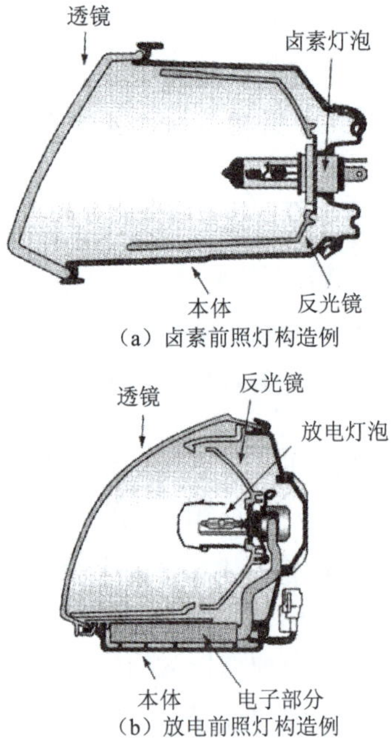

图7-6　卤素前照灯与放电前照灯

灯泡不能对之多数光源化，为此，是从前照灯要装四灯这类的高级车开始普及起来的。现在，由于已经开发出了光轴可以将其机械地加以改变的装置，于是有可能用于装置两灯式前照灯的汽车上。加之，实现了低价格化，目前已普及到轻型汽车上。

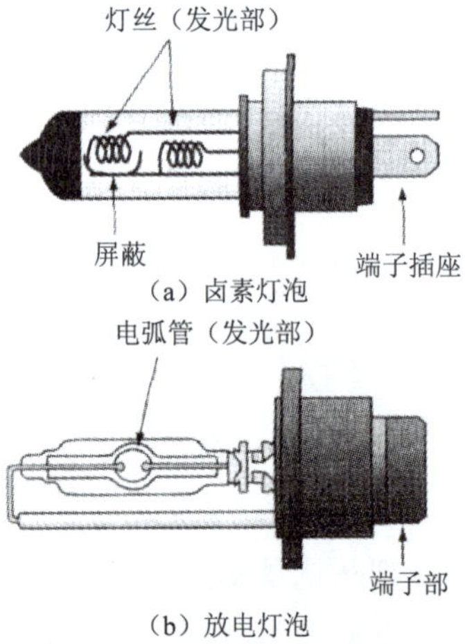

图7-7　卤素灯泡与放电灯泡

7.2.2　AFS（Adaptive Front Lighting System 自适应前照明系统）

在汽车上，虽说有“追求明亮”的说法，然而光是一味地要求明亮，则使开车者、前行车和步行者目眩，反而有可能成为有损于安全的因素。

因此，从确保安全的角度出发，汽车的电灯，对哪一个方向，要照射多少的亮光，法规上有严格的规定，对错开对开车时的光线（Low Beam，低光线），其路面上的配光，要求要设计成如图 7－8 那样。

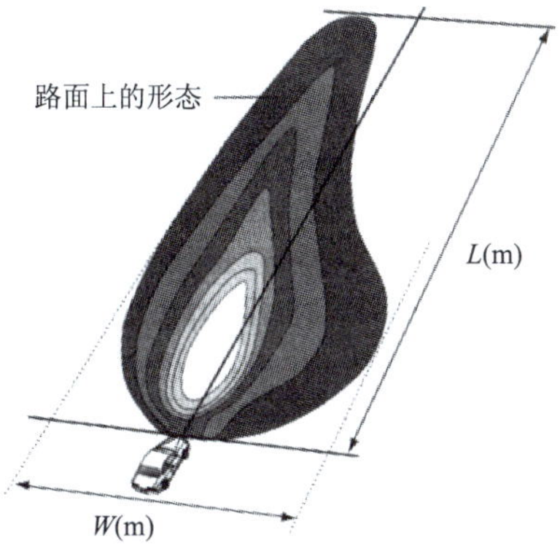

图 7－8 路面配光形态

为此，无法有效地利用全光束。即使是前述的称作高效率前照灯的放电灯，在错开对开时的光线必然造成路面既有明亮之处，也有较暗的地方，而不能全面发挥其性能。一定有不少人有这样的经验，即夜间行驶时，在弯道或交叉点，感到看不清楚前进方向。

这样，为了不使别人目眩，为使驾车能够明亮、舒适、电灯要“在必要的时间，对必要的地点，加以照亮”，开发出了配光可变型前照灯。这种灯以欧洲为中心，正在进行其标准的探讨。而这种前照灯被称作 AFS（见本节前面）。AFS 是根据各种行驶环境（市内街道、郊外、高速道、雨天、雾天等）控制成最适合的配光，并向驾驶操作提供必要的视觉信息的前方照明系统（图 7－9）。在其运作实施过程中，采用了各种方法，诸如辅助光源的附加点灯、多个光源的点灯控制、单一光源的机械控制等。AFS 在技术上大体已经过关，正在等待法规的完成，并有望在不久的将来逐步投入市场使用。

7.2.3 更快、更正确的信息显示（LED 标志灯）

前照灯的使命在于：如前述“不使他人目眩，而能照得更远、更广阔、更明亮”，而标志灯的使命则可以说是：“将本车的行驶信息，更快、更正确地告知周围（显示出来）。”

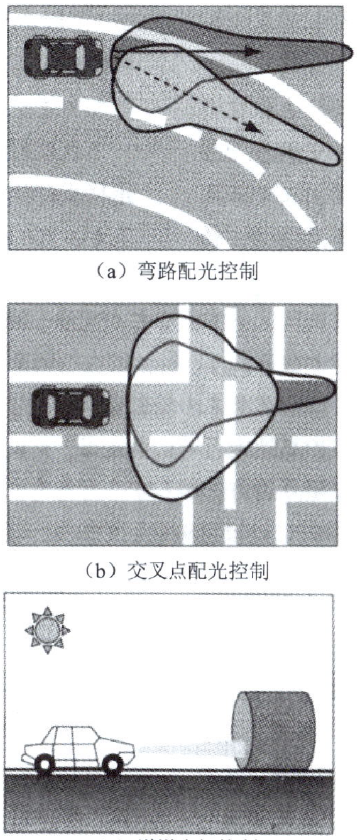

（a）弯路配光控制

（b）交叉点配光控制

（c）遂道点灯控制

图 7－9 AFS 的控制例

在这里，要明确标志灯的机理，即制动信息或是转向指示器的信息的传递是使白炽灯泡点灭。现在首先来观察“更快”，二点灯应答性，目前的白炽灯泡，在达到其正常点灯状态，约需 300 ms 的时间（图 7－10）。

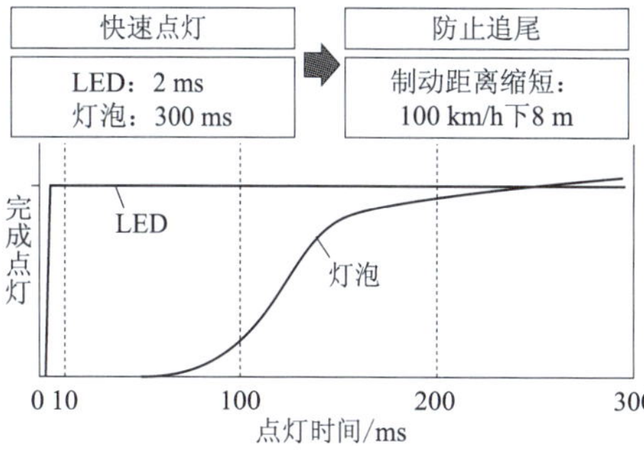

图 7－10 灯泡与 LED 的点灯对应性比较

对此，光源如果用的是 LED，以 2 ms 的时间就可达到正常点灯的状态。从时间上来看，相差不多，但如果假定行驶速度在 100 km/h 时，大约会出现

10 m 距离的差，而避免事故发生的概率都会有质的提高。

7.2.4 使用红外线的暗视系统电灯

为了掌握夜间行驶时的周围情况，驾驶员所依靠的是路灯以及前照灯的亮光。但是路灯在郊外很少，山间开车大多只能依靠前照灯。其次，特别由于日本的道路情况，一半多是错开对开行驶。此时，如前述光照的范围是受限制的，则不能取得充分的信息。

利用红外线的暗视系统有前述的远红外线方式和近红外线方式两种。最近日本国内搭载有这种使用近红外线的暗视系统的车辆也已在市场上出售。

这种近红外线暗视系统是如图 7－11 所示的那样的结构。与远红外线方式的大的差异在于：近红外线方式是能够检测到照射在物体上的近红外线的反射波，并显示出画像的系统；其中装有近红外线灯。近红外线灯能够照射出“眼睛看不到的光”，因此不会引起他人的目眩，而且可向远方照射，而照到的物体所形成鲜明的画像信息会出现在显示器上（图 7－12）。

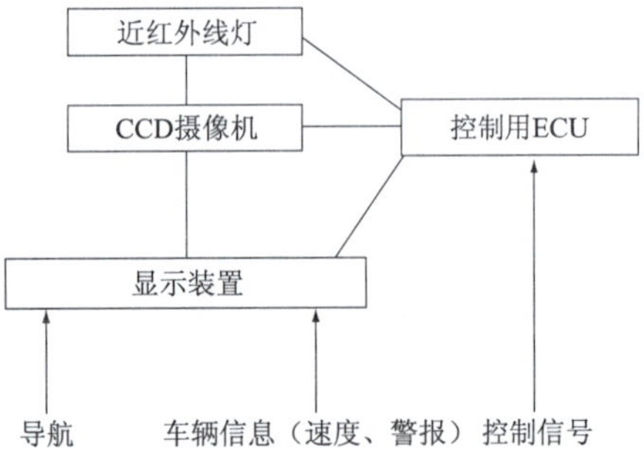

图 7－11 利用近红外线的暗视系统构成实例

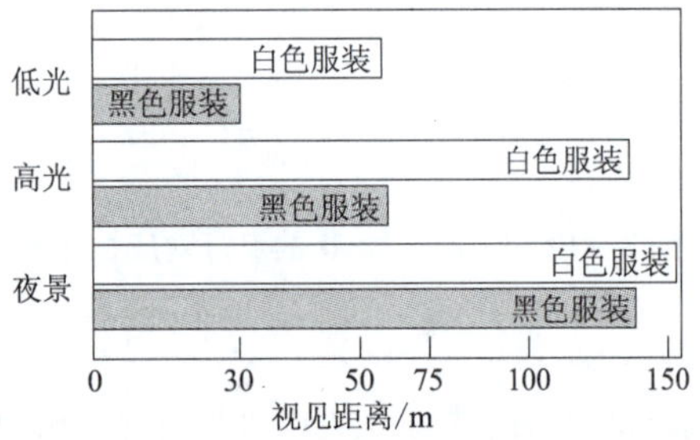

图 7－12 利用近红外线的暗视系统的所见状况

7.2.5 驾驶支援系统[1]

它是支援驾驶员的驾驶操作的系统。继前后运动的支援系统而出现的横向运动的支援系统，经研究阶段，再经开发阶段而作为商品已投入到市场中。

（1） 与前方车辆碰撞警报

它是与前方车辆过于接近时，促使人们注意的装置。

（2） ACC*

它是前方有车辆，能与之保持一定范围内距离并跟踪行驶的控制装置。可以被定位为减轻驾驶负担的装置。这一技术是与自动驾驶直接相连接的技术。从而，与后面将叙述的车道保持装置一样，这是人们的手动控制以及用计算机的自动控制相协调而开发的重要项目。

（3） 车道脱离警报装置

这是在驾驶员不注意时，车辆存在脱离车道的可能的情况下，发出警报的装置。对如何利用声音或是利用振动的方式给予人影响的课题正在展开研讨。

（4） 车道跟踪支援装置

完全的自动操纵并不现实。设计时应考虑驾驶员与自动操纵系统间的“协调特性”，这是很重要的。虽然在通常行驶时，更多地希望减少人的操作负担，然而在紧急时倒是人能够方便地得以介入变为很重要。图 7－13 为 CCD 摄像头所进行的前方车道误差检测的概念图。只要能够测定车道内的汽车的位置与角度，就能够开发出防止车道脱离为目的的种种支援系统。

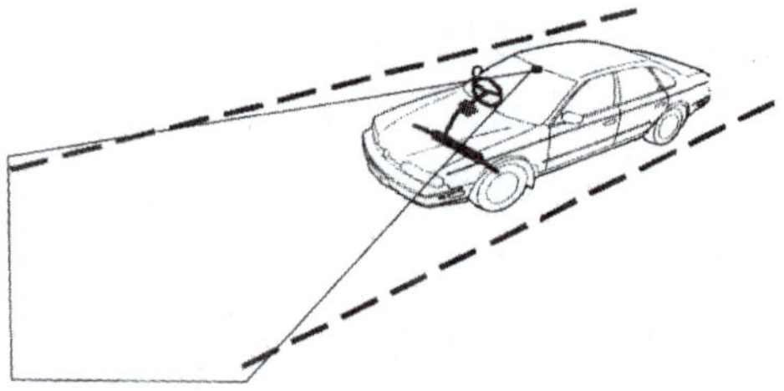

图 7－13 用 CCD 摄像头计测前方路况
（外界信息取得实例）

* ACC：Adaptive Cruise Control（自适应巡航控制）

7.2.6　车辆导航的进展与安全技术[5]

车辆导航由单纯的电子地图起始，逐步成长为能够控制信息的最前端的车载信息终端。一方面兼有大量信息的高性能的计算功能，以及多彩的显示装置，又与车内的各种电子装置相连接，预计今后将在预防安全方面作出其进一步的贡献。

例如，下列的系统正处于开发的过程中，在发动机的输出加以调节以自动控制车间距离的ACC（Adaptive Cruise Control）中，减速时的制动器的控制系统就是这样的系统。

此外，根据车辆导航的道路信息，即弯道和交叉点，高速公路的道路形状和收费站，服务区域等导引路口的信息加以利用可以促进预测性控制，这一方面的研究也正在进行（图7－14）。

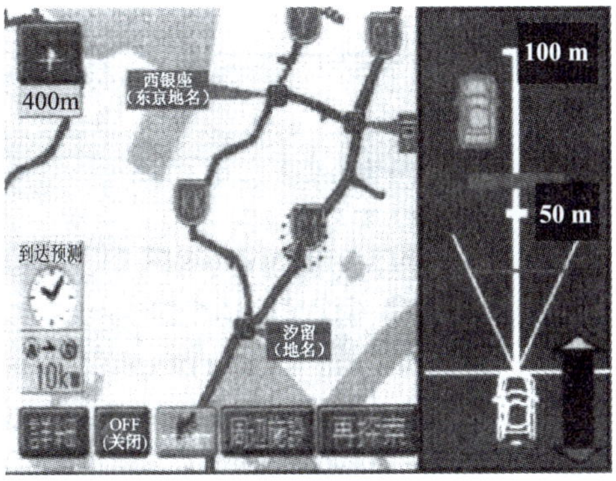

图7－14　ACC

7.3　对驾驶员的行驶性能的支援技术[6]

7.3.1　制动控制

近年来，汽车的制动并不只是停留在其基本性能的“停车”这一环节上，而且在诸多相关的领域内发挥着重要作用。制动本来对车辆的稳定性有很大的关系，因为它还可以说是“转弯”功能的一部分，而最近ABS已作为标准的装置，其原因也正在于此。自这个ABS上场以来，利用制动的各种车辆控制系统得到了实用化，并取得了显著的进展。电子制动力分配控制以及VSC（Vehicle Stability Control，车辆稳定性控制）等采用了制动的车辆稳定系统实际上也是“转弯”的一个环节。从“行驶”的方面来说，牵引控制（Traction Control）及行驶控制（Cruise Control）属于这类。此外，电动车和混合动力车的回收性制动也可以看做是制动的一种新领域，而在称作预碰撞（Precrash）的碰撞安全与预防安全的范围内，制动控制也开始采用。就上述这样不断发展着的制动控制，以下将简单说明其实用例子。

（1）防抱死制动系统（ABS）

它可能是制动控制中最广为人知的。ABS是用来在打滑路面或在紧急刹车时，使车轮不被抱死的装置；而其目标是在于确保车辆的安全与转向的稳定性。一般而言，如果车轮被抱死，在前轮上发生则引起转向无效，在后轮上发生则车辆进入不稳定状态。为了不至于陷入这种状况，由车轮的运转速度传感器可测知车轮的运转状况，并根据不同的路面状况将制动液压加以电子控制。

制动方式一般分为：4个车轮的制动油压各自独立加以控制的4系统控制，以及前轮左右独立，而后轮左右一起控制的3系统控制。对各个车轮油压加以控制的促动器（Actuator）是先将车轮制动缸中减压了的制动油在储油罐中存储，再由泵回流到踏板一侧。基本上是这样的一个结构。在这样一种结构的情况下，减压后的再增压是依靠踩下踏脚板的压力而实现的。

（2）电子制动力分配控制（Electronic Brake force Distribution，EBD）

历来为了提高制动时的车辆稳定性，一直使用比例阀等进行制动油压的前后分配：这是使后制动油压固定，并以一定的比例使之降低的一种方式。由于是固定比例分配，当乘员数及装载量变化时，就很难保持最适当的状态，也有过根据后悬挂的下沉量测定装载量并改变分配比例的装置，但难以根据行驶状况进行调整，因此只使用于装载量变化很大的车辆上。

这种制动力的分配是用电子控制来进行的，即为EBD。其主要的动作是测出各个车轮的速度差，并控制各车轮的制动油压以保持适当的滑动比（Slip Rate）。根据行驶状态（载荷状态以及减速、转向引起的负载的变化等）进行制动力的合理分配，从而确保良好的制动性能。而在转向的制动时，EBD对确保车辆的稳定性方面也作出了贡献。

在EBD的制动油压控制中，也使用了ABS中的促动器（Actuator）以及车轮运转速度传感器，这样有效地促使零部件数的削减，以及成本的降低。由此，它就随着ABS的装配率的提高而成为一般的装置。

(3) 牵引控制系统（Traction Control System，TCS）

TCS是在易滑路面上启动以及加速时，抑制由于过剩的驱动力而引起的车辆打滑空转，以提高车辆的稳定性和确保驱动力的装置。也有只依靠控制发动机的那种，但是对制动同时也进行控制时，尤其是对单边车轮的滑动的状态进行抑制的效果很好，这就使这一系统的应用日益普及。

此外，作为TCS的进一步的发展，从来就需要差速锁紧功能的不规范地面或泥泞路面等的行驶条件下，得以稳定地启动、加速的Active（主动）TRC（Active Traction Control）等的系统已装备到越野四轮驱动汽车上。

其次，还有严格意义上不集于TRC的，在陡坡路面上升下降时，对车速进行一定的控制，从而能够稳当地下坡的DAC（Down hill Assit Control，下山辅助控制），以及在坡道启动时，不使后退的进行制动控制的山坡启动控制等类似技术。

为了在TCS中实行制动控制，就需要在不踏制动踏板的状况下，也要产生油压；因此促进器要求具备自我加压性能，促进器的构造多种多样，有作为油压源的促动器，也有被广泛采用的，在ABS的液压油路中增加了加压用的油路，ABS中本来是减压用的泵加以强化，而作为加压用而共用的。

(4) 制动辅助（Brakc Assit，BA）

制动辅助是在紧急时，辅助驾驶员的踏板力量，使之发生较强的制动力的装置。

熟练的驾驶员在紧急时，能够以充分的强度踏下制动踏板，而不熟练的驾驶员往往此时踏板的方法不合适。对后者这类驾驶员，这一装置的使用可以最大限度地发挥制动性能与ABS的作用。

作为装置的动作条件，使用的是制动踏板的踏下压力以及速度。紧急制动时，不论哪一个水平的驾驶员都有踏下速度较快的倾向。而使用了踏下速度的方式，在一般的制动操作时并不动作，但在必要的场合，虽然踏下压力较低，也同样能够起作用。

使用的促动器有与TCS相同的采用泵加压的，也有内藏在负压式的制动增大器中的。而后者，有的是踏下速度与踏下量不是用电加以测出的，而是机械地加以动作。

(5) 侧滑防止控制（Stability Control System，SCS稳定控制系统）

稳定控制系统是在转弯时使摩擦力界限不易被超出的预防安全系统。当驾驶员对弯道的曲率及路面状况有误判而进入超速转向时，车辆有可能虽然打了方向盘也不拐弯而飞出道路，或是后轮有可能侧滑。

稳定控制系统是通过制动与发动机输出的控制以抑制这类事故的发生。当处在超速而打方向盘也无法转弯时，下降发动机的输出的同时，各车轮都要制动，并当车轮开始侧滑（或空转）时，制动外侧的前轮，以抑制车辆不良动作。这样，稳定控制系统在界限附近转弯时，利用仅存不多的轮胎摩擦力，依靠制动力加以控制，使车的朝向能够符合驾驶员所希望的方向。当系统起作用前，已超过了摩擦力的界限时，由于不能再期待稳定控制系统的效果，必须迅速且正确地检测出车辆已经超过界限，并立即运作制动使之符合正确的分配。车辆本身的动作（举动）的检测是使用侧摆率传感器、侧加速传感器、转向角传感器而获得的。促动器如同稳定控制系统，要求有加压能力，而如前述由于有必要对4个轮的制动力各自不得超过界限进行细微的控制，因此应当是要求4个车轮能够独立地发生制动力的那类为好。此外，由于对应对性的要求高，为此泵的加压功能也有所提高。为辅助泵的加压功能，也有对制动增大器加以控制的。

7.3.2 侧向运动的底盘控制[7]

由于错误的方向盘操作，或紧急的方向盘操作而引起的车辆的不稳定动作，或紧急制动时的车体稳定性等原因都会引起事故，或产生附带损伤（Nearmiss）的危险性。能够对这些作为防患于未然的支援技术，可以举出，后轮转向、左右轮驱动力分配的侧摆力矩控制等。

（1）四轮转向系统

通过后轮的转向，特别是在高速行驶时可以飞跃地提高操纵稳定性，这在理论上以及实车试验方面已被确认，且已有这类车进入市场。以1980年为中心曾经得到频繁的研发。尤其发现在车体的侧滑的控制方面，效果很显著。然而在轮胎的非线性领域的临界性能以及价格性能比方面为其普及使用设置了障碍。

（2）直接侧摆力矩的控制

这是依靠左右车轮的制动力的分配而产生的侧摆力矩以防止车体侧滑的装置，而在中高速领域提高安全性方面是有效的。有各种商品名称，例如EPS、VSC等而缺乏统一的名称，在普及中成为一个问题。为了达到测定车体状态的高级化，可以期待这一技术将与安全性的进一步提高以及得到普及是有关的。

（3）前轮主动转向

传统的转向系是方向盘与车轮之间具有一定的传动比，而以机械地联系在一起的，目前则陆续出现了以控制为前提的新概念的转向系。具体来说，有可变齿轮比VGR（Variable Gear Ratio），线运作的转向（Steer by Wire）等，且有望成为今后重要的技术开发的项目。此外，还可以预期与驱动系和制动系连动并取得有效协调的线运作技术作为发展方向而被不断地探索下去。

7.4 ASV[8]

ASV指的是先进安全汽车（Advanced Safety Vehicle）。依靠ASV技术，目的是要显著地提高车辆的安全性，通过采用电子技术，提供信息、警报、车辆控制，帮助驾驶员的安全行驶，并减少因驾驶员的过错而引起的事故。日本的ASV项目指的是企、学、政三方面成员构成的“ASV推进检讨会（研讨会）”（办事机构：国土交通省）推动的活动，而2003年于名古屋召开的ESV国际会议，千叶幕张的汽车展览会中的ASV展示都是其普及促进活动的一环。其次，为了取得关于驾驶支援技术方面的共识，以及使第二期的ASV所确定的ASV基本理念得以具体化，作为“支援驾驶的思路”，系统—驾驶员—社会三者的关系被概括成8个项目。在“支援驾驶的思路”中，其重点是放在，要避免因驾驶员过分依赖于“系统”，而忽略了驾驶员对安全驾驶本身的意识。

此外，作为新的技术开发项目，有：信息交换型（车辆间通信型）驾驶支援系统（已开始正式的研究工作），基于事故分析的系统概念的研究，以及通信技术方面作为其基础的电波传播特性的研究，对最后一项已在实施实证性试验工作。

7.5 将来的展望[9]

7.5.1 预防安全的软件（“如何使用其技术”之意——译者）的滞后

如本章所示，预防安全技术有了很大的进展，给人们以电子控制技术是万能的工具之感。然而，真正需要的系统是哪一个，或者能够使事故减少的真有作用的技术是哪一项则感到无法明确回答。反而有“预防安全软件”大大落后的感觉。

7.5.2 因人而异（Tailor Made）的驾驶支援

医疗领域中的“因人而异”的医疗方法引起人们的关注，而在汽车领域内，似乎有必要今后也需研讨合乎每个人不同特点的驾驶支援系统。这就是向着因人而异的驾驶的期待。笔者正从事于研究如何将主动插接共用（Active Interface）的概念引入驾驶支援系统的问题。为此目的，希望研究开发出行驶环境和人的状态具有其显示功能的底盘控制技术并使之实用化。

7.5.3　从交通安全到交通安心

日本内阁所召开的综合科学技术会议上，在其制订的2004年度基本计划中，将“构建以少子女高龄化等为对象的安心、安全的社会”作为其支柱之一。这就是说，在交通系统领域而言，对驾驶员或是步行者这些个人，可以推论也有必要构建，能够安全并安心地移动的社会。

7.5.4　交通安全的全球化

在拥有日本10倍人口的中国以及其他发展中国家，将来随着汽车的飞速普及，交通事故也会大幅增加，这是人们的普遍担心。当议论环境及能源问题时，必然会触及交通安全这一题目。我们必须制止，汽车普及的同时，也“普及”了交通事故这样一个后果，我们自不待言一定要认清环境与安全是两个极其重要的问题。

7.5.5　事故死亡和重伤者数为零为目标的措施

欧盟在2000年共有4万人以上死于交通事故，发生了170万人以上的死伤者。2001年欧洲交通政策白皮书中规定，到2010年为止重大事故要减半，也即其目标是死亡者要减半。为此，有所谓e-Safety的措施，包含了驾驶支援系统在内的ITS等的安全技术的开发与普及，为了加速这些方面的工作，而展开了国家范围的探讨议论。

日本汽车工程学会（自动车技术会）方面，跟随这一形势的发展，目标指向事故死亡者减半甚至为零，而开始了一场从科学技术领域，到人文科学领域，进而从行政甚至从法律层面上的综合性的调查。笔者则提出了如表7－2所示的学术性的、跨学科性的“交通安全系统科学”的构建的必要性的提案。

表7－2　为交通安全、系统的科学结构而调查的必要性

事故分析学	事故的分析调查	统计分析，个别事例分析
	事故的再现技法	模拟器、驾驶记录器等
安全工程学	车辆的安全技术	预防安全，碰撞安全，事故后安全
		人的驾驶特点、人体信息、生物力学、心理学
	情报、安全技术	道路环境、情报、救急救命体制
社会与法律工程学	安全基准，标准，经济性，损害保险，规则、禁令，安全教育	

续表

相关外文字母略语一览表

ABS	Antilock Brake System	防抱死制动系统
ACC	Adaptive Cruise Control	自适应性巡航控制
AFS	Adaptive Front-lighting System	配光可变形前照灯
ASV	Advanced Safety Vehicle	先进安全自动车
BA	Brake Assist system	制动辅助系统
CCD	Charge Coupled Device	用于数值摄像及扫描的摄像元素
DAC	Down hill Assist Control	下山辅助控制
EBD	Electronic Brake force Distribution	电子制动力分配控制
ESC	Electronic Stability Control	电子稳定控制
HMI	Human Machine Interface	人机接口
ITS	Inteligent Transport Systems	智能交通系统
LED	Light Emitting Diode	发光二极管
TCS	Traction Control System	牵引控制系统
VSC	Vehicle Stability Control	车辆稳定控制系统

参　考　文　献

[1] 飯塚晴彦：自動車技術シリーズ6，p.5－7，朝倉書店（1996）
[2] 萱沢深：自動車技術シリーズ6，p.7，朝倉書店（1996）
[3] 小林正幸：新しいランプ技術，自動車技術，Vol.56，No.11，p.39（2002）
[4] 永井正夫：アクティブセーフティ技術の展望，自動車技術，Vol.57，No.12，p.7－8（2003）

［5］本山勇司：カーナビに組み込まれた安全対策技術，自動車技術，Vol. 56，No. 11，p. 47（2002）

［6］藤波宏明：ブレーキ制御の最前線，自動車技術，Vol. 57，No. 12，p. 64—66（2003）

［7］永井正夫：アクティブセーフティ技術の展望，自動車技術，Vol. 57，No. 12，p. 7（2003）

［8］葛巻清吾ほか：自動車と安全，自動車技術，Vol. 58，No. 8，p. 25（2004）

［9］永井正夫：アクティブセーフティ技術の展望，自動車技術，Vol. 57，No. 12，p. 8（2003）

第 8 章

道路交通与智能交通系统 ITS

8.1 概　　述

ITS 是 Intelligent Transport Systems 的缩写，在日本称“智能交通系统”。日本政府认为，ITS 是利用最先进的通信技术将人、道路、车辆构成一个完整的系统，实现汽车导航系统的智能化、收费道路等的不停车收费、安全辅助驾驶、交通管理的最优化、道路管理的高效化等。人们期待着 ITS 成为一项可以解决交通事故、道路堵塞、环境问题等众多的道路交通问题的一项技术。本章主要论述 ITS 中的车辆“信息化”和“智能化”技术，ITS 术语的缩略语见表 8－1。

表 8－1　ITS 相关缩略语一览表

ABS	Antilock Brake System	防抱死制动系统
ACC	Adaptive Cruise Control	自适应巡航控制
AHS	Advanced Cruise-Assist Highway System	先进高速公路巡航辅助系统
AMTICS	Advanced Mobile Traffic Information and Communication	先进移动交通信息
ASV	Advanced Safety Vehicle	先进安全车辆
CATS	Comprehensive Automobile Traffic System	汽车综合交通管制系统
DRGS	Dedicated Road Infrastructure for Vehicle Safety in Europe	欧洲汽车安全专用道路设施
DSRC	Dedicated Short-Range Communication	专用短程通信
DSSS	Driving Safety Support System	安全驾驶辅助系统
ERBA	Extended Range Backing Aids System	扩大倒车辅助系统范围
ERP	Electronic Road Pricing	道路电子收费
ESP	Electric Stability Program	电子稳定性程序
ETC	Electric Toll Collection System	不停车收费系统
FCAAS	Forward Collision Avoidance Assistance System	前向防撞辅助系统
FSRA	Full Speed Range Adaptive Cruise Control	全速域自适应巡航控制
GPS	Global Positioning System	全球（卫星）定位系统
HMI	Human Machine Interface	人机接口
ID	Identification	ID 码

续表

IDS	Interchange Decision Support	路口辅助驾驶、无视信号灯提示、左转辅助驾驶（美国对应项目）
INVENT	Inter vehicle Communication by Radar	车—车协调系统（德国项目）
ITS	Intelligent Transport Systems	智能交通系统
IVHW	Inter Vehicle Hazard Warning	车—车协调系统（法德共同研究项目）
LKAS	Lane Keep Assistance System	车道保持辅助系统
MALSO	Maneuvering Aid for Low Speed Operation	车辆周边障碍警告系统
PTPS	Public Transportation Priority System	公共交通优先系统
RACS	Road/Automobile Communication System	车路通信系统
RFID	Radio Frequency Identification	无线频率识别系统
TCS	Traction Control System	牵引（力）控制系统
TDM	Traffic Demand Management	交通需求管制
TIWS	Roadside Traffic Impediment Warning System	路边交通障碍警告系统
UTMS	Universal Traffic Management System	新交通管制系统
VDC	Vehicle Dynamics Control	车辆动态控制系统
VICS	Vehicle Information Communication System	车辆信息通信系统
VSA	Vehicle Stability Assist	车辆稳定性辅助系统

在8.1.1中，将对ITS的全貌、背景、课题及历史做整体介绍，并重点介绍政府项目ASV（先进安全汽车项目）、AHS（高速公路辅助驾驶系统）、DSSS（先进的安全驾驶辅助系统）。

在8.1.2中，将针对环境问题涉及的大气污染、交通堵塞等，介绍作为改善环境的对策措施，可以通过改善交通流来减少燃料消耗和CO_2排放，作为间接的对策措施有汽车导航、VICS（道路车辆交通信息通信系统）、ETC（高速公路不停车收费系统）等。

在8.1.3中，将介绍与交通事故相关的安全问题，以及采用有关电子技术系统的对策措施。

8.1.1　ITS的定义

道路交通的发展给人类生活带来了很大方便，促进了经济发展，但同时也引发交通事故、道路堵塞、环境污染、消耗大量石化燃料等，越来越成为全球性的严重问题。因此，有必要达成共识将其当成人类共同的重要课题并采取根本性的对策措施。其措施就是超越常规，利用各种先进技术，使汽车“信息化”“智能化”。不断研究开发人、道路和车辆之间的信息通信系统，而且这些信息通信系统与传统的道路交通系统相比，在安全性、畅通性、舒适性以及环保方面有飞跃性的进步，将这些系统投入应用并达到实用化就是ITS的目标。

日本是世界上较早介入ITS的国家，在1973年通产省（现经济产业省）就进行了CACS（汽车综合交通控制系统）的汽车线路引导系统等验证试验。其后，在警察厅、运输省（现国土交通省）、建设省（现国土交通省）、邮政省（现总务省）的主导下进行了研究开发和验证试验。1995年2月“先进信息通信社会推进总部”（总部长由内阁总理大臣担任）提出了“推进先进信息通信社会基本方针”，促使ITS被纳入了政府规划，具有明确的定位。由此，1996年7月5个省厅（警察厅、通商产业省、运输省、邮政省、建设省）共同制定了“推进智能交通系统（ITS）的整体构想”，为系统而有效地推进ITS的构建，在功能、开发、普及等方面进行了长远规划，成为日本最初的基本计划。以此为开端，真正进入了产、学、官一体的共同研究开发阶段。

在1996年公布的整体构想中，将日本要实现的ITS远景归结为20项用户服务（见表8-2），后来增加到了21项。在这些服务内容中，有利用汽车导航系统提供交通信息、自动收费系统，有危险警告及驾驶辅助功能的安全驾驶辅助系统，还有公共交通运行管理辅助系统等。该构想发布出台后，日本积极开展各种服务模式的研究工作，并加紧推进商品化。

表8-2 ITS的21种服务功能

开发领域	用户服务功能
1. 导航系统的最优化	(1) 提供交通相关信息 (2) 提供目的地信息
2. 自动收费系统	(3) 自动收费
3. 辅助安全驾驶	(4) 提供行驶环境信息 (5) 危险警告 (6) 辅助驾驶 (7) 自动驾驶
4. 交通管理最优化	(8) 交通流量最优化 (9) 在发生交通事故时提供交通管制信息
5. 提高道路管理效率	(10) 维护管理业务的高效率 (11) 特殊车辆等管理 (12) 提供通行管制信息
6. 公共交通支援系统	(13) 提供公共交通利用信息 (14) 公共交通运行及运行管理支援系统
7. 提高商用车效率	(15) 商用车的运行管理支援系统 (16) 商用车连续自动行驶
8. 行人等支援系统	(17) 路线引导 (18) 防止危险
9. 急救车辆等支援系统	(19) 自动通报紧急情况 (20) 急救车路线引导、救援活动等支援系统 (21) 先进信息通信社会相关信息的利用

(1) 信息化对策

20世纪90年代，日本在世界上率先推出商品化的汽车导航系统，截至2004年3月已累计销售1 455万辆套（图8-1）。最初的功能是将车辆当前位置显示在数字地图上，并为驾驶员提供至目的地的行车路线信息等；之后将汽车导航系统作为通信终端装置，接收地图、联网收发电子邮件以及行车路线导航信息、娱乐信息服务等各种各样的服务，产生出了被称为远程通信（详见8.3.2）的新的附加价值，并已实现商品化。

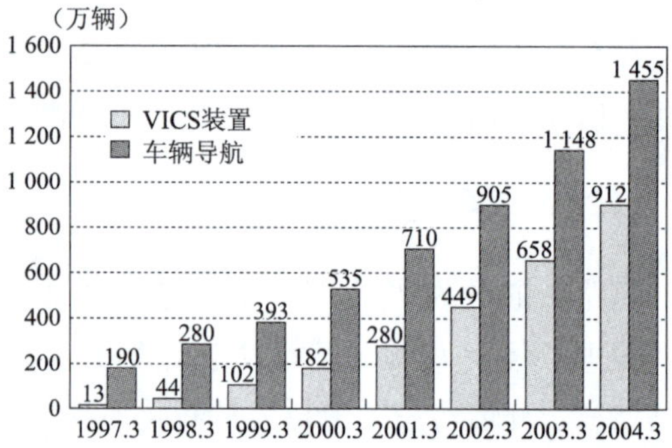

图8-1 车辆导航、VICS单元的发货量统计

(2) 道路堵塞对策

当汽车通行量（交通需求）超过道路通行能力（交通容量）时就会发生堵塞。因此，为了缓解堵塞，就必须增加交通容量，或减少交通需

求，具体对策列举如下。

① 完善道路网络，增加交通容量。

② 增加瓶颈处如路口或收费站的交通容量。

③ 将交通需求分散到空闲道路和空闲时间段。

④ 通过其他交通方式等柔性手段，减缓汽车的交通需求。

对于已经难以大幅度修建道路的日本来说，很有必要采取修建道路之外的其他对策措施，因此对利用 ITS 实现交通畅通化寄予了很高的期望。

(3) 交通事故对策及其智能化技术

在辅助安全驾驶方面，开发了可以事先将交通信息和道路信息提供给驾驶员以引起注意的系统，以及行驶过程中车辆的车载传感器之间以及与道路设施之间进行通信，即利用交通环境以及行驶状态的有关数据进行自动驾驶的系统。

其中，车距控制系统、ACC（自适应巡航控制系统）可以由驾驶员设定行车速度后按此速度行驶，并与前车始终保持一定的距离的功能，从而可以减轻驾驶员频繁操纵节气门和制动踏板所引起的负担。FCAAS（避免正面碰撞辅助系统）是一个当发现有可能与前方车辆等障碍物发生碰撞时，自动进行紧急制动以减轻碰撞损伤的系统，目前日本已有汽车公司实现了商品化。另外，LKAS（车道保持辅助系统）、TIWS（路边交通障碍物警报系统）、MALSO（车辆周边障碍警告系统）、ERBA（扩大倒车辅助系统范围）、FSRA（全速域自适应巡航控制）等系统也处于研究开发阶段。

在开发这些系统时，不仅需要微波雷达、激光雷达等传感器技术不断进步，而且还有很多需要进行研究的内容，例如，如何进行信息提供及时警告才不至于使驾驶员的注意力松懈，如何才能做到使驾驶员不产生对系统的过度依赖等。另外，由于需要确定系统的动作范围以及条件等关键要素，因此需要研究当超过了这些动作范围及条件时会发生什么状态、安装冗余系统时需要考虑的系统关键要素以及由此而导致的驾驶员动作变化等问题。

这些系统开发也有由政府主导进行的。ASV（先进安全汽车）是由日本国土交通省汽车交通局主导的安全汽车研究开发项目，起步于 1991 年。ASV 项目在按照轿车、载货车、客车、摩托车等顺序研究开发实用化的安全装置的同时，也在整理辅助驾驶系统的基本理念及其思路，并研讨制订技术指南（图 8－2）。

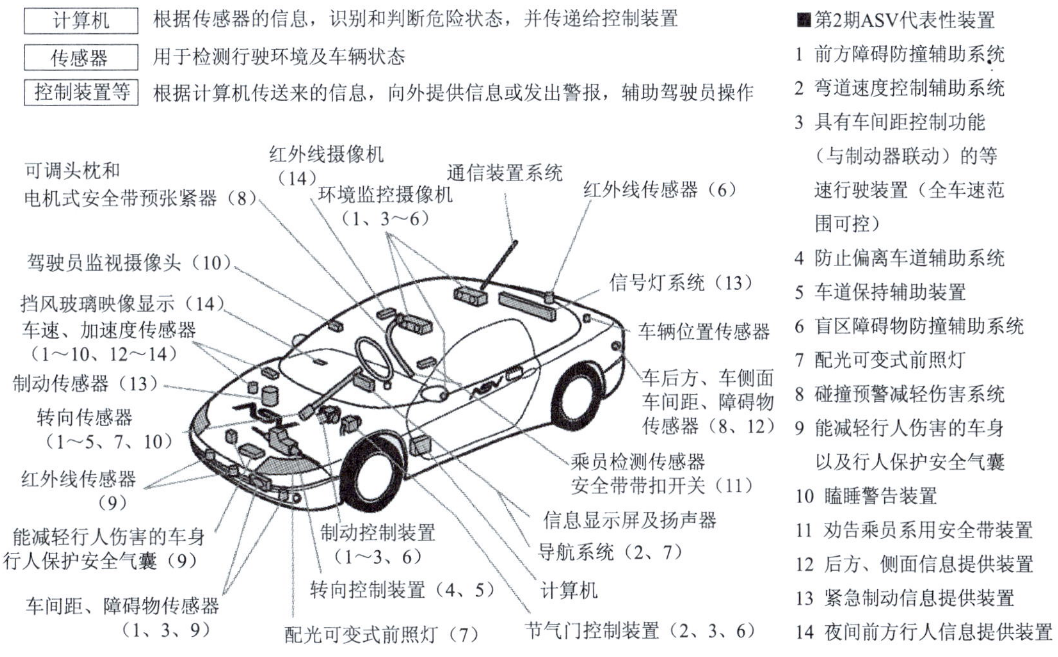

图 8－2　先进安全汽车 ASV 示意图

AHS（先进高速公路巡航辅助系统）是以支持驾驶员安全驾驶为目的进行开发的系统，得到了国土交通省道路局的支持，并由先进高速公路巡航辅助系统开发机构（AHS研究机构）推进的。主要包括利用信息显示屏等提供危险信息的系统。当出现危情时能够自动操纵车辆转向盘以及制动器等系统。目前AHS普及尚存在很多问题，例如车载装置普及和系统完善所需费用筹措、发生交通事故时责任判断等，如何解决这些问题正在进行研究。

DSSS（安全驾驶辅助系统）是警察厅组织主导的以辅助安全驾驶为目的的项目，是UTMS（新交通管制系统）的一个子系统，以减少路口交通事故、减轻驾驶员的判断负担、提高安全驾驶的意识等为目标。正进行事故发生状况信息提供系统、车速信息提供系统、右转碰撞预警系统、防追尾碰撞信息提供系统等方面的研究开发及验证试验。

(4) 运输效率对策

作为公共交通支援系统，从遏制公共汽车等利用率减低、提高方便性等各方面，研究了ITS技术使用问题。例如，利用手机或互联网提供公交车辆到站时刻，利用设置在街头的信息终端将希望乘车的地点、时刻、目的地等信息传输到公交客车运行管理中心。在所需要时“应召公共汽车”及时到达等。另外，为了提高方便性，还引用了可以减少红灯待车时间的公交车辆优先通行系统。

物流支持系统也是ITS的一个主要应用方向。在不断升温的进一步确保物流运输安全的背景下，引入了能够实时把握载货车位置并满足实际需要及有效提高车辆运行效率的管理系统、派车计划系统、货物管理系统等。要使这些系统达到实用化，不仅与通信终端联动的全球卫星定位系统（GPS）有关，而且需要从启动开始就能够识别车辆及货物的无线IC标签（RFID无线频率识别技术）的推广应用也有很大的关系。RFDI由于便于使用，今后很有可能得到广泛应用，但关键在于能否减低电子标签的成本。

8.1.2 环境问题

(1) 大气环境以及地球环境对策

为了与世界最先进的汽车排放标准一致，日本迅速提高了汽车单车的排放水平。因此，今后要解决以城市为中心的大气环境问题，应着重通过改善易堵路段的交通流等措施，来改善局部区域的空气质量。

根据测算，汽车交通 CO_2 排放量对导致地球暖化的影响占19%。汽车 CO_2 排放量受行车速度影响较大，因此，可以通过改善城市堵塞路段低速行驶车辆的交通流，来减少 CO_2 的排放量（图8-3）。

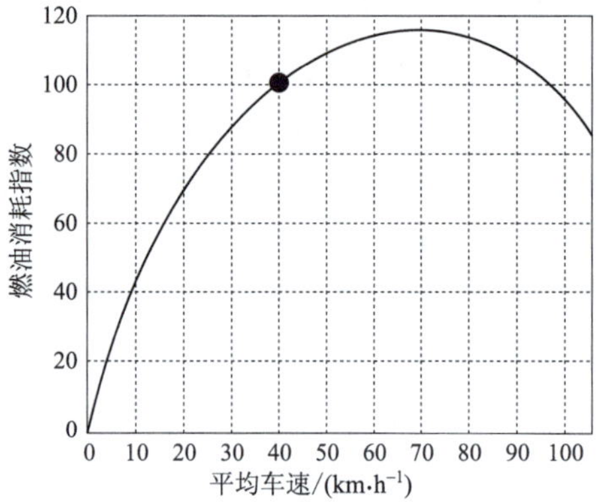

图8-3 平均车速和燃油消耗
（将40 km/h作为100计算的燃油消耗指数）

另据调查表明，有11%的油耗因堵车被无端地消耗掉。为了实现日本的温室气体减少目标，不仅需要减低车辆的油耗以及改进驾驶方法，也需要通过改善交通流来提高燃油的经济性。

(2) 改善交通堵塞的事例

有30%的高速公路上堵塞都是源于收费站，因此从2000年3月起开始启用了不停车自动收费系统（ETC，详见后文）。如图8-4所示，2004年日本已有300万辆车装用该装置，而且呈现增加的趋势。图8-5为采用ETC后减少堵塞50%的事例。

(3) 改善环境问题的有关系统

(a) 导航系统

汽车导航系统可以利用GPS测出行驶汽车当前所处位置，并将行驶位置显示到车载显示器的数字地图上。在设定目的地后可以对行车路线进行导航，还可以提供停车场、加油站、餐饮店等与驾车相关设施的信息。为了交通畅通，也可以通过导航系统避免迷路以及寻找停车场造成的无效行驶（详见8.3）。

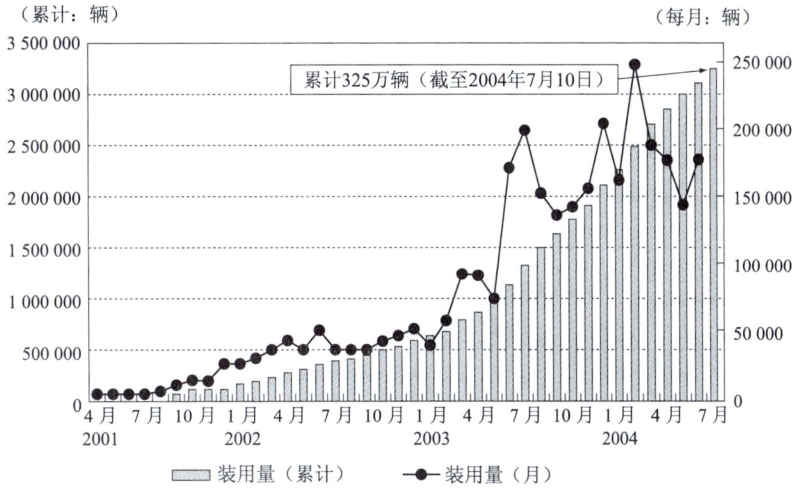

图 8－4　ETC 车载装置装用量

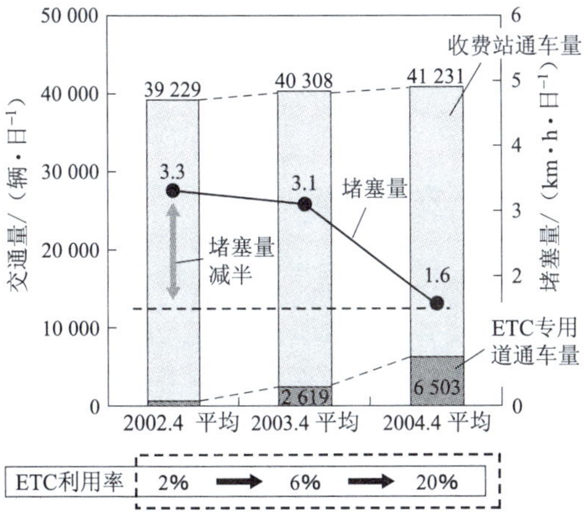

图 8－5　通过利用 ETS 堵塞量减半（首都高川口收费站）

（b）VICS（道路车辆交通信息通信系统）

VICS 是给车载导航系统提供道路交通信息的系统，如图 8－1 所示。截至 2004 年 3 月，在日本安装 VICS 的导航系统累计销售 912 万辆套，已接近 1 000 万辆套。由（财）道路交通信息通信系统中心将日本道路交通信息中心收集的动态交通信息加工成 3 种模式（FM 广播、电波信号、光信号）传输给车载导航系统。提供的信息分成文字信息、简易图形信息、地图信息显示在车载显示屏上，可以使驾驶员躲开交通拥堵的路段。进而增加 VICS 信息后，就可成为动态路径引导（DRGS，专用短程通信）的商品，以起到避开拥堵路段和疏散交通流的目的。目前全国都在进行 VICS 的相关基础设施建设，但是在设施完好的区域也有很多不能实现 VICS 信息的道路。随着 VICS 路线的增加，驾驶员也就有更多行车路线可以选择，以进一步达到疏散交通流的目标。

另外，通过流动数据采集车（把车辆当成传感器收集信息）使车辆即使在非 VICS 区域也可以避开交通堵塞的系统也开始得到了应用（详见 8.3.2）。

（c）ETC（不停车收费系统）

ETC 的目的是在收费道路上通过自动电子收费提高方便性，以及提高收费站交通瓶颈处的通行能力，来改善交通堵塞情况。ETC 可以通过进一步细化收费标准，从而实现分散交通的目的。

具体地讲，可以将夜晚等交通流较少的时间段设定为较便宜的收费标准，从而实现交通需求的时间分散。另外，对于同一方向有较多的车道时，可将海岸线和偏远路段的通行收费标准设定较低一些，以实现交通需求的环境分散（环境 TDM）。

在高速公路休息区或停车区设置 ETC 专用口以减少无效交通，在城市高速公路设置转道优惠来减轻瓶颈处的堵塞等，总之引入 ETC 后可以使各种各样的交通对策措施变成可能。

（d）ERP（道路电子收费）

为了控制市中心等交通量较为集中的道路和区域的交通需求，对进入该路段或区域的车辆收取一定的费用，把这种交通需求管理（TDM）的道路电子收费方式称为 ERP 系统，该系统在新加坡等国家已得到应用（图8－6）。ETC 和 ERP 一样同属电子收费方式，但是目的不同，一个是为了回收道路建设费和维护费，另一个是为了减少环境压力，避免拥堵。

图 8－6　新加坡的 ERP

在日本也有部分城市在讨论控制车辆进入城市的道路收费，但是随着地球暖化问题的严重，需要采取更进一步促进交通顺畅的对策措施，因此也存在具体实施 ERP 的很大可能性。

为了使 ERP 更有效地控制交通流，需要人流和物流更通畅地换乘汽车之外的其他公共交通工具，因此，必须同步加强铁路、港口基础设施建设以及各种信息服务系统的完善。

(e) 公共交通优先系统（PTPS）

公共交通优先系统是为了确保公交客车的准时性而设立的公交客车优先通行的信号控制系统。当公交客车途经称为光信标的传感器下方时，将 ID 信息传递给交通管制中心，管制中心对公交客车的行驶路线等作出判断后，调整信号灯使公交客车尽可能畅通无阻地行驶，以此来提高公交客车的使用方便性，从而达到从私家车转换到更多地利用公共交通系统的目的。

(4) 今后的课题

上面介绍了以改善环境为目标的 ITS 使用事例。为了进一步改善环境，必须进一步加强能够更加全面细致地掌握交通动态信息的信息收集系统，以及能够有效地使用所收集到的信息的反馈系统。

在信息收集系统方面，日本已经进入了利用车辆作为传感器来收集交通数据的传感器车辆系统实用化阶段；在信息反馈系统方面，政府及民间正在共同开展交通堵塞预测服务和交通管制智能化。今后通过将这些对策措施的有机结合，可以实现通畅交通的目标。

8.1.3　安全问题

(1) 大幅减少交通事故的构想

近年来日本的交通事故死亡人数虽然有减少的趋势，但还是因交通事故夺去了很多宝贵的生命。交通事故在 1980 年以后呈增长的趋势，2002 年超过了 93 万次（图 8－7），尤其是老年人（65 岁以上）的交通事故死亡比例较高（图 8－8）。可以预测 20 年后老龄驾驶员将达到目前的 3.5 倍（约 1 800万人），因此防止交通事故成为了老龄化社会的一大课题。

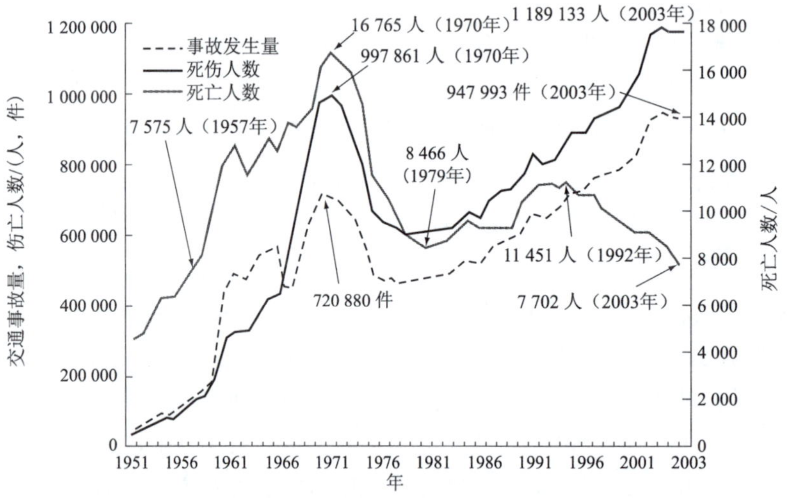

图 8－7　道路交通事故发生量、死伤人数和死亡人数统计

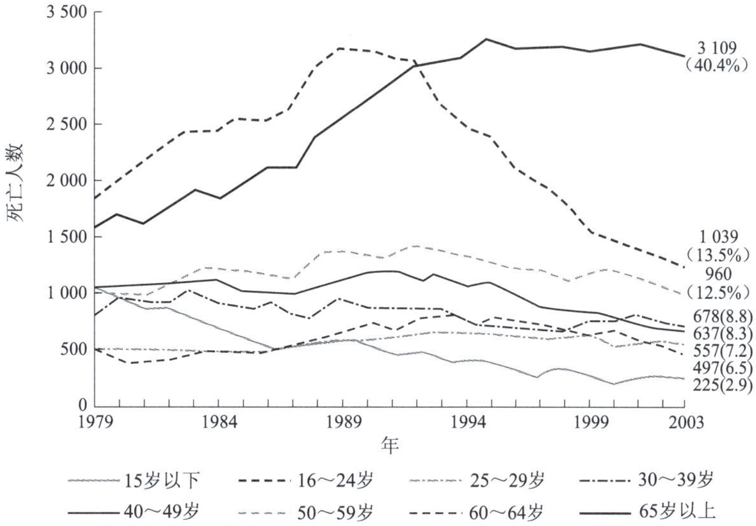

注：① 资料来源于警察厅。
② （）内数据为不同年龄段的死亡人数的比例（%），按“安全交通白皮书2003年版”

图 8－8　不同年龄段的交通事故死亡人数

因此，能够给驾驶员提供信息、发出警报以及辅助操作的行车辅助系统，可以有效防止交通事故的发生，大幅度减少交通事故带来的伤亡。进而研究开发可以使驾驶员放心驾驶的车辆以及提供良好的道路交通环境，以弥补驾驶员对环境不断变化的适应能力下降以及对危险判断的反应时间的滞后。

（2）车辆对策

为了更安全、更易驾驶汽车，正在使用电子技术来开发更具有安全性和方便性的汽车主动安全技术。如图 8－9 所示为主动安全系统和驾驶员的关系模型。主动安全系统大致可以分为两类，即行驶控制系统和行驶辅助系统。行驶控制系统有 ABS、TCS、VSC、ESP、VSA、VDC 等可以提高车辆运动性能、减少事故发生的系统。行驶辅助系统有提供前方车辆碰撞警报等驾驶判断信息的系统、在无法避开碰撞时能够自动制动从而减轻碰撞伤害的系统、能够识别行车环境替代驾驶员操作油门和制动等减轻驾驶负荷的 ACC 等。

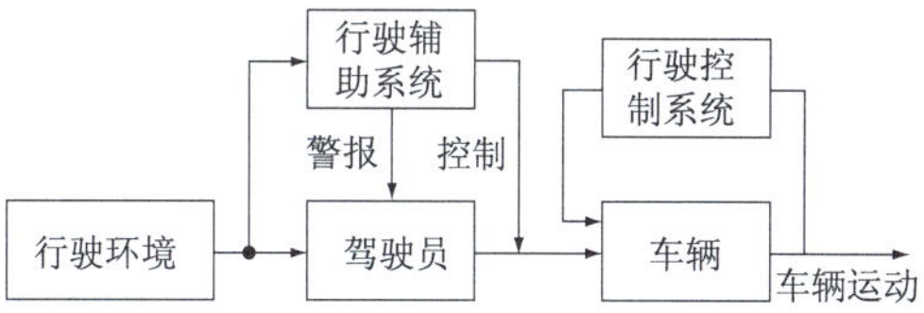

图 8－9　主动安全系统

（3）根据辅助水平分类的行驶辅助系统

表 8－3 为行驶辅助系统的分类，现在对从提供信息到自动驾驶都在进行研究。

表 8－3　行驶辅助系统的分类（按辅助水平）

	信息辅助系统 DSS-i		辅助驾驶系统 DSS-c		自动驾驶系统 DSS-a	
对象系统	信息提供系统	警报系统	辅助操作系统	代替操作系统	部分自动驾驶系统	全自动驾驶系统
优先驾驶	驾驶员	驾驶员	驾驶员	系统	驾驶员	系统
功能	提供行驶环境、道路信息等	对马上就要发生的危险情况进行警报	在驾驶员操作滞后时进行辅助操作，驾驶开始操作时结束辅助操作	在驾驶员无法避免危险时进行代替操作，系统优先于驾驶员操作	在驾驶员指示和监督下可代替一部分驾驶员的操作行为	替代驾驶员的全部操作行为

续表

	信息辅助系统 DSS-i		辅助驾驶系统 DSS-c		自动驾驶系统 DSS-a	
系统例	路面状态显示器 提供盲区信息	前方车辆碰撞警报 偏离车道警报	弯道减速系统	可减轻碰撞伤害的制动系统	车距控制系统 车道保持系统	自动公路系统

(a) 信息提供系统

行驶辅助系统的目的是防止因驾驶员误判引起的事故，事先将潜在的危险性或危险情况提示给驾驶员，帮助驾驶员进行判断。

(b) 警报系统

信息提供系统是事先提供信息，提请驾驶员注意，而警报系统是在当驾驶员疏忽而没有在事前措施时敦促其采取回避危险的系统。

(4) 辅助驾驶系统

(a) 辅助操作系统

辅助操作系统是当警报系统发出警报，但仍没有引起驾驶员注意并采取适当措施时，系统将采取与驾驶员意志无关、主动进行回避危险的操作以及临时辅助驾驶，促使驾驶员进行恰当驾驶。因此，当驾驶员开始操作后，系统将停止辅助操作。

(b) 代替操作系统

代替操作系统是当驾驶员对警报系统、辅助操作系统的有关警报熟视无睹，完全不采取任何恰当的措施，眼看碰撞不可避免时，替代驾驶员进行操作的系统。

(5) 自动驾驶系统

(a) 部分自动驾驶系统

部分自动驾驶系统是在驾驶员监督下代替车辆的部分操作（车速控制、制动、转向等一部分动作）。因此，当驾驶员自己进行操作时，不论何时汽车都可以优先由驾驶员进行操作。

(b) 全自动驾驶系统

全自动驾驶系统可以替代驾驶员进行车辆的全部操作（车速控制、制动、转向等全部动作）。因此，当发生不可预测的事故时将由车辆制造商承担责任。

(6) 根据系统构成分类的行驶辅助系统

行驶辅助系统是利用先进技术，以减轻驾驶员的驾驶负担、提高方便性、唤起对危险情况的注意、回避事故/减轻伤害为目标的系统，其构成分类如图 8－10 所示。

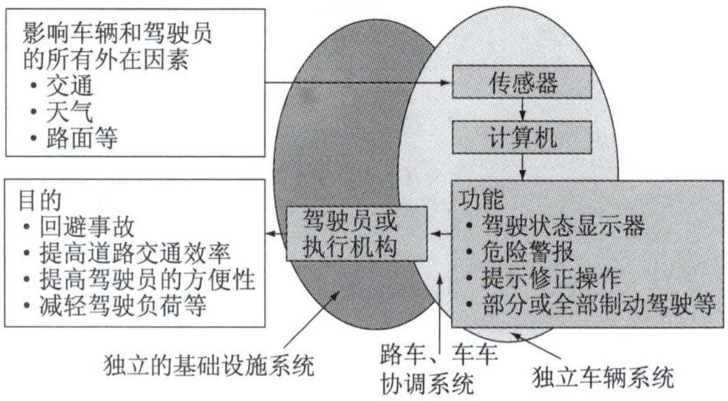

图 8－10 根据系统构成进行分类的行驶辅助系统

(a) 单独的车辆系统

如 ACC 那样利用安装在车辆上的雷达传感器检测车外的障碍物等，并进行警报、控制的系统（详见 8.2 “智能化技术”）。

(b) 单独的基础设施（道路设施）系统

利用在道路上设置的传感器检测出障碍物，并将其信息显示在路边的滚动信息屏上。

(c) 路车协调系统

利用设置在道路上的传感器检测障碍物，通过专用短程通信（DSRC）等短距离无线通信系统传输给车辆进行显示的系统。日本在这个领域的研究处于领先地位（图 8－11 是 AHS 研究机构的研究事例）。在美国正在进行交叉路口辅助系统，即无视信号灯警告进行左转弯的辅助系统的 IDS 研究工作。

(d) 车车协调系统

利用 DSRC 等将前方车辆的状态（制动、车速等）传输、显示给后方车辆并进行控制的系统，欧洲在这个领域的研究处于领先地位。如图 8－12 所示为德国 INVENT 项目的研究事例。

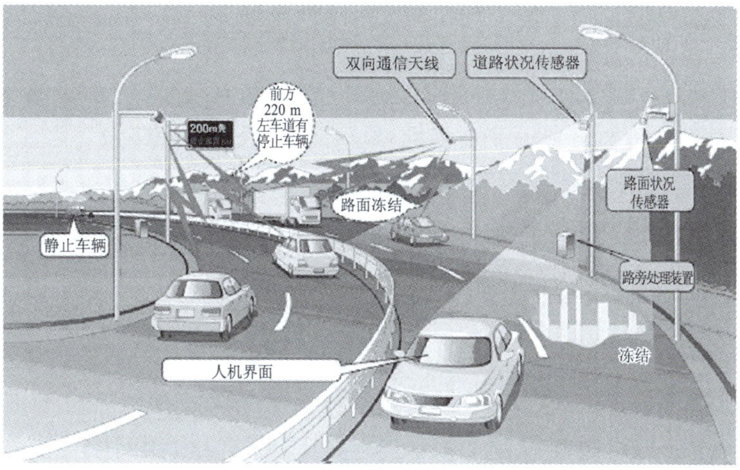

图 8-11　路车协调系统例（AHS 系统）

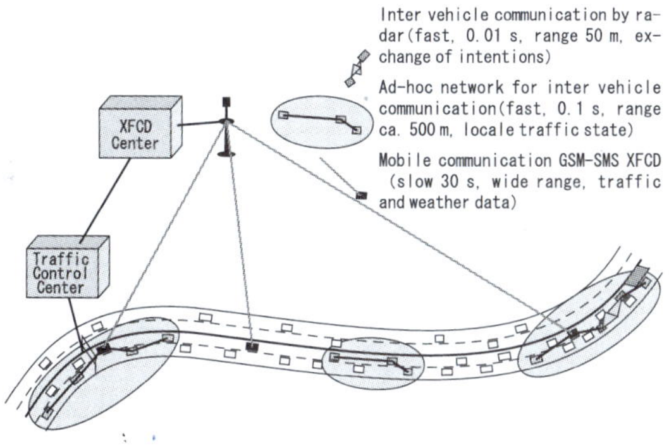

图 8-12　车车协调系统（INVENT 项目）

（7）实现行驶辅助系统的课题

期待着新的行驶辅助系统可以有效地减少事故率、减轻驾驶负荷，但是在某些情况下如果过分依赖系统，将会导致驾驶员的动作变形，结果导致不安全的状况发生。行驶辅助系统与飞机和铁路有所不同，因为使用者不确定，要实现自动驾驶有很大的技术难度，人在使用自动系统中显示出了更重要的作用。因此，人机界面（HMI）的研究以及系统可靠性评价法的研究在今后将会显得越来越重要。

8.2　汽车的智能化技术

在日本以通商产业省（现更名为经济产业省）为主体正在进行以汽车交通系统的智能化为目标的研究开发工作。该研究开发项目名称为 SSVS（高智能汽车交通系统），1993—1996 年为第一个阶段，1997—2000 年为第二个阶段，对 SSVS 的基本技术车车通信进行研究开发，并于 2000 年进行了公开试验。建设省（现更名为国土交通省）提倡的 AHS 系统，在 1996—2000 年期间进行了以辅助安全运输为目的的研究开发工作，即利用设置在路旁的传感器收集信息，通过路—车通信系统提供给车辆，2000 年也进行了公开试验。

车辆自动驾驶智能化技术主要有运输省（现更名为国土交通省）倡导的 ASV 项目。该项目主要是利用雷达或摄像机检测障碍物，提醒驾驶员注意，或者利用辅助驾驶系统或自律行驶系统等，来减轻驾驶员的负荷，降低交通事故的发生率。ASV 计划分为三期，1991—1995 年为第一期，1996—2000 年为第二期，2001—2005 年为第三期。作为研究开发成果已经产品化的技术有：如与前面的车辆保持一定的车距，以减轻节气门、制动踏板操作负荷的 ACC 系统；使车辆保持沿车道行驶，从而减轻转向操作负荷的 LKAS 系统；当可能发生碰撞事故时，自动进行紧急制动，从而减轻碰撞损伤的 FCAAS 系统等。这些事故大多是由于驾驶员的误操作，因此希望通过辅助驾驶，来提高汽车的安全性。

另外，提高使用方便性的智能化技术也在不断开发中。其中，纵列停车以及入库停车等辅助停车技术取得了显著的进步。这种系统不仅增加了把设置在车辆后部帮助确认安全的 CCD 摄像机拍摄的图像显示在汽车导航系统显示屏上的功能，而且还可以预先设置停车位置，自动进行转向操作的技术。这些已达到实用化的技术，不仅可以帮助初学者以及怯于边倒车边操作转向盘的驾驶员，而且作为老龄驾驶员所需要的技术也被寄予了很大的期望。

下面就与行驶、转向、停车等车辆基本特性有关的ACC、LKAS和停车辅助系统等智能化技术的事例进行介绍。

8.2.1 ACC（自适应巡航控制系统）

ACC是在按设定车速进行巡航控制的系统上，增加了与前方车辆保持合理间距控制功能的新系统。

根据车间距传感器检测的信息，以及本车的车速传感器和横摆角速度传感器检测确定的本车行驶路线信息，来判断在本车的同一条车道上前方有无车辆行驶。车间距传感器采用了微波雷达或激光雷达。

当同一条车道前方没有车辆时，像通常的巡航控制一样按照设定车速行驶；当前方出现车辆时，以低于设定车速行驶，控制本车与前方车辆的合理车间距（图8－13、图8－14）。

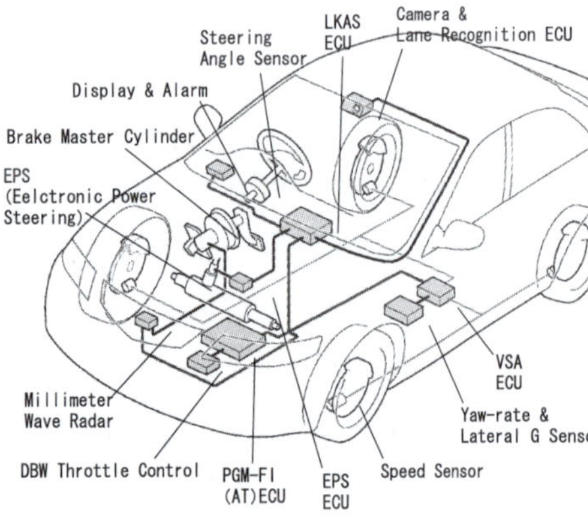

图8－13 ACC＋LKAS结构图

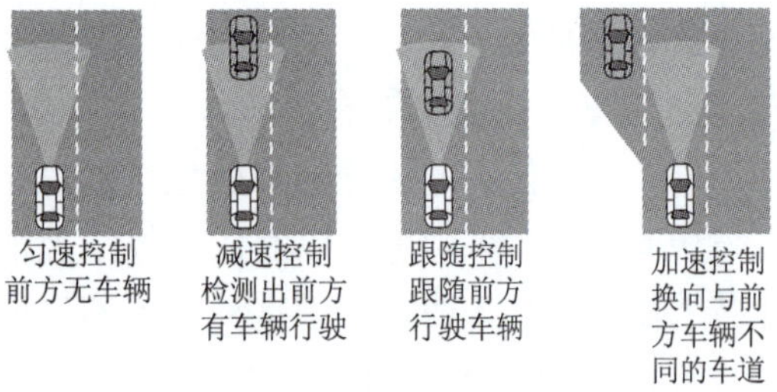

图8－14 ACC的基本控制模式[11]

通过上述控制，可以大大减轻驾驶员控制车速的驾驶负荷。

如果安装ACC系统的车辆增加，可以减少在隧道或坡道等路面变化（凹部）处因驾驶员心理而采取减速方式试探性驾驶造成的堵塞情况。

8.2.2 LKAS（车道保持辅助系统）

LKAS是在高速公路上行驶时，辅助驾驶员进行转向盘操作的系统。

通过设置在挡风玻璃内上部的车道传感器（图8－15）检测的图像（车道线）来对车道进行识别，并使EPS（电动助力转向，图8－16）产生一个适当的转矩，以使车辆保持沿着同车道行驶。

图8－15 LKAS摄像机[12]

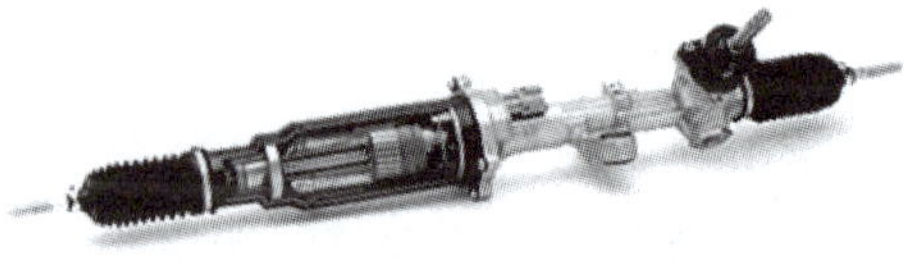

图8－16 EPS（电动助力转向）[13]

当车辆可能偏离车道时，将通过报警器或者图像显示来提醒驾驶员注意。

当需要改换车道时，通过驾驶员打转向灯而使辅助系统停止工作；当车道变换结束后，将自动开始辅助控制（图8－17）。

以上功能可以减轻驾驶员进行转向操作的负荷，提高驾驶的舒适性。

但是，该系统并非自动驾驶，而仅仅是一个辅助驾驶系统。因此，操作主体依然是驾驶员。在实用化时，应充分认识到这点，并采取相应的对策措施是很重要的。

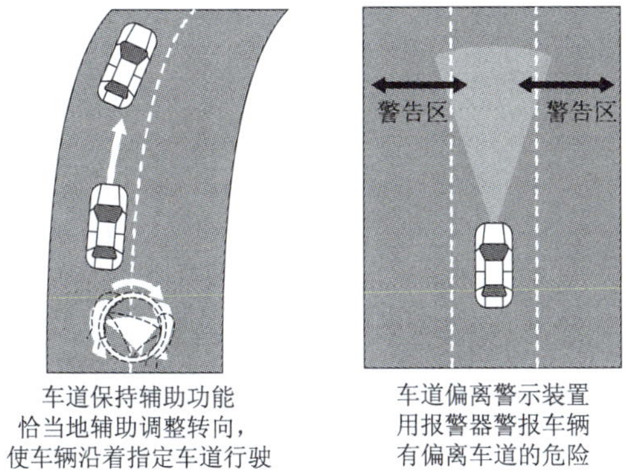

图 8－17　LKAS 控制装置例[14]

例如，当判断驾驶员撒手驾驶时，将发出警告，并对中止辅助驾驶等采取对策措施。

8.2.3　辅助停车入位系统

辅助停车入位系统可以在倒车时利用 CCD 探头摄录，显示在导航系统的显示屏上，辅助其确认安全距离。在此基础上增加了显示车宽的功能，尤其是与转向盘转角联动显示前进路线，从而驾驶员根据语音提示或图像提示进行停车入位操作。这些均是辅助驾驶员感知和判断的技术，在 2003 年已经推广应用倒车时自动辅助进行转向操作的技术。智能停车入位系统结构见图 8－18。把自动变速器变速杆放在倒挡，倒车雷达便将后方的情况传输到导航装置的显示屏上，然后通过选择停入车库、纵列停车模式进行倒车。将导航装置显示屏上光标定位在准备停入的位置上，然后选择确定，放开制动踏板，汽车就会慢慢移动，并且自动进行转向操作（图 8－19）。驾驶员只要确认周边的安全情况以及操作制动踏板就可以稳然停靠到指定位置上。但如果停车入位过程中出现障碍，而驾驶员又必须停靠车辆时，最终的判断归驾驶员。系统处于工作状态下，如果驾驶员操作油门或转向盘，系统将自动停止工作，所以比较安全。

图 8－18　智能停车入位调节[15]

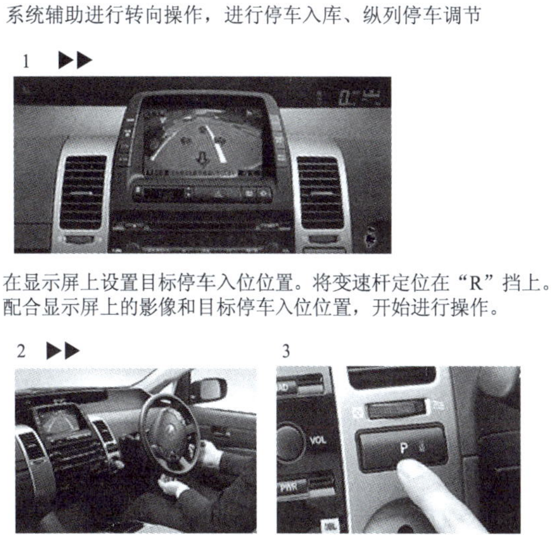

图 8－19　智能停车入位调节例[16]

系统辅助进行转向操作，进行停车入库、纵列停车调节在显示屏上设置目标泊车位置。将变速杆定位在“R”挡上。配合显示屏上的影像和目标泊车位置，开始进行操作。

8.3　信息化技术

近年来随着车载计算机、电子技术、信息通信及传感技术、控制技术的进步，车辆自身的信息化技术也得到了长足的发展。最具代表性的当属汽车导航系统。该系统的基本功能现已经推广应用，但今后对使用方便性的要求将会进一步提高，因此对信息化技术寄予了很大期望。本节中将重点介绍汽车导航系统和远程通信信息处理技术。

8.3.1　汽车导航系统

汽车导航系统是利用 GPS 检测出本车位置并显示在地图界面上，然后将行车路线信息用语音或图像显示的方式进行提示的装置。采用高精度测位 D－GPS、能够提供动态交通信息的 VICS、能够动态引导路线躲避堵塞的 DRGS 的汽车导航系统已经得到普及，而且近年来利用通信技术提供新型服务的汽车导航系统也已经得到应用。

汽车导航系统的基本功能可以列举出 5 项：位置检测；地图显示；地点检索；路线规划；路径导航。

位置检测是利用 GPS、合成导航、地图配置等手段，确定自车位置的功能。GPS 接收来自人工卫星的电波信号，准确地进行纬度和经度的定位。合成导航采用车辆本身的车速信号和陀螺传感器，确定自车的相对位置。

地图显示是将 GPS 系统检测出的自车位置显示在地图上的功能。可以显示地图轮廓、按比例缩放、切换地图方向，还具有画中画功能和三维俯视显示效果。而且配有建筑物形状等详细的市街地图显示、驾驶员视点显示、卫星图像显示等已经投入应用阶段。在地图上可以标注储存在数据库中的便利店等任意设施位置。而且还配有这些设施的电话号码和地址等可参阅的信息。

地点检索可以输入设施名称、类型、地址、电话、邮编等信息后从数据库中进行检索，然后将其设定为目的地，进行登录。

路线规划即相对于设定的目的地，规划出从当前位置前往目的地的最佳路径。数据库中的道路网中每条道路都设定有相对于车道数量和宽度的“成本”。利用狄捷斯特拉算法计算最经济的路径，然后将最合理的路径提示给驾驶员。这种算法可以加进多种附加条件，例如优先通过的收费公路或者完全不通过收费公路等。

路径导航具有对驾驶员常用路线进行记忆的学习功能，现已投入使用。可以根据驾驶员的喜好进行行车路线规划和提供信息。

这些汽车导航系统的操作可以采用遥控、触摸屏等方式，而且还可语音提示。大部分操作都可以通过语音进行，因此在行车过程中驾驶员可以不兼顾画面。尤其是具有纠错功能，对语音的识别率较高，而且对驾驶员习惯偏好提出建议等，即通过智能化实现了高性能化。

除了以上基本功能外，还具备了与道路或各种设备进行联动提供服务的功能，以及与车辆联动能够达到稳定行驶目的的技术，目前已经得到应用。例如，在汽车导航系统提供的信息的基础上，事先掌握前方弯道的情况，在驾驶员进入弯道前放开油门便可以自动进行变速操作即降挡，在弯道行驶中则停止变速操作，通过弯道后控制解除，变速器恢复换挡，即能够使车辆顺利通过弯道（图 8－20）。

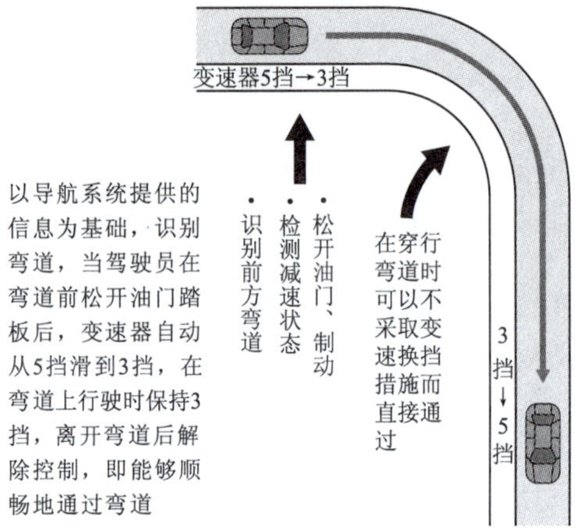

图 8－20 导航换挡情况

8.3.2 车载通信系统

在 20 世纪 90 年代后半期，前述汽车导航系统除了行驶路线引导功能外，增大了显示屏，并与汽车音响组合等，进一步提高了实用性，使得汽车导航系统市场得到了飞跃性的扩展。

在这样的背景下，汽车导航系统进一步地智能化、多媒体化，推出了车载通信系统。所谓车载通信与信息系统（Telematics）是法语中的通信（Telecommunication）和信息处理（Informatique）的合成语。

车载通信与信息系统在车载专用设备上连接手机，接收交通信息或城市信息，非常方便实用。

1999 年 9 月 29 日构建了利用 GPS 等定位技术的应急系统“HELPNET”（图 8－21）[（株）日本应急报警服务]，开展协调急救车等应急服务工作。远程通信系统不仅追求使用的方便性和商品性，在安全性和应急性方面也在努力采取对策。

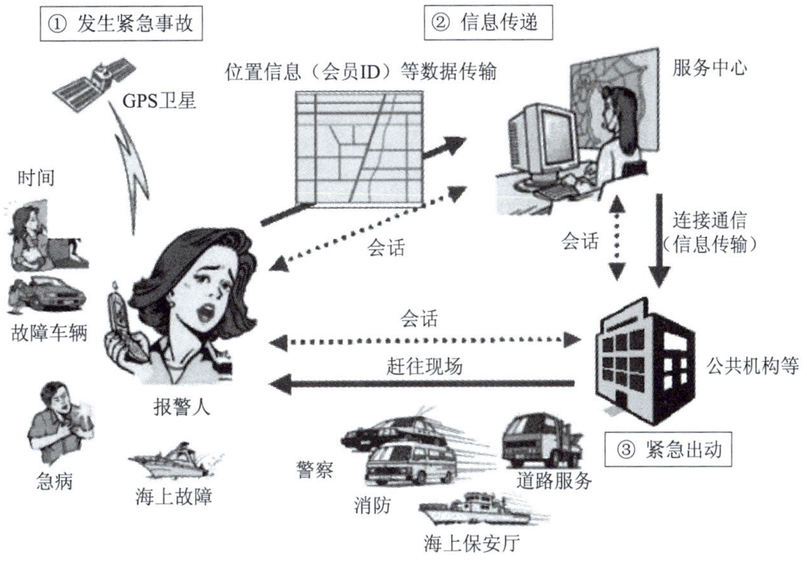

图 8－21　HELPNET 构成图

下面主要介绍在日本国内已经得到应用并具代表性的车载通信与信息系统。

(1) G-BOOK (丰田)

丰田公司在会员制信息服务“GAZZO”平台的基础上，设立了70多种（2004年3月末统计）多领域复合型服务项目，其中也包括电子商务和有偿服务项目。提供的信息量是当前车载通信与信息系统中最多的。

G-BOOK内置车载专用数据通信模块（DCM：最大传输速度为144 kbit/s），与信息中心（G-BOOK）联网。有了这种功能，用户可以在车外利用手机对车辆进行控制，不论在车辆内外均能享受到服务。

另外，由于能够在车外掌握自车的状态以及所处位置，因此可以对应车辆被盗或受损及时采取措施，提高了安全性。

尤其是设置在便利店等场所的多媒体终端（E-TOWER）（SD卡终端机），支持最新导航地图数据、音乐、游戏的软件下载，可以根据用户需求提供个性化服务（UCS），以及代行操作服务（代缴费），能够针对客户的需求，大大提高了使用的方便性（图8－22）。

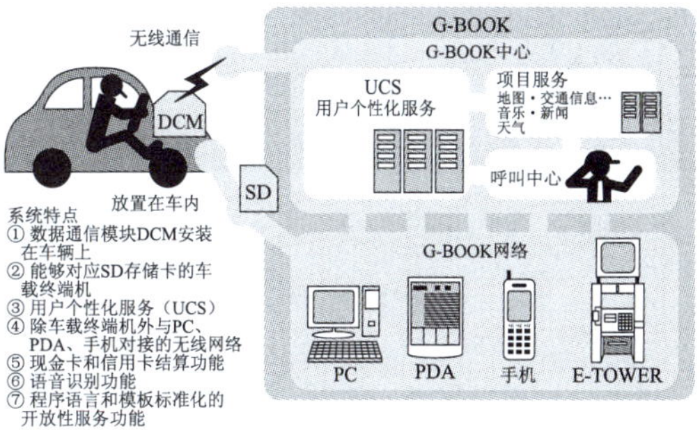

图 8－22　丰田 G-BOOK 概念图[17]

(2) CARWINGS 车载信息服务系统（日产汽车）

日产汽车公司的CARWINGS车载信息服务系统以应对用户呼叫为主，于2002年3月起提供服务。

CARWINGS具有称为“汽车DJ”的信息收集功能，可以根据与汽车收音机相同的选台方式，选择休闲、新闻、停车场等约50种（2004年4月末统计）项目（汽车DJ频道），可以全天候获得即时信息。

该系统可以在收到电子邮件时提供读信服务，而且可以将自车的当前位置自动发送给发信对方，在约定场所和时间联络时非常有用。尤其是在发生人为故障或事故时，可以24小时全天候提供“道路救援和医院向导”服务。

(3) INTERNAVI PREMIUM CLUB（本田）

和其他车载通信系统不同，该系统主要以回避交通堵塞等辅助运行为中心内容。

作为其中心服务项目的“联网导航VICS”，

是在利用 VICS 信息提供行驶路线引导的基础上，进一步优化，将各会员的车辆视为传感器，收集到的行驶状态途径以及时间等数据传输到导航信息中心并进行信息处理，提供最合理的路线信息。这种服务可以扩展到 VICS 信息无法提供到的道路上（图 8-23～图 8-25）。

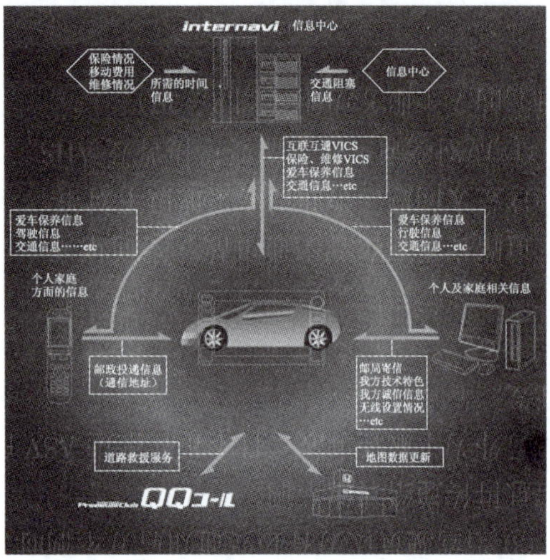

图 8-23　本田 INTERNAVI PREMIUM CLUB 概念图[19]

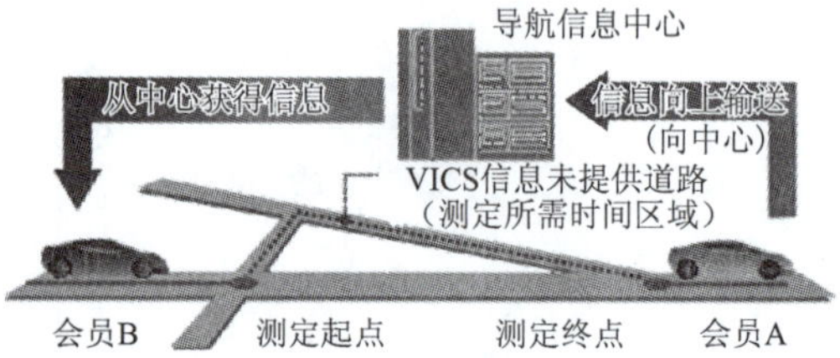

将INTERNAVI PREMIUM CLUB会员的车辆作为传感器收集信息，在会员之间实现信息共享。当会员车辆经过开始时已设定的路段时，将时间信息传输给联网导航信息中心，再提供给在周边同行的其他会员车辆

图 8-24　联网导航 VICS[19]

8.4　基于 ITS 的未来汽车

前面介绍的是 ITS 的部分为利用者服务的功能（智能化、信息化技术）。在 ITS 中关于车辆的课题如交通事故、交通堵塞、环境问题，如果不能与人、道路、车辆有机地结合起来就无望从根本上得到解决。本节将就 8.1.3 项中已加以概略说明过的通信技术，如何将其使用在车辆上的将来的系统的情况加以叙述。积极利用道路基础设施的路车通信系统和不依赖于道路基础设施的新的车车通信系统这两点加以介绍。

在去往目的地的路上，路况会随时发生变化。而最短路程主要以当时的情况为基础进行计算。也许当时路过该地段时恰好处于堵车状态，而“预计到达时间”却是在出发当时的路况进行计算的，因此会因为交通状况的变化，出现与实际情况不符的情况。而该联网导航VICS会在原来储存的大量交通信息的基础上，增加实时VICS信息，从而能够考虑经过有问题路段的交通状况变化，即“堵塞预测报告”，能够提供更加合理的行驶路线引导服务

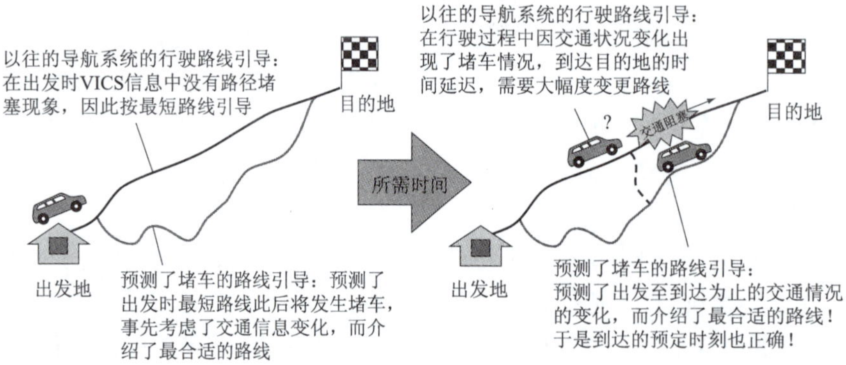

图 8-25　堵车预测信息

8.4.1　路车通信系统

路车通信系统概况，如图 8-26 所示。图 8-27 所示为路车协调系统研究方面的示例。

该系统的工作程序如下。

① 行驶中的车辆可以通过设置在路边的雷达等传感器检测出无法确认地点的其他故障车辆的信息。

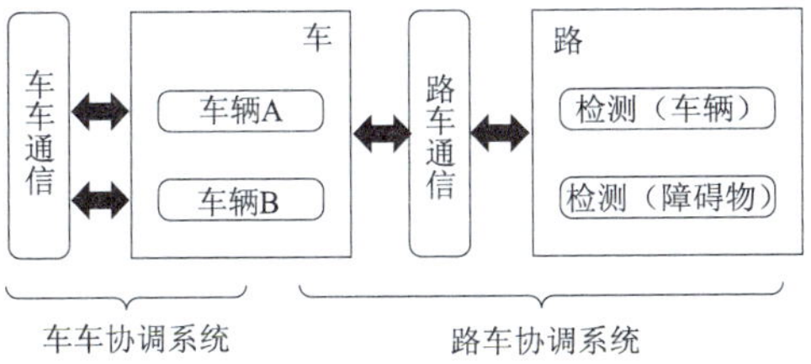

图 8－26　车辆和道路之间通信概貌

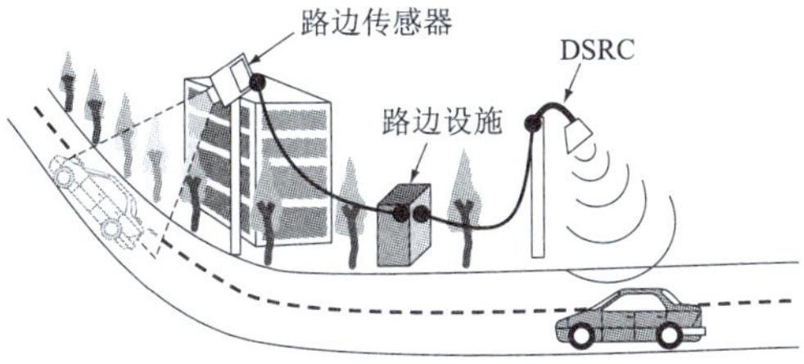

图 8－27　路车协调系统一例（AHS 研究协会）

② 路边传感器检测出的信息储存在路边的设施中。

③ 储存在路边设施中的信息通过 DSRC，根据故障车辆位置信息和本车位置信息，计算出相对距离。

④ 根据计算结果，通过本车的 HMI 向驾驶员提供车辆故障位置信息。

美国为了防止在路口发生碰撞事故，正在研究信号忽视提示、辅助左转车辆的路车协调系统（IDS）。

8.4.2　车车通信

路车通信的理想状态是所有道路均具有完善的基础设施，但从现实来看，在车辆通行量极少的道路上配备基础设施，经济效益很差，推广起来有很大难度。因此，引入了往来于道路上的车辆之间的直接通信的概念，这就是车车通信。图 8－28 介绍了在此领域有些成就的法国和德国共同开展的车车协调系统（IVHC）的研究情况。

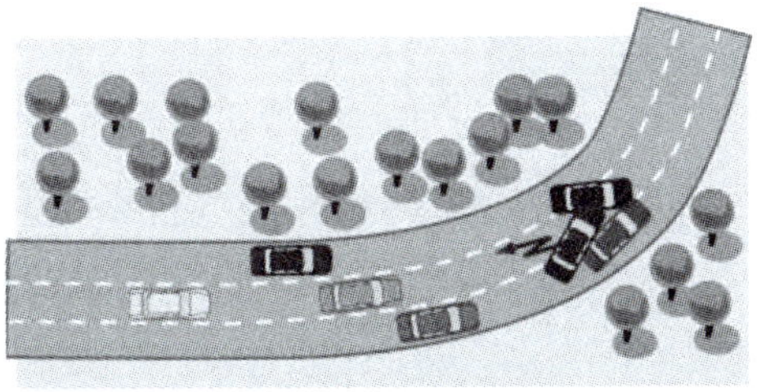

图 8－28　车车协调系统

该系统的工作程序如下。

① 因交通堵塞，驾驶员感觉到会被后方车辆撞到，此时手动操作系统，将提示数据（警报内容、位置、速度等）信息用播报的方式传递给后方车辆的驾驶员。

② 接收提示的车辆根据与对象车辆的距离向驾驶员提供信息。

③ 当驾驶员认为有必要通知后方车辆时，将该信息再传递给其他车辆。

另外为了减轻事故，日本正在推进 ASV 的研究开发。

8.4.3　通信应用系统小结

道路交通存在着交通事故、交通堵塞、大气污染这三大问题，为此需要采取以下对策。

① 应对交通事故，需要尽快普及 AHS、ASV 中研究的 7 个服务功能（图 8－29）。

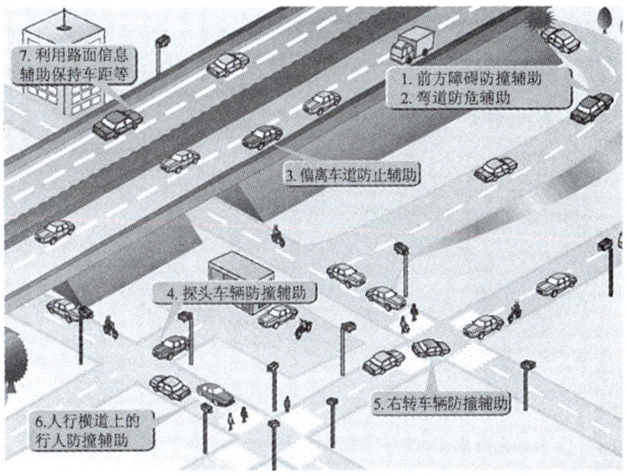

图 8－29　AHS（以尽快实用化为目标的 7 个服务系统）、ITS HANDBOOK HIDO（道路新产业开发机构）

② 应对交通堵塞，需要普及 ETC 和推进 VICS。

③ 应对大气污染，以最合理的车速驾驶车辆。

综上所述，将来不能仅靠车辆本身的技术进步，还要做好道路和车辆（路车协调）、车辆和车辆（车车协调）、路车和车车之间各种系统的良好匹配，以期兼备安全性和使用方便性。

参考文献

[1] P. Konhauser: THE ROLE OF ASSISTANCE SYSTEMS IN TRAFFIC MANAGEMENT 2010, Proc. of ITS World Congress 2003, Paper No. 02399 (2003)

[2] 国土交通省，ホームページ，ETC 車載器セットアップ台数，http://www. its. go. jp/ITS/j-html/home. html

[3] 国土交通省：ETC による渋滞半減，http://www. its. go. jp/ITS/j-html/home. html

[4] 国土交通省：先進安全車 ASV イメージ

[5] （社）日本自動車工業会ホームページ，平均速度と燃費，http://www. jama. or. jp/eco/wrestle/wrestle _ 1_ 06b. html

[6] 国土交通省ホームページ，カーナビ? VICS ユニットの出荷台数累計，http://www. its. go. jp/ITS/j-html/home. html

[7] 三菱重工ホームページ，シンガポールの ERP，http://www. mhi. co. jp/machine/product/trans/tra _ 05. htm

[8] 国土交通省：ITS ハンドブック 2003—2004，交通事故死者数? 交通事故件数の推移，年齢別交通事故死者数の推移，http://www. its. go. jp/ITS/j-html/index/indexHBook2003. html

[9] 国土交通省ホームページ，路車協調システム例（AHS システム），http://www. its. go. jp/ITS/j-html/whatsITS/safety. html

[10] 車車協調システム例（INVENT プロジェクト）P. Konhauser: THE ROLE OF ASSISTANCE SYSTEMS IN TRAFFIC MANAGEMENT 2010, Proc. of ITS World Congress 2003, Paper No. 02399 (2003)

[11] 本田技研工業ホームページ，ACC 構成図，http://www. honda. co. jp/safety/technology/car-safety/main-technology/hids/index. html

[12] 本田技研工業ホームページ，LKAS カメラ，http://www. honda. co. jp/safety/technology/car-safety/main-technology/hids/index. html

[13] 本田技研工業ホームページ，EPS（電動パワーステアリング），http://www. honda. co. jp/safety/technology/car-safety/main-technology/hids/index. html

[14] 本田技研工業ホームページ，LKAS 制御例，http://www. honda. co. jp/safety/technology/car-safety/main-technology/hids/index. html

[15] アイシンホームページ，インテリジェント? パーキング? アシスト，http://www. aisin. co. jp/news/products/030903. html

[16] アイシンホームページ，インテリジェント? パーキング? アシスト実施例，http://www. aisin. co. jp/news/products/030903. html

[17] トヨタ自動車ホームページ，G-BOOK の概念図，http://www. toyota. co. jp/ITS/multi/multi03. html

[18] ホンダインターナビプレミアムクラブの概念図，http://premium-club. jp/PR/technology/index. html

[19] ホンダインター NAVI，http://premium-club. jp/PR/technology/index. html

[20] ホンダインター NAVI 渋滞予測情報，http://premiumclub. jp/PR/technology/index. html

[21] 車車間協調システム（IVHW）ITS HANDBOOK HIDO（道路新産業開発機構）AHS（早期実用化を目指す7つのサービスシステム），http://www. nilim. go. jp/japanese/its/index. htm

第 9 章

标准与法规

9.1 概　　述

各国都制定了相关的法规，如果汽车制造商不能满足这些法规的要求，其产品就不能生产与销售。

证明汽车满足法规要求的行为称为认证，只有完成认证行为之后才有生产和销售的可能。

为适应围绕汽车的环境和需求变化的要求，需要对已有的法规进行修订或废止，或者增加新的法规项目，构筑适应特定时期和特定国家的法规体系。

另外，通常的法规都设定了执行日期，很多情况下分别制定新型车和在生产车的执行日期。这个执行日期可以定义为生产时间、通关时间及销售时间，不同国家有不同的规定，所以对于汽车生产商来说，严格按照法规内容及执行条件，制订开发及生产计划是非常必要的。

9.2 主要国家的汽车法规体系

9.2.1 日本的法规体系

日本的法规体系通常根据控制目标分别制定法规，主要包括与汽车交通相关的法规，如以安全保障、公害控制、交通事故被害者救济、资源的有效利用为目标的法规，与汽车的构造及装置相关的法规，与人（驾驶员和行人）相关的法规，与道路相关的法规（图 9－1）。

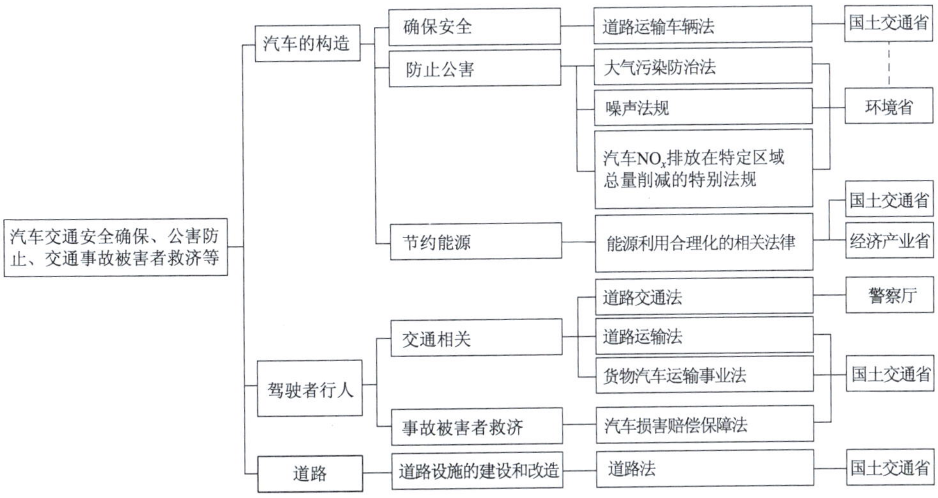

图 9－1　日本的汽车相关法规体系

道路运输车辆法是1951年制定的，主要目的是保证进行关于车辆所有权的公证，确保安全性、防止公害及装备技术的提高，同时也兼顾了维修保养事业健全发展的目的。

在道路运输车辆法中，规定了汽车结构装置应满足的必要条件，为了谋求车辆的正常使用，设定了汽车的检查和登记制度。此外为维持汽车的结构装置和安全等性能，规定使用者具有检查保养的义务。同时为了确保法律的顺利执行，日本制定了各种政令、省令、告示以及通知等（表9-1）。

表9-1 日本汽车相关的法令

种类	事 例	制定者
法律	道路运输车辆法，大气污染防治法等	国会
政令	道路运输车辆法执行令，大气污染防治法执行令等	内阁
省令	道路运输车辆环保安全标准等	大臣
告示	道路运输车辆环保安全标准的明细告示等	大臣
通告	技术标准、审查标准等，汽车形式认证实施要领等	相关局

道路运输车辆法规定了道路运输车辆环保安全标准，“如果汽车的结构和装置不符合国土交通省制定的环保安全或者公害防止的技术标准将不能运行使用”。

上述的环保安全标准制定了标准的适用范围、装备和性能的必要条件，但在2002年环保安全标准中只规定了基准的适用范围与装备的必要条件，而在所发布的告示（制定道路运输车辆环保安全标准的详细项目的告示）里规定了性能的必要条件并加以执行。

9.2.2 欧洲的法规体系

由于欧洲的法规是在集中各种思想的基础上收集了各个国家的法规，所以不能只以统一法规的形式执行，这样理解欧洲法规是有必要的。

总之，各国都制定了各自的法规，只有其中的共同部分汇总起来作为欧洲统一法规，不同的部分通过各国的法规独立实行。并且目前存在两个统一法规，一个是由欧洲联合会制定的法规，这是在欧洲联盟（EU）的成员国间协商制定的法规，与汽车相关的部分主要作为指令的形式加以下达。成员国必须接受基于这个指令的实施内容以及实施日期（优先于本国法规）。另一个统一法规是ECE规则（Regulation），这是在批准了ECE协定书的国家中应用的法规，各加盟国可以根据本国的国情决定是否采用该法规。这些法规都包含了环境安全的内容。

在欧洲，为了销售车辆，首先必须满足统一法规（EU指令/ECE）规定的条件。关于车辆总体认证（Whoie Vehicle Type Approval，WVTA）适用范围以外的车辆，必须要取得各国的形式认证。所谓WVTA，是作为车辆总体的认证，所有的成员国必须接受在当事国以外的其他国家取得的WVTA。并且WVTA的应用范围在今后还有扩大的趋势，到那时各国认证的手续有望大幅度的简化（单一市场化）。

9.2.3 美国的法规体系

美国是具有很强的自治权的州联合体。在美国，50个州的法规体系再加上联邦法规，共有51个法规体系。

就汽车相关的法规来说，对于跨州的生产、流通和消费，主要以联邦法规为主。但是，联邦法规《大气净化法》中的有关California Waiver的款项，加利福尼亚州制定了比联邦法规更严格的汽车排放法规，并被承认加州具有独自的权限。

作为与汽车相关的联邦法规的主要内容，到目前为止有联邦议会制定的汽车法规、《大气净化法》《汽车大气污染防止法》《国家交通汽车安全法》《道路安全法》等法规。

9.2.4 其他国家的法规体系

(1) 中东法规

GCC（Gulf Cooperation Council，海湾协作会议）在1981年组成了与EU功能类似的机构，由沙特、巴林、卡塔尔、科威特、阿曼和阿联酋6个国家组成。GCC法规（GS）是适用于各加盟国，以美国和欧洲的法规为基础而形成的法规，但是其中的主要特征之一是法规中的几个项目内容是综合了美国和欧洲的法规内容而制定的。在沙特存在有别于 GS 法规的独自的沙特法规（SSA）适用的项目。

（2）澳洲法规

澳洲法规被称做是澳洲设计规则，是在美国法规和 ECE 法规规定的内容基础上，增加了适合澳洲独特条件的内容而制定的。

2003 年以后，随着 ECE 对于汽车排放、车外噪声等内容的倡导和推进，废止了 ADR12 法规，并对 ADR15 等法规条件进行了简化。为了提高效率，缩短车辆认证周期，车辆安全标准局组织开发了专用软件，可以采用电子媒介进行申请。

9.3 环保标准和法规

基于环境问题方面的考虑，降低汽车排放是伴随着汽车社会发展的全世界的重要课题。美国是最早把汽车排放作为环境问题考虑的国家，1970 年《马斯基法》作为大气净化法正式确立并加以实行，以至于急剧地削减排放指标。同时，这种做法也波及到了日本和欧洲。之后美国继续修订《大气净化法》，日本、欧洲以及美国都在积极开展降低汽车排放的工作。但是，欧洲苦于酸雨的危害，一直致力于对氮氧化物和微粒进行折中处理的排放控制工作，并且对于地球暖化对策的关心程度不断增强。

近年来，地球暖化问题已成为全世界的环境研究课题，在 1997 年的第三次气候变动框架条约缔约国会议上，采纳了《京都议定书》，内容包含了温室效应气体（CO_2）的削减目标。今后在致力于降低汽车的氮氧化物与微粒排放的同时，需要进一步降低 CO_2 的排放，即降低燃油消耗的问题也加入到了环境问题的行列，这是全世界今后面临的重大课题。

9.4 主要国家的环保法规概要

9.4.1 日本的环保法规

（1）环境相关法规

环境省基于《公害对策基本法》，制定了关于大气污染物质（CO_2、CO、微粒、NO_2、光化学氧化剂）以及噪声的环境标准。进一步基于《大气污染防治法》，对汽车在一定的行驶条件产生的排放（CO、HC、氮氧化物、黑烟、微粒）制定了各种各样的允许限值。并且基于《噪声法》，制定了汽车在一定行驶条件下产生的噪声（直接排气噪声、稳定运转噪声、加速行驶噪声）最大的允许限值。

国土交通省根据《大气污染防治法》及噪声法规，为了确保达到允许限值，在道路运输车辆的环保安全标准中，进行了关于汽车排放以及噪声的规定（图 9－2）。

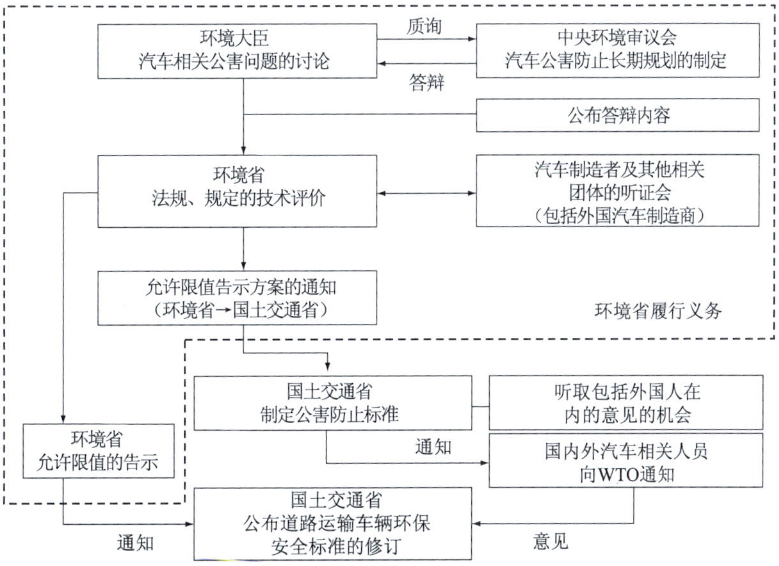

图 9－2 汽车公害防止标准的制定及修订手续

汽车排放法规虽然在不断强化，但是在大城市地区由于氮氧化物引起的大气污染程度依然十分严峻，持续的环境改善进展缓慢。为此，1992年公布了《关于在特定区域削减汽车排放的氮氧化物总量的特别处置法》（汽车 NO_x 法规），并于1992年12月开始实行。汽车 NO_x 法规制订了总量削减基本方针和削减计划，进行了使用车型规定，以汽车使用合理化方针作为主要支柱。其中在使用车型规定中，明确了对于未满足排放基准的车辆进行登记和再检查的规定。

通过汽车排放法规的强化和汽车 NO_x 法规的实施，使用车型规定等各种措施和对策的实施，但由于汽车交通量的不断增大，实现大气环境基准规定的与二氧化氮排放相关的目标仍存在很大的困难。另外，微粒造成的大气污染也日益严峻。2001年6月，修订了汽车 NO_x 法规，强化了 NO_x 排放的限值并增加了对微粒（PM）的限制，同时增加了作为对于内燃机车的限制（汽车 NO_x/PM 法规）。

（2）能源相关法规

为了确保燃料资源的有效利用，在1979年公布并实施了"能源利用合理化相关法规"（节能法规），法规内容中包含了能源合理利用的相关措施。

基于节能法规，1980年汽车局长宣布制定了《轿车的燃料消耗以及排放的发布要领》，通过提供关于汽车燃油消耗率以及排放的相关信息，试图促进低油耗车的普及。另外，1996年汽车交通局长宣布制定了《关于汽车燃油消耗率的发布要领》，通过将与汽车燃油消耗率相关的信息提供给使用者，作为促进普及低燃油耗车辆的措施。1998年，通过修订节能法规，进行了汽车能源对策的进一步推进。同年通过总结地球暖化对策推进纲要，谋求汽车燃油消耗量的改善，进一步强化了燃油消耗标准。

（3）汽车再利用相关法规

近年来，随着汽车社会的发展，报废汽车数量逐年增加，必须实施促进汽车再利用的对策。1993年基于《再生能源利用促进法》，制定了《关于汽车制造或修理行业的人员再生资源促进的判定基准及相关事项的省令》。

另外，为了使以汽车制造厂家为中心的相关人员履行适当的义务，对报废车辆进行再利用及正确的处理，2002年制定了《汽车再利用法规》。

通过这个汽车再利用法规，一改以往的组织机构，使再利用制度和汽车登录制度有机地结合起来，2002年修订了《道路运输车辆法规》。

（4）地方自治体系实例

近年来，对于大气环境改善进展缓慢的城市，通过由地方自治体制定的《促进大气环境改善的条例》，使法规得到了强化。

东京都修订了《确保市民健康和安全的环境相关的条例》，规定微粒（PM）排放量超出标准的柴油车和公共汽车禁止在市内行驶。与东京都毗邻的琦玉县、千叶县和神奈川县也如影随形，对于各自的条例进行了修改和制定，从2003年10月在一都三县开始实施。

另外，2004年10月在兵库县，开始实施对于总重量超过8吨的车辆，限制在特定地域行驶的法规。

9.4.2 欧洲的环保法规

欧洲的环保法规主要有三大类别，即大气质量法规、废弃物管理法规以及由汽车机械类发出的噪声法规，其中主要的是大气质量法规，图9-3表示了大气质量法规的概要图。

这个大气质量法规体系首先以"大气质量的框架指令"为基础，下面设定补充框架指令（称为子命令），形成网状的结构状态。并且对于汽车法规，其中包含了"移动排放源的排放"，对于柴油机排放、排烟、汽车排放以及移动式机械用内燃机（工程机械内燃机等）通过EU指令加以规定。

另外，对于大气质量的框架指令下面子命令的修改，是基于部长理事会的质询，由欧洲委员会环境总局起草未来十年的环境行动计划，经欧洲议会以及部长理事会的讨论商议，而最终决定。顺便指出，现行的行动计划是2002年9月10日公布的"Decision No. 1600/2002/EC The Sixth Environment Action Programme"。

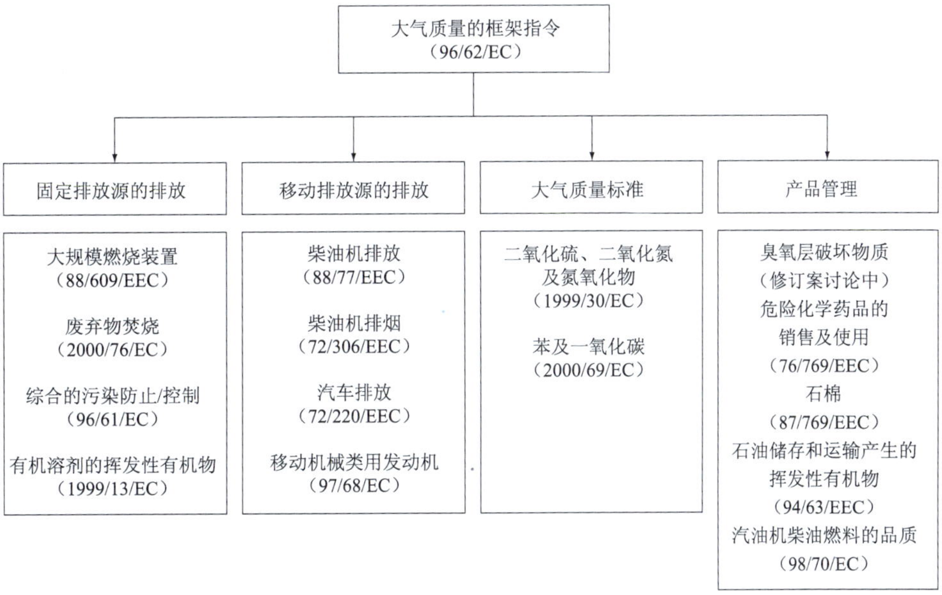

图 9－3　大气质量法规体系

9.4.3　美国的环保法规

美国的有关法规是在 1970 年确立后，经反复修改而形成的，现在的法规是基于 1990 年的《大气净化法》形成的。在《大气净化法》中有联邦环境大气质量标准，作为控制对象的大气污染物质有 SO_2、微粒（PM）、一氧化碳（CO）、臭氧（O_3）、碳氢化合物（HC）、二氧化氮（NO_2）以及铅等。并且这些大气质量判断基准的制定权限归环境保护局。如果未获得满足 EPA 关于汽车排放标准的证明，在美国是不能进行汽车销售的。具体的规则，作为各种法规的形式被收集在联邦法规集（联邦公报代码：CFR）标号为 40 的环境保护内容里面。

另外，加利福尼亚州是美国最先制定汽车排放法规的州，由于所谓的光化学烟雾引起的特殊污染状况，联邦政府承认加利福尼亚州独自制定的对策和法规。作为相关的法规，主要有《排气相关基本法》《实施法及车辆法》。基于这些法规，主要有以下 3 个与车辆排放相关的规则和法规。

①《加利福尼亚排放标准及测试方法》。

②《加利福尼亚蒸发排放物标准及测试方法》。

③《加利福尼亚装配线试验方法》。

EPA 对于前面介绍的大气质量标准不适合的州，规定其具有独自制定大气质量污染控制对策和实行计划，并在 EPA 认可的情况下付诸实施的权限。最近，在东北部的 13 个州，作为大气质量标准规定物质之一的臭氧未达到标准要求，其中马萨诸塞、佛蒙特及纽约等州作为治理污染的对策，决定采用加利福尼亚州的法规。今后，采用加利福尼亚州法规的州仍在不断增加。

9.5　安全标准与法规

9.5.1　安全法规概要

考虑到车辆的安全性，不断追求“操作的简便性”“正常行驶的安全性”及“事故发生时的安全性”这三方面是必要的。

即使在安全法规里也大致包括这三部分内容，首先最基本的有灯光、视野、速度表，其次是制动器、前照灯，再次是碰撞时的乘员保护、行人保护等。对于法规的标准等内容各个国家曾经都各不相同，这将导致每个国家都需要自己的专用方法，这对生产者和消费者没有好处，为此提出了法规全球化的提议。如果法规内容全球统一，将使认证更加合理化、简单化，并缩短认证时间。推进这种趋势目前有以下 3 种做法，各国都在选择采用适合自己的一种方法。

① 联合体的欧洲经济委员会：以 ECE 法规为基础的法规。

② 以美国联邦汽车安全标准为基础的法规。

③ 将以上两种法规混合使用的法规。

即使已经采用，但也要通过下面介绍的协定的框架推进。

9.5.2　1958 年协定及 1998 年协定

（1）1958 年协定

1958 年协定是为了在欧洲区域内实施汽车的统一标准，确立相互认证制度，由联合体主导在 1958 年确立的协定，共有 33 个国家加盟。法规内容整合了 ECE 的内容，即使是关于认证，只要在其中一个国家认证合格，在其他国家都可以得到认证，实现了认证手续的合理化、简便化(图 9－4)。

接受了形式认证的协定规则允许使用的装置，能够取得 E 标志，作为在协定加盟国之间相互承认的对象。这个 E 标志添加了每个国家被指定的识别代码，日本的代码是 43 号。

美国没有关于安全标准的政府认证制度，由于采取各自独立的认证制度，所以没有参加本协定（图 9－5）。

法规的修改，是通过作为联合体组织的 WP29 以及其下属的 6 个组织，并由日本、欧洲其他各国及 OICA（世界汽车工程学会）参加的会议，经过各种讨论通过表决后而完成的（图 9－6）。

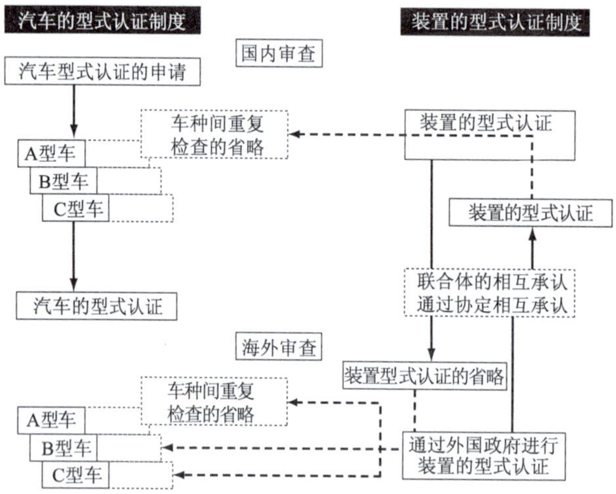

图 9－4　汽车形式认证制度的合理化及有关汽车装置的相互承认

1958 年协定加盟国		1998 年协定加盟国	WP29 会议参加国
德国	爱尔兰岛	美国	阿根廷
法国	克罗地亚	加拿大	巴西
意大利	斯洛文尼亚	日本	印度
荷兰	斯洛伐克	欧洲联合会	马来西亚
瑞典	白俄罗斯	法国	泰国
比利时	爱沙尼亚	英国	越南
匈牙利	波黑	德国	
捷克	拉脱维亚	意大利	
西班牙	保加利亚	俄罗斯	
塞尔维亚	土耳其	南非共和国	
英国	马其顿共和国	匈牙利	
奥地利	欧洲联合会	土耳其	
卢森堡	日本	芬兰	
瑞士	澳大利亚	中国	
挪威	乌克兰	韩国	
芬兰	南非共和国	斯洛文尼亚	
丹麦	新西兰	新西兰	
罗马尼亚	阿塞拜疆	荷兰	
波兰	立陶宛	阿塞拜疆	
葡萄牙	塞浦路斯	罗马尼亚	
俄罗斯	马其他	西班牙	
希腊	韩国	瑞典	
		挪威	

图 9－5　1958 年协定参加国及会议参加国（2004 年）

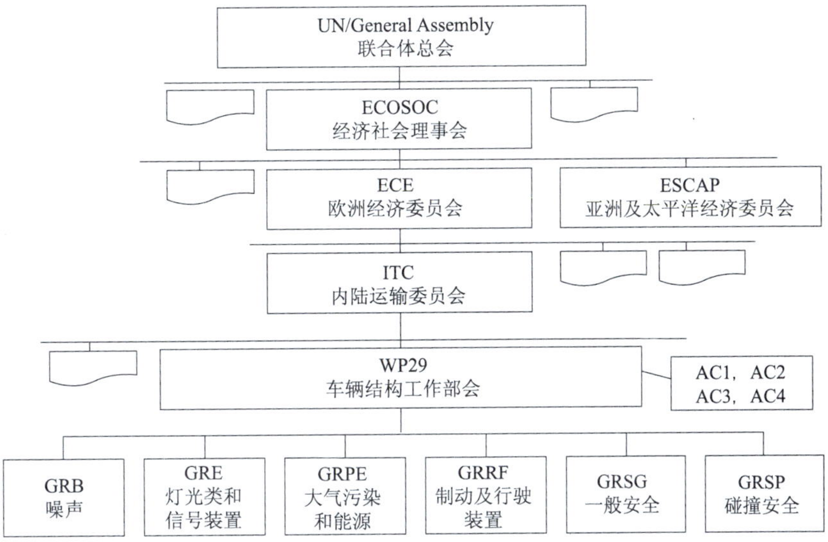

图9－6 联合体组织

(2) 1998年协定

1958年的协定是在基准协调的同时取得相互认证制度，采用独立认证制度的美国等国家没有加盟。

通过美国的提议，1998年开始了以基准的协调为焦点的讨论，被称为1998年协定。这次讨论的主要目的是，将以ECE、FMVSS为首的世界主要国家的标准进行全球化统一，美国、加拿大、日本、法国、英国，欧盟（EU）、德国、南非、俄国都加盟了。这次讨论的法规称做GTR（Global Technical Regulations），在法规制定过程中，由加盟国提出的标准草案，经过前面提到的WP29审议后，如果得到全会的一致通过后，即成为世界标准（图9－7）。

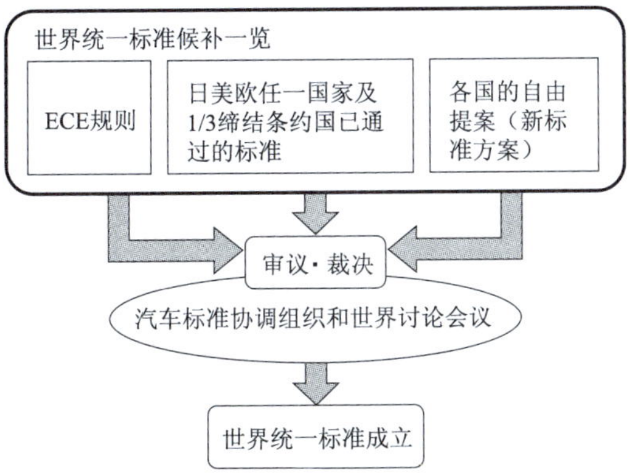

图9－7 GTR确立过程

GTR候补项目（2005年4月至现在），如表9－2所列。

表9－2 GTR候补项目（2005年4月至现在）

- 四轮车灯具的选装
- 车辆类型、重量及尺寸
- 汽车用玻璃
- 控制装置
- 乘用车制动系统
- 车门锁铰链
- 行人保护
- 汽车停机系统
- 重型车排气标准
- 二轮车排气标准
- 大型车车载诊断系统
- 重型车自动循环排气系统
- 氢燃料电池汽车
- 特种汽车的颗粒物排放问题

9.6 主要国家的安全法规概要

9.6.1 日本的安全法规

日本在1998年加盟了1958年协定，目前处于逐步引入ECE法规的过程。采用法规时，通常要根据日本本国的需要及法规的整合性，对 ECE 规则进行修改和讨论，而成为公认的法规。

为进一步提高安全性条件，采用了行人保护、安全带等措施，关于行人保护，GTR 也进行了讨论。

认证主要包括基本装置的认定和技术标准两方面内容。虽然满足两方面内容应该获得相同的性能标准，但是对于与 ECE 规定内容相同的指定装置的技术基准，作为在日本国内销售的条件，可以对若干条件要求进行放松或省略。

作为放松条件要求实例，如在照明设备（ECE48）配备 HID 灯的车辆，具有配备前照灯的义务，但在选择技术标准中前照灯可以任意配备。

9.6.2 欧洲的安全法规

EU 在 1958 年协定建立之初就加盟了，为协定的推动付出了巨大努力。虽然 1958 年协定的法规主要是 ECE，但是由于作为 EU 采用的法规是 EU 指令，所以作为 EU 在采用 EU 指令的同时也在进行与 ECE 的整合，很多法规都采用相同的条件，有时可以达到认证的水平。

此外，为了满足提高安全性的需要，最近在行人保护方面受到了普遍关注，在 2003 年确立了 EU 指令的法规。另一方面，如 9.6.1 中所述，日本和美国关于在 1998 年协定加盟国间采用 GTR 法规，也在不断地进行讨论和调整。

9.6.3 美国的安全法规

美国安全法规 FMVSS 是根据 NHTSA 制定的。主要根据 100 辆事故防止、200 辆事故后的伤害减轻、300 辆事故发生后的安全性、400/500 辆等其他相关的车辆内容进行安全性分类。除了 FMVSS 之外，保险杠强度等也由所谓的零部件规则加以规定。

美国法规的特征是，开发领先于其他国家的新规定项目，在法规形成阶段，无论是谁都有发表意见的机会，一一列举基于成本和效果等各种想法。

美国的认证方法是把自我认证作为基本方法，制造商把符合法规要求作为自己的责任进行实验认定，如果为车辆贴上合格的商标，就可以销售了。

参 考 文 献

[1] 日本の自動車安全? 環境に関する制度，JASIC (2002.12)

[2] 佐藤武ほか：自動車工学全書別巻「自動車に関する法規，規格，統計」山海堂（1980.11)

[3] JAMA レポート「自動車と国際調和」www.jama.or.jp/lib/jamareport/085/01html（社）日本自動車工業会